高等职业院校国家技能型紧缺人才培养
物流管理专业

物流信息管理

WuLiu XinXi GuanLi

（第3版）

王小丽　主　编
周旭东　副主编

电子工业出版社
Publishing House of Electronics Industry
北京·BEIJING

未经许可，不得以任何方式复制或抄袭本书之部分或全部内容。
版权所有，侵权必究。

图书在版编目（CIP）数据

物流信息管理 / 王小丽主编. —3 版. —北京：电子工业出版社，2017.6
高等职业院校国家技能型紧缺人才培养工程规划教材. 物流管理专业
ISBN 978-7-121-31498-8

Ⅰ. ①物… Ⅱ. ①王… Ⅲ. ①物流－信息管理－高等学校－教材 Ⅳ. ①F253.9

中国版本图书馆 CIP 数据核字(2017)第 098698 号

策划编辑：刘露明
责任编辑：刘淑敏
印　　刷：北京盛通商印快线网络科技有限公司
装　　订：北京盛通商印快线网络科技有限公司
出版发行：电子工业出版社
　　　　　北京市海淀区万寿路 173 信箱　邮编 100036
开　　本：787×1092　1/16　印张：15　字数：365 千字
版　　次：2007 年 10 月第 1 版
　　　　　2017 年 6 月第 3 版
印　　次：2022 年 8 月第 7 次印刷
定　　价：39.00 元

凡所购买电子工业出版社图书有缺损问题，请向购买书店调换。若书店售缺，请与本社发行部联系，联系及邮购电话：(010) 88254888，88258888。
质量投诉请发邮件至 zlts@phei.com.cn，盗版侵权举报请发邮件至 dbqq@phei.com.cn。
本书咨询联系方式：(010) 88254199，sjb@phei.com.cn。

高等职业院校国家技能型紧缺人才培养工程规划教材·物流管理专业

编委会名单

主　任：周建亚（武汉商贸学院）
副主任：黄福华（湖南商学院）
委　员：程言清（浙江万里学院）
　　　　方仲民（河北交通职业技术学院）
　　　　韩永生（天津科技大学）
　　　　金　真（郑州航空工业管理学院）
　　　　李金桐（山东大学）
　　　　李玉民（郑州大学）
　　　　刘雅丽（河北交通职业技术学院）
　　　　曲建科（青岛港湾职业技术学院）
　　　　田　征（大连海事大学）
　　　　王鸿鹏（集美大学）
　　　　王炬香（青岛大学）
　　　　王小丽（郑州航空工业管理学院）
　　　　王　芸（青岛大学）
　　　　王智利（广州航海学院）
　　　　吴登丰（江西省九江学院）
　　　　张良卫（广东外语外贸大学）
　　　　周　宁（广东外语外贸大学）
　　　　周云霞（苏州经贸职业技术学院）
　　　　杨鹏强（南华工商学院）

出版说明

21世纪既是一个竞争日益激烈的世纪，也是一个充满机遇的时代。随着我国经济的发展，物流管理与技术飞速发展的时代已经到来。物流人才被列为全国12种紧缺人才之一。为了满足经济建设与人才培养的需要，2005年9月教育部推出了"高等职业教育物流管理专业紧缺型人才培养指导方案"（以下简称"指导方案"），它的颁布对全国高职院校起到了规范与引导的作用。

为了密切配合教育部此次推出的"指导方案"，满足培养物流技能型人才的需要，我们启动了"高等职业院校国家技能型紧缺人才培养工程规划教材·物流管理专业"的策划、组织与编写工作。图书出版后受到广泛好评，现已全面更新升级到第3版。

本套教材约由20本组成，由来自高等院校物流专业教学第一线的"双师型"教师参与编写，基本满足高职高专院校物流管理专业物流运输管理方向、仓储与配送方向、企业物流方向与国际物流方向的培养需求，并将突出以下几个特色：

- 以教育部推出的"指导方案"为依据，构建丛书框架结构与每本书的基本内容，从而符合物流管理专业教学指导委员会对本专业建设的规划与精神。
- 针对高职高专学生的特点、培养目标及学时压缩的趋势，控制内容深浅度、覆盖面及写作风格。
- 突出基础理论知识够用、应用和实践技能加强的特色；保持相对统一的活泼的编写体例与丰富的栏目。增加任务引领等综合实训的内容。
- 在内容构建上，将学位教育与职业资格证书考试相结合，满足学生获得双证的需求。
- 写作上强调文图表有机结合，使内容与知识形象化，学生好学易记。
- 配套可免费下载的用于教学的PPT及习题参考答案（下载网址：www.hxedu.com.cn），使老师好用，学生好学。

本套教材主要作为高等院校物流管理专业的教材，也可供全国高等教育自学考试物流管理专业、初中级物流专业人才培训或物流行业从业人员参考使用。希望本套教材对我国物流管理人才培养及物流行业的发展有所贡献。

全国高职高专教学研究与教材出版编委会

E-mail:lmliu@phei.com.cn

前　言

国务院总理李克强 2016 年 4 月 6 日主持召开国务院常务会议，部署推进"互联网+流通"行动，推动流通革命，打造智慧物流体系，发展物联网。同时，随着我国"一带一路"战略的不断推进，电子商务的飞速发展，迫切需要建立快速、高效的物流体系。快速、高效物流体系的建设离不开信息这一"润滑剂"的作用，可以说，现代物流信息在物流活动中起着中枢神经系统的作用。因此，大力发展现代物流信息技术，提高物流信息化发展水平，直接关系到物流运作效率及服务质量的提升。

本书由多年从事物流教学与科研工作、物流认证培训、企业物流实践等方面具有丰富经验的教师编写而成。本书紧密结合"高等职业教育物流管理专业紧缺人才培养指导方案"的要求，系统地介绍了物流信息管理的基本理论、基本方法、基本技术及管理技巧。在编写过程中注意体现以下特色：

- 内容翔实，在强调理论和方法重要性的同时，突出可操作性、实践性和前瞻性。
- 结合学生的特点及双证要求，突出了基础理论知识够用、应用和实践技能加强的特色，注重培养实务操作能力。
- 每章的开头都有引导案例及启发性问题，内容讲授过程中也配有大量的案例、相关链接、知识卡片、提示、关键词、前沿话题等内容，每章后面都附有自测题、综合案例分析及实训题，既增加了内容的可读性，又能给学生带来更多的启发和引导。
- 注重图、表、文的有机结合，形象直观、易学易记。
- 提供了方便授课教学用的 PPT 课件、自测题答案及分析要点。
- 提供了相关的视频及课外阅读资料，读者通过扫二维码，即可方便获得。

本书可作为大专院校、高职高专院校物流专业及相关专业的学生用书，也可作为企业物流从业人员以及广大物流爱好者学习、培训的理想参考资料。

本书由郑州航空工业管理学院王小丽担任主编，周旭东担任副主编。全书的编写分工如下：第 1、2、4、6、8 章由王小丽编写，第 3 章由周旭东编写，第 5 章由王小丽、康梦楠编写，第 7 章由王小丽、周旭东编写，第 9 章由康梦楠编写，周旭东负责全书的策划和大纲的制定，王小丽负责全书统稿和审定。

在本书的编写过程中，我们得到了电子工业出版社刘露明老师的大力支持和帮助，谨在此表示诚挚的谢意。同时，本书在编写过程中还参考和引用了国内外许多同行的学术研究成果，引用了国内外一些企业的实例，已尽可能在参考文献中列出，在此也向他们表示衷心的感谢。

由于时间仓促、编者水平有限，书中难免会有不足之处，敬请各位专家和广大读者批评指正！

编　者

目 录

第 1 章 物流信息管理概述 1
1.1 物流信息 2
1.2 物流信息系统 6
1.3 物流信息管理及其发展 13
自测题 18
案例分析 20
实训题 我国企业物流信息化
现状调查 21

第 2 章 物流信息采集技术 22
2.1 条形码技术及其应用 23
2.2 射频识别技术及其应用 33
2.3 POS 技术及其应用 44
自测题 48
案例分析 50
实训题 物流信息采集技术在
企业中的应用 52

第 3 章 物流信息交换技术 53
3.1 电子数据交换的概念及特点 ... 55
3.2 EDI 系统的构成及工作过程 ... 57
3.3 EDI 安全及在物流中的应用 ... 63
自测题 67
案例分析 68
实训题 EDI 技术在
企业中的应用 70

第 4 章 物流信息跟踪技术 71
4.1 全球定位系统及其应用 72

4.2 地理信息系统技术及其应用 .. 80
自测题 85
案例分析 86
实训题 物流信息跟踪技术在
企业中的应用 88

第 5 章 物流信息系统开发 89
5.1 物流信息系统开发概述 90
5.2 物流信息系统的开发方法 95
5.3 物流信息系统的规划 104
5.4 物流信息系统的分析与设计 .. 110
5.5 物流信息系统的实施 116
5.6 物流信息系统的维护与评价 .. 120
自测题 122
案例分析 123
实训题 企业物流信息系统的
开发流程 125

第 6 章 物流业务管理信息系统 127
6.1 物流管理信息系统的结构 128
6.2 订单管理信息系统 130
6.3 库存管理信息系统 135
6.4 运输管理信息系统 143
6.5 配货管理信息系统 147
自测题 151
案例分析 152
实训题 库存管理信息系统
的分析 153
附:企业资料 154

第7章 企业物流信息系统分析 157
7.1 制造企业物流信息系统 158
7.2 流通企业物流信息系统 164
7.3 物流企业物流信息系统 170
自测题 175
案例分析 176
实训题 不同类型企业物流信息系统分析 178

第8章 物流信息系统的运行与安全管理 179
8.1 物流信息系统的运行管理 181
8.2 物流信息系统的维护 187
8.3 物流信息系统的安全管理 190
自测题 199
案例分析 200
实训题 企业物流信息系统的安全分析 201

第9章 电子商务物流与信息管理 203
9.1 电子商务物流概述 204
9.2 电子商务与物流的关系 209
9.3 电子商务物流模式 213
9.4 公共物流信息平台 220
自测题 226
案例分析 1 227
案例分析 2 229
实训题 电子商务物流发展状况调查分析 230

参考文献 231

第 1 章

物流信息管理概述

学习目标

- 掌握信息与数据的含义及特点。
- 理解信息系统的基本概念、功能和结构。
- 掌握物流信息与物流信息系统的概念、基本构成和作用。
- 掌握物流信息管理的概念及特点。

引导案例

河南宇鑫物流有限公司：一体化物流综合信息平台

河南宇鑫物流有限公司历经十余年发展,形成了以零担快运、城市配送、3PL为主,供应链金融物流、电子商务融合发展的综合服务型物流企业。其业务辐射全国九大物流重点区域,发展成物流、商流、信息流、资金流、薪金流五流合一多业态融合的现代物流模式。公司总部位于郑东新区四港联动大道以西、京港澳高速入口处,毗邻郑州国际陆港、航空港区。基于交通优势和宇鑫物流发展战略,有机整合区域、国内、国际业务,对接郑州航空港、国际陆港和郑欧班列,打造"陆、铁、空"立体物流网络体系,开展零担快运、城市配送、3PL为主,供应链金融服务等业务。

宇鑫物流 ILIS 系统是基于供应链全流程的信息平台。从客户订单受理—运输在途—仓库管理分拨—网点送货—系统自动清分结算,各个节点均有系统智能支持、有效监督管理。WMS、TMS、GPS、GIS等信息平台,可以实现订单管理、仓储管理、运输管理、同城配送所有的信息技术需求。智能化、功能完善的信息系统是保障城市配送高效、准确、集约运行的基础保障。

信息化主要效益分析与评估如下：

（1）信息化实施前后的效益指标对比、分析

自 2012 年 11 月信息系统上线应用后,作业效率、服务质量、客户满意度、

管理水平得到明显提高，收发货作业效率提升20%，差错率下降70%，时效提升30%，客户满意度上升20%，公司实现了扁平化管理，极大地提升了执行能力和市场应变能力。

（2）信息化实施对企业业务流程改造与竞争模式的影响

信息化的实施，实现了企业内部物联网，简化了作业流程，实现了全流程的扫描交接、信息自动采集、无纸化作业，票据不再随货物流转，实现了信息的一次处理与共享机制，业务全流程可视、可追溯，促进公司的管理向扁平化转变，极大地提高了整个公司的决策运营效率和质量，使公司更好地适应快速变化的市场环境。

（3）信息化实施对提高企业竞争力的作用

通过信息化实施，实现了业务流程的再造，规范和简化了作业流程，提高了作业效率，统一了服务标准，提升了服务质量，管理走向扁平化，极大地提升了客户满意度和市场占有率，为公司以科技提升服务，以服务促发展，实现向技术型现代物流企业转型目标，发挥了至关重要的作用。

思考题

企业在实施信息化之前可能存在哪些问题？

提示

服务标准化方面：收费标准和收费项目不统一，随意性强。

服务质量方面：时效差，破损、丢货、串货严重；信息不透明，追溯困难，客户体验差。

生产效率方面：纸质作业，人工统计、清分、结算，密集型重复性劳动，效率低且差错率高。

战略决策方面：信息完整性、准确性差且相对滞后，严重制约了决策层研判能力。

管理转型方面：企业信息化程度低，信息不透明、不畅通，制约了公司向扁平化管理的转型。

1.1 物流信息

思考题

信息在企业经营中能起到什么作用？企业应如何获取有价值的信息？

1.1.1 信息的概念

基于不同的领域和不同的研究目的，人们对信息的定义也是五花八门。例如，信息是数据加工处理的结果；信息是一种有用的知识；信息是对现实世界某一方面的客观认识，等等。由此可见，信息是一个包容性很强、很难被确切定义的术语。

信息论的创始人香农对信息的定义：信息是一种对不确定性的消除。事物的不确定性被消除得越大，信息量就越大。现代经济生活中每天都产生大量的各式各样的信息，信息几乎充斥到现代社会的每个角落，但是要对信息下一个确切的定义却十分困难。现在有关信息的定义就多达几十种。

正是由于信息的概念十分广泛，所以不同学科对其有不同的解释。一般认为，信息是关于客观事实的可通信的知识，这可以从以下三个方面来理解。

（1）信息是客观世界各种事物特征的反映

客观世界中任何事物都在不停地运动和变化，呈现出不同的特征。这些特征包括事物的有关属性状态，如时间、地点、程度和方式等。信息的范围很广，比如，气候变化属于自然信息，遗传密码属于生物信息，企业财务报表属于管理信息等。

（2）信息是可以沟通的

信息是构成事物联系的基础。由于人们通过感官直接获得周围的信息极为有限，因此，大量的信息需要通过各种硬件设备获得。最普遍的是诸如手机、计算机等通信工具的使用，使人们之间的信息沟通更加便利和快捷。

（3）信息形成知识

所谓知识，就是反映各种事物的信息进入人们的大脑，对神经细胞产生作用后留下的痕迹，是对客观世界规律性的总结。千百年来，人们正是通过人类社会留下的各种形式的信息来认识事物、区别事物和改造世界的。

1.1.2 信息的特征

信息作为对事件或事物的一般属性的描述具有很多特征，如表 1-1 所示。

表 1-1 信息的特征

特　征	含　义
真实性	信息的第一特征，不符合事实的信息是没有价值的
增值性	指人们通过信息的使用，可以获得效益
不对称性	由于各种原因的限制，在市场中交易的各方所掌握信息的程度各有不同
滞后性	总是先有事实，然后生成信息
有效性	信息只在一定的时间内产生效益
传输性	信息可以从一个地方传输到另一个地方
共享性	信息不具有独占性，在同一时间可以为多人所掌握
可扩散性	信息可以通过各种介质向外扩散

1.1.3 信息的分类

按不同的分类标准，信息可以划分为不同的类型，如表 1-2 所示。

表 1-2 信息的分类

分类标准	类 型	说 明
信息产生的先后或加工深度	一次信息	客观事件的第一记录，即现实中所发生事件的原始记录
	二次信息	对一次信息加工处理后得到的信息
	三次信息	系统地组织、压缩和分析一次和二次信息的结果
信息的表现形式	文献型	主要包括各种研究报告、论文、资料、刊物、书籍等
	档案型	主要反映历史的事实和演变过程
	统计型	数字型信息的集合，反映大量现象的特征和规律性的数字资料
	图像型	照片、电影、遥测遥感图像、电视、录像等图像信息所传递的信息量远远大于文字所传递的信息量
	动态型	主要是行情、商情、战况等瞬息万变情况的反映
信息记录内容与使用领域	经济信息	在经济活动中形成的信息，如生产经营信息、商业贸易信息等
	管理信息	各行业各个层次管理与决策活动所需要的信息
	科技信息	与科学、技术等有关的信息
	政务信息	政府机关活动产生的信息，如方针政策、法规、条例等
	文教信息	指与教育、体育、文学、艺术等有关的信息
	军事信息	国防、战争等与军事活动有关的信息

相关链接

1995—2014 年这 20 年间，不但道路运输经历了高速发展，互联网等信息技术也发生了翻天覆地的变化。互联网经济，抢占的是用户（入口），用户多、价值就高，目前，中国已成为互联网普及率最高的国家。因此，由互联网和传统行业合力形成的劲风，正在成为中国经济转型的新驱动力。以消费为主体的黑洞，正在从里到外影响包括交通、物流等在内的众多领域。

传统道路运输业的改革风口就在"互联网+"，主动迎接这一风口，再结合线下的物联网、车联网等新技术以及新能源、金融创新，传统道路运输已经开始进入运输 3.0 时代，实现脱胎换骨，凤凰涅槃，开始新一轮发展。这个时代的目标，就是"互联网+运输+互联网"生态圈的构建，带来传统运输行业商业模式、资本构成、盈利模式、技术手段的变革。简而言之，过去传统道路运输业的盈利模式是：总的营收−变动成本−固定成本=利润，在新经济情况下，传统盈利模式的企业不是完全不能生存，但是能够走在时代前列的必定是在生态圈里，能与互联网技术、新兴金融、新能源融合一起的，能够实现钱生钱的企业。就货运而言，我们已经从货运（1.0）进入实体物流（2.0）的时代，又进入物流供应链（3.0）时代。

1.1.4 物流信息的概念及组成

1. 物流信息的概念

《物流术语国家标准》(GB/T18354—2006)中把物流信息(Logistics Information)定义为"反映物流各种活动内容的知识、资料、图像、数据、文件的总称"。一般来讲,物流信息有狭义和广义之分。狭义的物流信息是指与物流活动(如运输、保管、包装、装卸、流通加工等)有关的信息。广义的物流信息不仅指与物流活动有关的信息,还包括与其他流通活动有关的信息,如商品交易信息和市场信息等。

2. 物流信息的组成

按不同的分类标准,物流信息可分为不同的类型,如表 1-3 所示。

表 1-3 物流信息的组成

分类标准	类 型		说 明
按发生的范围来分	物流系统内部信息	物品流转信息	需要物流服务的物品的状态信息,如种类、数量、流向、距离、时间
		物流操作信息	货源情况、车辆情况、设施设备情况、人员数目及状态等
		物流控制信息	货物跟踪信息、车辆跟踪信息、仓储与库存控制信息等
		物流管理信息	成本信息、物流可用能力、瓶颈资源等
	物流系统外部信息	市场信息	货主信息、用户信息、市场供求信息
		同行信息	行业主导者、挑战者、跟随者的情况、同业合作伙伴情况
		政策信息	产业结构与变化信息等
按物流信息的方向来分	正向物流信息		物流对象从货源地向消费地的流动过程中产生的相关信息
	逆向物流信息		物流对象从消费地向货源地的流动过程中产生的相关信息

1.1.5 物流信息的特点

1. 源点多、分布广、信息量大

物流系统服务的范围越大,信息源点就越多,信息量就越大。

现代物流中的信息源覆盖了从供应商、制造商到分销商,再到零售商等供应链中的所有环节,既有来自上下游企业的纵向信息,也有来自企业内部的横向信息,还有来自宏观层面上的信息。

多品种小批量生产和多频度小批量配送,使库存、运输等物流活动的信息大量增加。随着企业间合作倾向的增强和信息技术的发展,物流信息的信息量在今后将会越来越大。

2. 种类繁多

种类繁多主要表现在两个方面：一是物流系统内部各环节会产生不同种类的信息，二是物流系统（如多式联运）之间和与其他系统（如供应系统、生产系统、销售系统及消费系统）之间存在各种相关的物流信息。

3. 动态性强

物流信息的动态性越强，通常其价值衰减速度越快，因此，对物流信息要及时收集、及时加工利用，以获取相应的经济效益。

1.1.6 物流信息的功能

1. 流程控制功能

物流信息的流程控制作用就是记录、控制物流活动的基本内容。例如，一笔交易从收到订单，记录相应的交易信息开始，随后按记录的信息安排存货、选择作业人员和作业程序、指挥装卸搬运及按订单交货，这一系列过程都是在物流信息的控制下完成的。

2. 管理控制功能

物流服务的水平和质量及人员、资源的管理要由信息系统做相关的控制。应该通过建立完善的考核指标体系、通过电子数据交换（EDI）、地理信息系统（GIS）、全球定位系统（GPS）等技术提高管理力度。这里强调了信息对加强控制力度的作用。

3. 协调功能

沟通货主、用户、物流服务提供者之间的联系，满足其需要及不同物流环节协同运作的需要。例如，零售商与物流企业之间共享商品销售信息，物流企业可以据此预测库存情况并及时补货，使库存保持在最佳水平。在物流运作过程中，通过加强信息的交流与沟通，有利于提高工作效率。

4. 支持决策和战略功能

通过对物流信息的分析与利用，为企业决策层提供相应的信息支持，以便更好地进行短期及长期决策，以期开发和提炼物流战略。

1.2 物流信息系统

实例

江苏连云港港口股份有限公司结合自身信息化建设的现状和需求，促进公司信息化工作产生结构性的有效变革，在信息化应用深度和广度上有明显进步，把公司信息化建设的总体框架规划设计为公司生产经营管理及决策的综合化信息平台。建立以公司内部应用为内容，涵盖业务、生产组织、物资、财务、人力资源等生产经营管理各环节的信息化管理平台。以内部信息化管理平台为基础，完善与海关、商检、铁路、货代公司、船代等单位的数据对接交换，建立网上物流管理系统和对外客户服务系统，逐步建立以公司对外数据连接和提供对外客户信息化服务平台。在内外两个信息化平台的基础上，建设公司数据中心，形成公司生产管理和经营决策的综合性信息化平台，以支撑公司管理和业务的发展需要，促进公司快速健康发展。

该公司已经建立起业务管理子系统、调度指挥子系统、设备物资管理子系统、物资管理子系统、卡口管理系统、分析决策管理系统。同时，公司对系统应用管理平台升级改造，现有的子系统在不同时期开发应用，满足了管理中的一些实时需求，虽然在数据共享、信息交换上实现了互通，但系统功能局限在部门管理之中，在各子系统逐步成熟以后，公司将着手对系统进行整合升级，按照ERP系统管理软件的设计理念，重新梳理生产经营管理中各个环节，建立公司ERP管理系统，进一步提升公司的核心竞争力。现已将卡口、物资、设备等系统整合。公司对外信息服务平台的建设也得到进一步提高，建立与货代、船代、海关、商检、铁路以及物流公司的信息服务平台，在实现内部数据共享的同时，拓展与外部客户、口岸单位的数据对接，实现业务受理、信息传递的网络化，进一步提升公司的办公效率和服务质量，同时通过信息互通，真正实现连云港电子口岸建设。与海关的电子通关系统已对接运行，商检衡重、视频监管已互通，铁路信息已对接，船货代信息实现了共享。

信息系统的建设和应用，为公司的经营管理提供了强有力的支持，在提高效率、降低成本、提升服务等各方面发挥了巨大作用。在减少人员成本开支、节约设备投资等直接经济效益方面收益约300万元，在防范风险等间接经济效益方面约1000余万元，同时在带动整个产业链方面发挥了巨大的社会效益，提升了连云港港口的知名度，增加了连云港港口的竞争力。

1.2.1 信息系统

1. 信息系统的概念

信息系统是一种由人、计算机（包括网络）和管理规则组成的集成化系统。实际上，信息系统是一个金字塔形结构，如图1-1所示。

图1-1 信息系统的金字塔形结构

2. 信息系统的基本功能

（1）数据的收集和输入

在信息系统处理流程中，首先需要对数据进行收集和记录，当数据记录在一定介质上并经校验后，即可输入系统进行处理。在实际处理中，可通过输入设备将系统所需数据随时进行输入。例如，在物流信息系统中，可以利用 POS（Point of Sales）系统完成部分数据的收集和输入，通过数据传输，为零售商提供决策支持。

（2）数据的加工处理

数据的加工处理包括代数运算、统计量的计算、各种检验、各种最优算法、模拟预测等。该功能的强弱直接关系到信息系统的优劣。

（3）数据的存储功能

把数据存储在相应的介质上，方便管理者的日常业务处理，大大提高了工作效率。

（4）数据传输功能

随着企业业务量的不断扩展及信息技术、计算机（网络）覆盖面的不断扩大，信息系统中需要传输的数据量也在不断增加。一般较大的信息系统都具有较大规模，在地理上有一定的分布，此时数据传输就成为信息系统必备的一项基本功能。

（5）信息输出功能

信息系统服务的对象是管理者，因此，它必须具备向管理者提供信息的手段和机制。信息可用不同方式输出，有的直接供管理者使用，可以以报表、图形等形式输出；有的则供计算机进一步处理、分析，可以将这些中间结果输出到有关介质上。

3. 信息系统的结构

（1）主机/终端模式（Mainframe）

在 20 世纪 80 年代以前，全部的应用系统、数据库均在一台计算机上运行，因此，对主机的性能要求比较高。例如，要求主机有较高的 CPU 运算速率、较大的内部存储器容量和外部的磁盘存储空间、较高的 I/O 吞吐能力等。

后来，出现了在一台主机系统上连接多台文字处理终端的工作方式，即主机/终端方式，其结构如图 1-2 所示。

主机/终端方式的优点是终端连接可靠，数据传输稳定；缺点是用户数有限，数据传输距离短，使用维护复杂等。

（2）客户机/服务器模式（Client/Server）

随着社会经济的发展，企业的经营模式、业务领域、服务范围也发生了巨大的变化，尤其在物流行业业务发展十分迅猛，企业业务的扩展，要求信息系统能够给予相应支持。传统的主机/终端模式受到技术的制约，扩展能力较差，难以适应这种要求。同时，其投资与维护费用也较高，只有少数企业能够承担。

自 20 世纪 90 年代以来，C/S 模式为适应企业业务的扩展和网络技术的发展而发展起来。C/S 模式整个系统包括服务器和客户机两部分，其中服务器可能包括文件服务器、数据库服务器、打印服务器、专用服务器等，网络节点上的其他计算机系统称为客户机。用户使用客户机通过网络系统向服务器提出服务请求，服务器根据客户机的请求经过相应的加工，向客户机返回对应的信息。

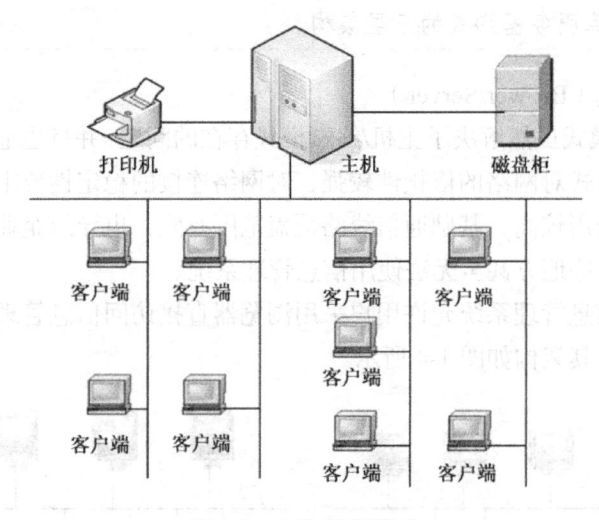

图 1-2 主机/终端模式

与主机/终端模式不同，客户机/服务器模式将信息处理分为两部分，主要的部分由服务器完成，另一部分由客户机完成。常用情况有两层架构和三层架构两种，如图 1-3 所示。

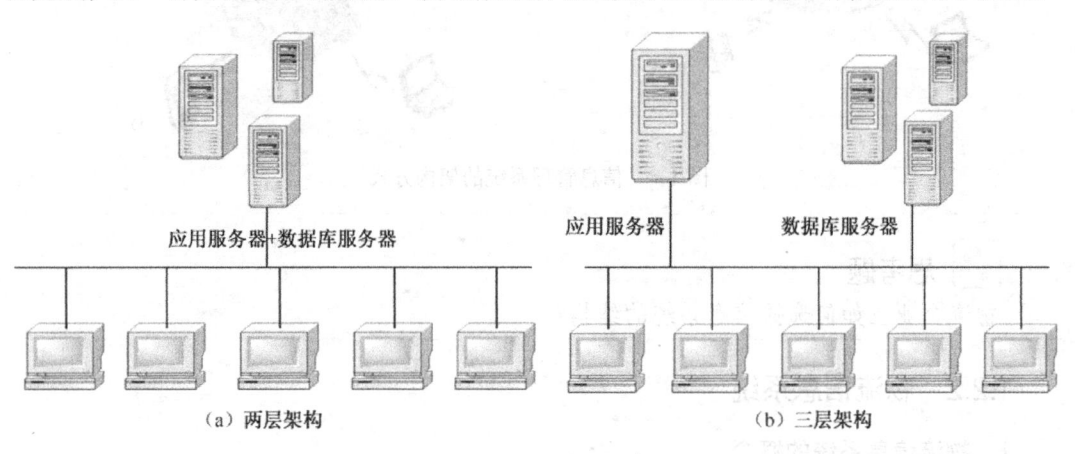

（a）两层架构　　　　　　　　　　（b）三层架构

图 1-3 客户机/服务器模式

思考题
客户机/服务器模式下两层架构与三层架构的区别是什么？

提示
在两层架构下，信息系统的数据库部分与应用系统部分运行在同一台服务器上，在数据量激增、并发用户增多时，信息系统的整体效能会明显下降。为解决由于并发用户增加、数据量增加而导致信息系统性能下降的问题，将数据库与应用系统分离，各自使用专门的服务器，应用服务器根据客户机的服务请求，访问数据库服务器，获取必要的数据，进行相应的数据处理，然后将数据处理的结果返回客户机，这就形成了客户机、应用服务器、数据库服务器形式的三层架构。

（3）浏览器模式（Brower/Server）

客户机/服务器模式虽然解决了主机/终端模式存在的问题，并且也适应了企业高速扩张的要求，但是这种方式对网络的依赖性较强，对网络连接的稳定性要求较高。由于我国的基础通信线路租用费用较高，基础通信线路覆盖范围有限，也导致企业信息管理系统的运营成本较高，并且有些地方甚至无法使用信息管理系统。

基于因特网的信息管理系统允许用户采用浏览器直接访问信息管理系统，不需要编制专用的客户机软件，其架构如图1-4所示。

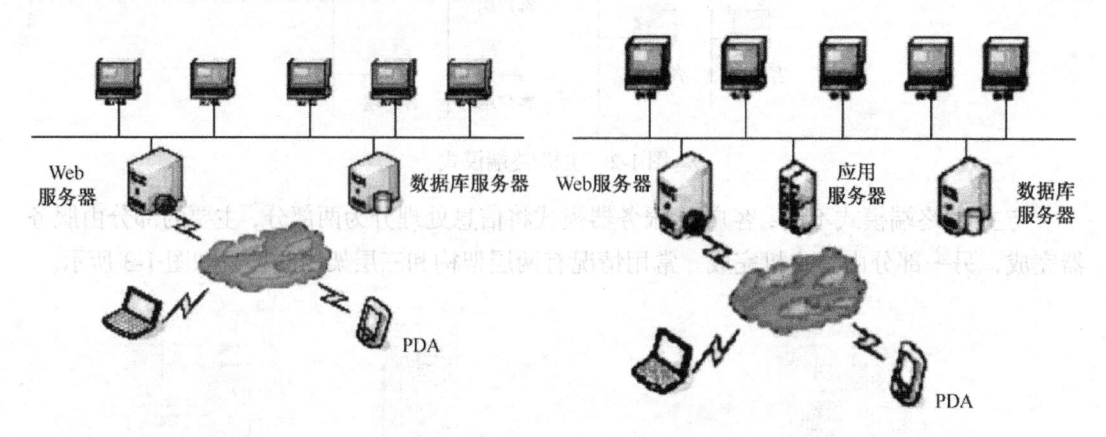

图1-4　信息管理系统的架构方式

思考题

物流企业应如何选择信息系统的结构？

1.2.2　物流信息系统

1. 物流信息系统的概念

物流信息系统是由人员、计算机硬件软件、网络通信设备及其他办公设备组成的人机交互系统，其主要功能是进行物流信息的收集、存储、传输、加工整理、维护和输出，为物流管理者及其他组织管理人员提供战略、战术及运作决策的支持，以达到组织的战略，提高物流运作的效率与效益。

2. 物流信息系统的特征

物流信息系统除了具有信息系统的一般特征（如系统的整体性、层次性、目的性）外，还具有以下一些自身的特征。

（1）服务性

物流信息系统的目的是辅助物流企业进行事务处理，并在一定程度上为管理决策提供信息支持，因此它必须具备处理大量物流数据和信息的能力，具备各种分析物流数据的分析方法，拥有各种数学和管理工程模型。

（2）集成化

集成化是指物流信息系统将相互连接的各个物流环节联结在一起，为物流企业进行集成化的信息处理工作提供平台。

（3）适应性

系统的适应性是指一个好的系统必须能够适应环境的变化，尽可能地做到当环境发生变化时，系统能够不需要经过太大的变化就能适应新的环境。当然物流信息系统也不例外，适应性强，系统的变化就小，用户使用时就会更加方便。

（4）网络化

随着因特网的迅速发展，在物流信息系统的设计过程中也广泛地应用了网络化技术。通过因特网将分散在不同地理位置的物流分支机构、供应商、客户等联结起来，形成一个信息传递与共享的信息网络，便于各方实时了解各地业务的运作情况，提高了物流活动的运作效率。

（5）智能化

智能化是物流信息系统的发展方向，通过综合运用数据挖掘、人工智能、决策理论、知识管理及其他相关技术和方法，为物流系统运行、管理、决策提供有效支持。

阅读资料

3．物流信息系统的发展阶段

随着计算机及网络、通信技术的不断发展，物流信息系统的发展主要经历了以下几个阶段，如表1-4所示。

表1-4　物流信息系统的发展阶段

发展阶段	起止时间	说　　明	特　　点
单项数据处理阶段	20世纪50年代中期~60年代中期	主要是计算机代替人工进行简单的业务处理	集中式处理，数据不能共享
事务处理阶段	20世纪60年代中期~70年代初期	可以应用计算机制订生产计划、供应计划等	实时处理、数据能局部共享
系统处理阶段	20世纪70年代初期~90年代初期	信息技术应用于整个企业的物流管理	企业内各系统成为一个有机整体
辅助决策阶段	20世纪90年代至今	为企业物流决策提供支持功能	辅助物流决策，降低成本，提高效益

4．物流信息系统的作用

物流信息系统是整个物流系统的心脏，是现代物流企业的灵魂。对于物流企业来说，拥有物流信息系统在某种意义上比拥有车队、仓库更为重要。物流信息系统在物流运作过程中的作用非常关键，并且自始至终发挥着不可替代的中枢作用。随着信息经济的发展，物流信息系统在现代物流中占有极其重要的地位，具体表现如下。

（1）物流信息系统是物流企业及企业物流的神经中枢

物流企业面向社会服务，为企业提供功能健全的物流服务，面对着众多的企业和零售商甚至客户。如此庞杂的服务，只有在一个完善的信息系统基础上才可能实现。

（2）及时了解相关信息

通过物流信息系统，企业可以及时了解本企业产品市场销售信息和产品的销售渠道，有利于企业开拓市场和收集信息。同时，企业还可以及时掌握商品的库存流通情况，进而达到企业产销平衡。

（3）有效地节约企业的运营成本

企业可以通过规模化、少品种、业务统一管理来节约企业的物流运作成本，也可以通过信息系统完成企业的一系列活动，如报关、订单处理、库存管理、采购管理、需求计划、销售预测等。

（4）加快供应链的物流响应速度

通过建立物流信息系统，达到供应链全局库存、订单和运输状态的共享和可见性，以减少供应链中的需求订单信息畸变现象。

（5）提高物流服务效率

通过建立物流信息系统，将企业物流的各个环节综合考虑，通过信息及时传递，优化物流操作，提高物流服务效率。

相关链接　基于云计算的军事物流信息系统

军事物流信息化管理是我国信息化建设中的弱项，由于我国信息化建设起步比较晚，因此军事物流信息化程度不高，不能为军事队伍建设提供保障。随着互联网技术不断发展，云计算技术不断运用于军事上，实现了部队物资智能化管理，提高了军事管理中的效率。

在物资管理方面，主要利用 EPC 技术和 RFID 技术，对军事物资进行标记，对物流领域中每件物资进行 EPC 编码处理，使得每件物资在系统中具有唯一性。物资的 EPC 编码信息被存储在 RFID 卡中。基于网络的军事物流信息系统中，RFID 卡具有强大的存储与记忆功能，例如对物资的属性、数量、用途、性质以及质量等诸多信息进行记录，并存储到云计算相应的数据库中。当军用物资发生变化时，存储系统将利用 RFID 技术对其卡片中信息做出具体细节上的更改，保证物资与实际存储一一对应。基于云计算强大计算功能，在相应系统中软件的支持下，物资存储数据库能够相互关联，为用户提供查询上的便利，各级用户都能在一定权限内找到属性相符的物资数据，从而能够实现物资管理透明化。

在军事物流信息管理中，每一步装备都有装备卡，对装备中的信息进行存储。装备卡涵盖了 RFID 技术、GPS 技术、GIS 技术等，兼具存储与信息接收等功能。卡中的信息对应在数据库中，二者能够实现同步更新，保证信息的实时性。在云计算技术的支持下，用户能够在权限查询装备的支持下，按照相应的搜索指标，进行数据信息查询与更改。

云计算技术应用到军事物流信息系统中增加了系统的可靠性。

首先，云计算技术具有可靠安全的数据存储中心，用户不用担心数据丢失或者被病毒侵蚀。云计算技术能够利用计算节点的同构可换措施对数据提供多重保障，使得云计算与本地计算机相比具有更多优越性。在军事物流信息系统中，数据被存储在云服务器中，系统中的用户根据权限设置访问本层次权限内部的数据资源，不能越级访问数据，这样的数据管理措施提高了物流信息系统数据的安全性。

此外，基于云计算的军事物流信息系统具有可控性，在对数据系统进行升级维护时，只需要对相应的云服务器进行维护即可。在数据管理上更加便捷，省去众多数据处理环节，例如，当军事物流信息系统遇到网络攻击时，只需要云端定时关闭部分系统就可以抵制恶意攻击。云计算技术的优势不仅表现在数据管理中，也表现在服务效率提高上，数据的分层访问与管理提高物流信息系统安全系数。

1.3 物流信息管理及其发展

信息管理是个人、组织和社会为了有效地开发和利用信息资源，以现代信息技术为手段，对信息资源实施计划、组织、指挥、控制和协调的社会活动。现代物流管理很大程度上是对信息的处理，管理组织中存在的大量岗位只是发挥着信息的收集、挑选、重组和转发的"中转站"作用。如果这些工作由正规信息系统来承担，反而会更快、更准、更全面。

当前，物流管理人员和决策人员如何利用现代信息技术，充分发挥现代物流管理理论和物流信息系统的作用，已经成为企业所面临的一个重要问题。而这一问题也正是物流信息管理研究的基本问题。

1.3.1 物流信息管理的概念及任务

物流信息管理就是对物流全过程的相关信息进行收集、整理、传输、存储和利用的信息活动过程。

物流信息管理不仅包括物资采购、销售、存储、运输等物流活动的信息管理和信息传送，还包括了对物流过程中的各种决策活动提供决策支持，并充分利用计算机的强大功能，汇总和分析物流数据，充分利用企业资源，增强企业竞争优势。

物流信息管理的任务就是要根据企业当前物流过程和可预见的发展，对物流信息采集、处理、存储和流通的要求，选购和构筑由信息设备、通信网络、数据库和支持软件等组成的环境，充分利用物流系统内部、外部的物流数据资源，促进物流信息的数字化、网络化、市场化，改进现存的物流管理，选取、分析和发现新的机会，做出更好的物流决策。

1.3.2　物流信息管理的特点

1. 专业性

物流信息管理是专门收集、处理、储存和利用物流全过程的相关信息，为物流管理和物流业务活动提供信息服务的管理活动。

2. 广泛性

物流信息管理涉及的信息对象十分广泛，如货物信息、所使用的设施设备信息、操作技术和方法信息、物流的时间和空间信息、作业人员信息等。

3. 灵活性

物流信息管理的规模、内容、模式和范围等，根据物流管理的需要，可以有不同的侧重和活动内容。

1.3.3　物流信息管理的层次

1. 基础信息管理

基础信息管理是利用信息技术解决企业内部信息采集、传输、共享的标准和成本等问题，使信息成为控制、决策的依据。

基础信息管理的第一步要解决业务流程的信息化问题；第二步用信息系统控制物流活动的操作。

2. 供应链物流信息管理

供应链物流信息管理主要通过上下游企业的信息反馈服务来提高供应链的协调性和整体效益。

供应链物流信息管理主要实现以下功能：

- 与客户的信息系统对接，实现供应链物流协作和运作。
- 提供电子商务平台。
- 开发基于因特网的信息发布和在线查询系统，为客户提供可视化、"一站式"的信息服务。

3. 物流决策信息管理

物流决策信息管理的主要手段是建立辅助决策支持系统，通过以优化、决策为目的的信息加工和数据挖掘，把信息变为知识，提供决策依据。

这一层次的信息系统主要有两个作用：

- 开发、整合和固化新的流程或新的管理制度。
- 在规定的流程中提供优化的操作方案。

4．智能物流管理（Intelligent Logistics Concepts，ILC）

智能物流综合运用数据挖掘、人工智能、决策理论、知识管理及其他相关技术和方法，对物流系统的数据进行分析处理，为物流系统运行控制、日常决策和战略决策提供有效支持，使物流系统具有学习、推理判断、自动解决物流经营问题的智能化特征，能高效、安全地处理复杂问题，为客户提供方便、快捷的服务。

物流智能化是知识经济和信息技术发展的必然结果。

> **实例** "啤酒与尿布"的故事
>
> 这个故事的主角是世界上最大的零售商沃尔玛公司，它拥有目前世界上最大的数据仓库系统，总容量达到24TB。为了分析哪些商品客户最有可能一起购买，沃尔玛公司利用数据仓库、联机分析处理和数据挖掘技术，对各个商店一年多详细的原始交易数据进行市场类组分析。一个意外的发现产生了：跟尿布一起购买最多的商品竟然是啤酒！表面看来，啤酒和尿布"风马牛不相及"，如果不是数据仓库系统，商家绝不可能发现隐藏在背后的事实：原来美国的太太们常委托她们的丈夫下班后为小孩买尿布，而丈夫们在买尿布后又随手捎回两瓶啤酒。既然啤酒与尿布一起购买的机会最多，沃尔玛公司就在它的每家分店里将它们并排摆放在一起，结果是啤酒与尿布的销售量双双增长。
>
> 这个故事仅仅是厂商借助数据仓库系统取得的一连串成功故事中的一个花絮。在美国，数据仓库已成为仅次于因特网的又一个技术热点。

1.3.4 物流信息管理的发展历程

物流信息管理经历了由初级向高级的发展历程，主要有以下几个阶段。

1．后勤工作阶段

20世纪50年代以前，物流被认为后勤工作而被忽视。在这一阶段，企业物流信息的采集、传输主要依靠手工记录、普通信函、电话等方式，信息技术主要应用在运输、存储过程中，物流信息化的功能主要是记录物流信息。

2．量化管理阶段

20世纪50年代以后，发达国家的企业开始强化对物流活动的科学管理，用定量化技术和计算机来改善特定的物流功能。这一阶段信息交换方式是，通过邮政邮件交换信息，产品跟踪采用贴标签的方式；信息处理的软硬件平台是纸带穿孔式打印机的计算机及相应的软件。物流信息被分散在不同环节和不同职能部门之中，物流与信息之间的交流与共享十分困难。

3．部门内信息共享阶段

随着高速存取和容量较大的外存储器的出现，物流信息化进入部门内信息共享阶段，信息技术应用由单项的数据处理拓展到部分物流业务管理的范围或物流管理子系统，人们可应用计算机制订生产计划，并研究多环节生产过程中各个环节的物品供应计划问题，例如，企业的物品管理、仓储管理、制订投产计划和采购计划等。但整个物流过程没有充分的信息交流与共享。

4．企业内部信息共享阶段

随着条码（又称条形码）技术、电子扫描和传输技术的产生和使用，为改善物流的表现提供了技术支持，提高了物流信息的及时性和可得性，物流信息化进入企业内信息共享阶段。信息技术应用于整个企业的物流管理，在企业内部运行的管理信息系统，可用来辅助企业进行计划、生产、经营、销售。此时，管理信息系统的发展和广泛应用对企业内部物流一体化的形成起到了极大的促进作用。

5．企业间信息交换阶段

到 20 世纪 90 年代，信息技术有了更快的发展，其性价比大幅度提高，计算机多媒体技术的发展使物流信息系统处理各种类型的数据成为可能，物流信息化进入企业间信息共享阶段。在信息技术的支持下，系统理论和方法在物流活动中得到了实际应用，物流活动的各环节被看成相互联系和相互作用的有机整体，管理上寻求物流过程的整体优化。物流信息不再局限于某一个物流环节上，信息的共享开始超越企业内部不同职能部门的边界甚至企业的边界。

6．供应链信息共享阶段

随着供应链管理的实践及信息技术的飞速发展，物流信息化进入供应链信息共享阶段，为现代物流带来了巨大的发展机遇。物流的需求信息直接从客户消费点获取，物流信息交换主要采用数字编码分类技术和无线因特网，产品跟踪向激光制导标志技术及无线射频识别发展。基于因特网的电子物流正在兴起，数据仓库、数据挖掘、专家系统等现代决策支持技术开始在物流管理中得到应用。

物流信息管理的发展历程总结如表 1-5 所示。

表 1-5　物流信息管理的发展历程总结

发展阶段	信息技术应用情况	应用范围	功　能
后勤工作	企业物流信息的采集、传输主要依靠手工记录、普通信函、电话	运输、存储过程中	记录物流信息
量化管理	通过邮政邮件交换信息；产品跟踪采用贴标签的方式；信息处理的软硬件平台是纸带穿孔式打印机的计算机及相应的软件	工厂内	辅助物料搬运变革和物流规划，寻求物流合理化的途径
企业内部信息共享	物流信息在全企业内部自动共享，信息系统以局域网结构和客户机/服务器结构为主	企业内	实现企业内部物流一体化及物流活动与企业生产、销售活动的协调
企业间信息交换	因特网、卫星通信提高了物流的实时跟踪能力，GPS、GIS 开始在物流中应用	企业间	促进物流系统化，物流活动与生产过程和商品销售过程分离

续表

发展阶段	信息技术应用情况	应用范围	功　能
供应链信息共享	在企业内部构建内网，在企业间构建外网，注重提供物流决策所需的信息及辅助决策过程	供应链	利用信息网络寻找互补的外部优势，构建供应链组织

从总体发展趋势上看，物流信息管理的发展过程正在加速进行，这与信息技术的加速发展及不断应用是密不可分的。关于物流信息技术问题本书将在后续章节中进行详细介绍。

1.3.5　我国物流信息管理的现状及发展趋势

从2012年开始，经过30多年高速发展的中国经济进入了中速增长阶段。在"新常态"下，中国物流进入转型升级的发展阶段。物流业能否成功地转型升级取决于我国物流信息化发展水平的高低。我国物流信息化的发展现状，主要表现在以下几个方面。

1．我国物流信息管理的现状

（1）信息化意识提高，整体规划能力较低

近年来，我国从政府部门到企业对物流信息化重要性的认识不断提高，"信息是物流的灵魂"已得到我国各行各业的广泛认同，各类企业呈现出开发物流信息平台、应用综合性或专业化物流信息系统的态势。但是，物流企业信息化整体规划能力较低，对信息化的理解不深。我国在物流信息化长期发展战略体系还不够完善，标准化工作发展缓慢；同时，物流企业对自身的信息化未来发展也缺乏合理规划，缺乏覆盖整个企业的全面集成的信息系统。

（2）物流信息技术的应用更加普及，整体发展水平较低

物流信息集成受到大多数企业的关注，部分企业将软件开发、RFID/RF/GIS/条形码等信息技术的应用、数据分析、数据挖掘等作为物流信息化建设的重点。物流企业的信息平台/门户网站的作用由单纯的信息发布逐渐向电子交易等多种形式拓展。物流企业与外部主体业务信息交换中，以电子数据交换（EDI）和互联网为代表的信息化交换方式逐渐成为市场主导。信息交换方式的变革直接影响着物流业务进行中信息交换速率和准确度的提升。但物流信息管理的整体水平仍然较低，成为制约电子商务发展的一大瓶颈。

（3）云平台等新技术推动物流信息化快速发展

通过对物流行业各方面的基础需求分析，以及对现阶段国内物流行业的信息管理现状的把握，可将物流云计算服务平台划分为物流公共信息平台、物流管理平台及物流园区管理平台三个部分。物流公共信息平台拥有强大的信息获取能力；物流管理平台可以大幅度地提高物流及其相关企业的工作效率，甚至可以拓展出更大范围的业务领域；物流园区管理平台可以帮助物流枢纽中心、物流园区等管理辖区内的入驻企业，帮助企业进行规划和布局。在云平台上，所有的物流公司、代理服务商、设备制造商、行业协会、管理机构、行业媒体、法律机构等都集中云整合成资源池，各个资源相互展示和互动，按需交流，达

成意向，从而降低成本，提高效率。

（4）缺乏高素质的现代物流信息管理人才

现代物流作业过程环节多而复杂，物流信息量大，还具有不确定性、难以捕捉的特点，因而对从业人员的技术要求很高，因此现代物流企业应属于人才密集型企业。而目前我国绝大部分物流企业缺乏这种既熟悉现代物流信息化运作规律，又懂得生产管理的专业人才。

2. 我国物流信息管理的发展趋势

（1）云服务将会广泛应用

根据云计算服务性质的不同，可以将云计算区分为公有云、私有云。公有云部署具备更好的灵活性和可扩展性；而私有云更加安全且便于控制。

就目前来看，为了节约成本，公有云在中小物流企业的应用将会越来越广，而私有云在大中型物流企业的应用会比较多，而更多的时候公有云、私有云会同时存在。随着公有云安全性等核心问题的解决，最终目标是私有云尽可能转移到公有云。物流企业更需要的是对自己的相关业务进行详细的分析，选择符合自身需要的云服务方式。

（2）大数据挖掘技术将会提升物流信息管理水平

IDC发布的《中国大数据技术与服务市场2012—2016年预测与分析》显示，大数据的市场规模将于2016年增长到6.17亿美元，复合增长率达51.4%，市场规模增长近7倍。2013年2月5日，国务院出台了《推进物联网有序健康发展的指导意见》，从政策层面正式把大数据纳入物联网产业领域。大数据时代，数据已经变成比肩人、财、物的战略资源，如何管理及应用这种资源是政府部门和企业都要学习的新技能。

经过多年的发展，物流企业都积累了海量的财务数据和物流业务数据资源，同时还有上下游企业的共享数据。物流企业需要对杂乱无章的原始数据进行分类整理，运用数据挖掘技术分析出需要的信息，为领导经营决策提供依据，切实提升我国物流信息管理水平。

3. 信息化和标准化将结合在一起

物流标准化是制约我国物流信息化发展的一大瓶颈，RFID等新技术推广过程的焦点便是物流标准化。采用国际标准还是国内标准，以及如何实现标准和实用之间相互促进，将是未来物流信息化建设的重要课题。

阅读资料

自测题

一、不定项选择题

1. 信息是（　　）。
   A. 文字　　　　　　　　　　　　B. 数字
   C. 对客观实物的认识　　　　　　D. 对客观实物的记录

2. 在物流信息系统的发展阶段中，（　　）主要是计算机代替人工对局部数据量大、操作简单的业务进行处理。

　　A. 系统处理阶段　　　　　　B. 事务处理阶段

　　C. 辅助决策阶段　　　　　　D. 单项数据处理阶段

3. 物流系统由物流作业系统和（　　）两部分组成。

　　A. 物流信息系统　　　　　　B. 运输信息管理系统

　　C. 库存信息管理系统　　　　D. 电子商务物流信息管理系统

4. 信息的特征包括（　　）。

　　A. 真实性　　　B. 增值性　　　C. 滞后性

　　D. 传输性　　　E. 独享性

5. 下列属于企业内部信息的有（　　）。

　　A. 企业基本情况　B. 企业规模状况

　　C. 生产信息　　　D. 市场信息　　　E. 营销信息

6. （　　）是信息的第一特性。

　　A. 增值性　　　B. 真实性　　　C. 共享性　　　D. 传输性

7. 下列（　　）属于物流信息系统的典型内容。

　　A. 运输信息系统　　　　　　B. 客户关系管理系统

　　C. 公文管理系统　　　　　　D. 财务管理系统

8. 物流信息系统的特征包括（　　）。

　　A. 管理性和服务性　　　　　B. 适应性和易用性

　　C. 集成化和模块化　　　　　D. 网络化

　　E. 智能化

9. 信息系统的基本功能包括（　　）。

　　A. 数据的加工处理　　　　　B. 数据的收集和输入

　　C. 数据的存储功能　　　　　D. 数据传输功能

　　E. 信息输出功能

10. 下列属于物流系统外部信息的有（　　）。

　　A. 物品流转信息　　　　　　B. 物流操作信息

　　C. 同行信息　　　　　　　　D. 政策信息

　　E. 市场信息

二、简答题

1. 简述数据和信息有何区别与联系。
2. 什么是物流信息？物流信息有何特点？物流信息的基本功能是什么？
3. 简述物流系统的特征及组成。
4. 什么是物流信息系统？物流信息系统主要有哪些特征？
5. 简述信息系统的功能与结构。

三、论述题

论述我国物流信息管理的现状及发展趋势。

案例分析

常州东慧网络科技有限公司政成联盟体物流信息平台

常州东慧网络科技有限公司成立于 2013 年 8 月，创立之初即定义了把物流信息化作为公司定位和发展的目标市场，并针对广东、湖北、苏州、山东、常州、长沙、重庆、成都等区域开展了项目调研，将目标市场细分为综合型、企业型、新兴型和国际型，针对细分市场的信息化需求、竞争对手的强弱和有限资源的识别，将市场锁定在综合型和新兴型第三方物流企业市场，并据此进行 ULP（Union Logistics Platform）项目的开发。

优刻 ULP 是常州东慧网络科技有限公司自主研发的新一代现代物流信息化管理平台，达到国内领先水平，满足现代物流企业适应市场发展的需要。它是以三方物流企业为核心物流企业、依托 ULP 打通货运上下游；以信息技术为支撑，协同管理与业务管理相结合，实现集约化的发展，最终达到核心物流企业与下级专线之间，实现资源共享、优势互补、风险共担、利益共享的目的。

政成物流有限公司主要经营公路运输、仓储、国际货代、三方物流、技术服务等。拥有 13 个网点，十余条专线、2 000 余家客户和 90 余家合作伙伴。近年来，公司不断创新经营理念，打造信息网络和运输网络为核心的新优势，快速推进绿色物流，努力整合有利资源，快速壮大企业规模，2011—2013 年营业收入年均增长 30%以上。目前，公司以创新经营模式为抓手，积极构建政成物流联盟平台，联合和带动一批中小物流企业，做大、做强我市公路物流板块，努力打造升级版的政成物流，为客户、为社会创造更大的价值，为发展地方经济做出更大的贡献。

工业和信息化部下发的《工业和信息化部关于印发信息化和工业化深度融合专项行动计划（2013—2018 年）的通知》指出电子商务和物流信息化集成创新行动的目标是，深化重点行业电子商务应用，提高行业物流信息化和供应链协同水平，促进以第三方物流、电子商务平台为核心的新型生产性服务业发展壮大，创新业务协作流程和价值创造模式，提高产业链整体效率。由此可见，国家对于物流信息化的大力扶持，让企业更加敢于对物流信息化投入更多的资源。

但目前常州物流企业的基础设施相比发达城市还较落后，信息化水平不高、资源不能共享、有的业务多次外包、无标准化管理、物流网络各自为政等，严重制约了物流行业的快速发展。政成拥有 30 年的物流管理专业经验，还有一支技术精湛的信息技术团队、成熟的公路运输网络与甩挂组织经验，长期致力于物流技术的研究与开发，为加快企业的规模化发展和增强示范带动作用，公司拟建立政成物流联盟平台。

2013 年，政成确定了"集约化物流联盟体"发展战略，明确了以电子商务、联盟体平台、资本和人才为企业发展的三大驱动，进一步明晰了资产资源化、服务信息化、管理标准化的总体建设框架和建设目标。

讨论分析题

1. 建设平台带来的益处有哪些？
2. 结合对该平台的实际情况分析其下一步工作设想？

提示

通过使用平台可以通过管理化的思维来提高物流效率降低经营成本；以网络化的营销与推广手段来开拓市场、拓宽业务；以可视化的信息渠道来提供货物状态信息，降低货运风险，让货运全程高清无码；以技术化的产品打通货主到供应链的每个节点，加快信息流和各节点作业效率，快速响应客户需求，提高客户满意度甚至超越客户期望。同时提高企业经济效益和竞争力。

平台使政成物流的信息化建设更具优势，保持了在省公路物流行业的技术领先、服务领先地位，并增强辐射带动作用，带动一批加盟企业共同转型升级，为发展地方经济做出积极的贡献。为了使平台进一步发挥自身的优势，应对下一步的发展做出合理的构想，如推广联盟体物流信息平台（ULP），积极开拓业务、整合资源，提高物流整体竞争力和服务质量，让社会中的物流活动更安全、更便捷、更公开，打破一切以信息不对称所获取的利益壁垒，从而真正让物流活动社会化。同时，要做好人才保障工作，可以让每一位职员都成为其所擅长领域的老师、能极大地调动员工的积极性，让每位人才都能尽情展露自己的能力。

实训题　我国企业物流信息化现状调查

1. 实训目的
通过实训使学生对我国目前物流信息化的现状有一定的了解，对本章所涉及的知识点有更深的理解和把握。

2. 实训内容
调查生产企业、商业企业、物流企业当前物流信息化的现状及存在的主要问题，通过分析有针对性地提出相应的建设思路。

3. 实训组织
（1）对学生进行分组。
（2）拟订实训提纲，强调重点内容。
（3）通过调查收集相关资料。
（4）通过讨论，找出当前企业物流信息化建设中存在的主要问题，并提出初步的解决思路。

第 2 章

物流信息采集技术

学习目标

- 重点掌握条形码技术的基本理论及其在物流信息采集中的应用。
- 重点掌握射频识别技术的基本理论及其在物流信息采集中的应用。
- 掌握 POS 技术的结构及工作流程。

引导案例

4G 助推中国物联网产业

自中国《物联网"十二五"规划》正式发布以来，根据规划，智能工业、智能农业、智能物流、智能交通、智能电网、智能环保、智能安防、智能医疗和智能家居九大应用将得到重点发展，并建立重点应用示范工程，以带动规模化发展。而以 4G 网络为"智慧管道"的中国物联网产业将得到规模化发展。

移动通信网络是整个物联网产业的中枢神经，为物联网产业大数据吞吐能力提供了传输保证，随着物联网感应芯片技术的成熟，4G 网络的商业化运营无疑对中国整个物联网产业起到了强有力的推进作用。

据了解，物联网诸多分支的应用，例如车联网、智能家居、智能交通、智慧城市等方面都需要通过巨量的传感设备才能即时接收各类感知数据。在这些数据收集的过程中，不能通过有线网络相连，毕竟传感器设备都体积不大，无线网络就起到决定性作用。而与 3G 网络相比，4G 最大的优势是速率更快，具有高带宽、高速率、低时延等特点，最高速率可达 80M，因此可支撑丰富的无线网络应用，能够满足几乎所有用户对于无线网络的要求。随着网络需求发展，更高级的网络体系出现也将只是时间问题。

? 思考题

4G 时代物联网将如何服务于物流产业？

> **提示**
>
> 随着 4G 时代的到来，物联网面临更大的发展机遇，智能物流也会成为发展的焦点。物联网对物流最大的帮助是解决了物流过程和供应链的可视化问题。也就是说，物品可以被实时监控，并获得相关的数据，是大数据分析的前提。所以，物联网技术在物流领域的应用无疑在不久的将来会为物流企业进行精益管理和流程优化奠定基础。物联网加快了作业信息与操作控制系统的交互效率，提高了交互质量，降低了人为的干扰和误差因素，在成本、效率和产出上有提升，对于不可预测的作业高峰和操作拥堵，物联网可以提前预警，倒逼物流任务分配和资源配置等作计划的调整。

2.1 条形码技术及其应用

2.1.1 条形码的概念

条形码技术是 20 世纪中叶发展并广泛应用的集光、机、电和计算机技术为一体的高新技术，是将数据进行自动采集并输入计算机的重要方法和手段。

条形码（Bar Code，BC）是由宽度不同、反射率不同的条和空按照一定的编码规则（码制）编制成的，用以表达一组数字或字母符号信息的图形标识符。其中"条"（bar）是指条码中反射率较低的部分，"空"（space）是指条码中反射率较高的部分。

阅读资料

常见的条形码是由反射率相差很大的黑条（简称条）和白条（简称空）排成的平行线图案。条形码可以标出物品的生产国、制造厂家、商品名称、生产日期、图书分类号、邮件起止地点、类别、日期等许多信息，因而在商品流通、图书管理、邮政管理、银行系统等许多领域都得到了广泛应用。

2.1.2 条形码的结构

一个完整的条码的组成次序依次为静区（前）、起始符、数据符、中间分隔符（主要用于 EAN 码）、校验符、终止符、静区（后），如图 2-1 所示。

1. 静区（空白区）

静区是指条码左右两端外侧与空的反射率相同的限定区域，它能使阅读器进入准备阅读的状态，当两个条码距离较近时，静区则有助于对它们加以区分，静区的宽度通常应不小于 6 mm（或 10 倍模块宽度）。

图 2-1　EAN-13 码的符号结构

2．起始/终止符

起始/终止符是指位于条码开始和结束的若干条与空，标志条码的开始和结束，同时提供了码制识别信息和阅读方向的信息。

3．数据符

数据符是位于条码中间的条、空结构，包含条码所表达的特定信息。

4．分隔符

分隔符用来间隔左右两侧数据字符。

构成条码的基本单位是模块，模块是指条码中最窄的条或空，模块的宽度通常以 mm 或 mil（1‰英寸）为单位。构成条码的一个条或空称为一个单元，一个单元包含的模块数是由编码方式决定的，有些码制中，如 EAN 码，所有单元由一个或多个模块组成；而另一些码制，如 39 码中，所有单元只有两种宽度，即宽单元和窄单元，其中的窄单元即一个模块。

实例　条码移动解决方案在华润万家的应用

爱创为华润万家构建的条码移动信息管理系统，包括收货管理、货位管理、盘点管理、变价管理和价格检查管理等主要功能模块，基本覆盖了华润万家在其门店运营中所需的功能。功能操作流程如下：

1）收货管理。收货管理要达到的目的是对到货商品与订单的单品名目及数量核对检查；并对商品条形码有效性及其在后台应用系统中的合法性进行检验，保障商品顺利通过超市收款台；最后自动生成收货清单。

2）查询管理。自从华润万家条码移动信息管理系统上线后，工作人员可以随时随地通过手持终端进行商品信息、库存情况、变价核对、订单校验等方面的查询。并且使经理级管理人员的现场实时查询和店面的现场实时指挥工作变得非常方便、容易。

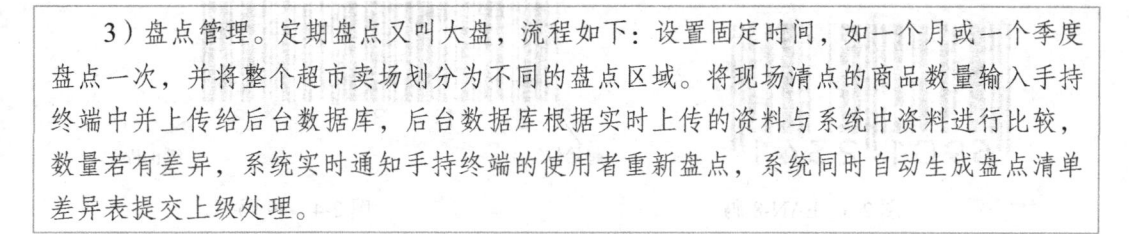

3)盘点管理。定期盘点又叫大盘,流程如下:设置固定时间,如一个月或一个季度盘点一次,并将整个超市卖场划分为不同的盘点区域。将现场清点的商品数量输入手持终端中并上传给后台数据库,后台数据库根据实时上传的资料与系统中资料进行比较,数量若有差异,系统实时通知手持终端的使用者重新盘点,系统同时自动生成盘点清单差异表提交上级处理。

2.1.3 条码的分类

条码按照不同的分类方法,可从不同的角度进行分类。

1. 按码制分类

条码种类很多,常见的大概有 20 多种码制。这里仅介绍常用的一些条码。

(1) UPC 码

UPC 码是一种商品条码。1973 年由美国统一代码委员会建立了 UPC 商品条码应用系统。之后加拿大也在超级市场上使用了 UPC 码。UPC 码是一种长度固定的连续型数字式码制。其字符集为数字 0~9。UPC 码有两种:UPC-A 码和 UPC-E 码,如图 2-2 所示。

(a) UPC-A 码　　(b) UPC-E 码

图 2-2　UPC 码

(2) EAN 码

EAN 码是一种商品条码。1977 年,欧洲共同体在 12 位的 UPC-A 商品条码的基础上,开发出与 UPC-A 商品条码兼容的欧洲物品编码系统(European Article Numbering System,EAN)。EAN 码是长度固定的、连续型的数字式码制。其字符集是数字 0~9。EAN 码有两种:EAN-13 码(见图 2-1)和 EAN-8 码(见图 2-3)。

(3) 39 码

39 码是 1974 年由 Intermec 公司推出的,是一种条、空均表示信息的非连续型、非定长、具有自校验功能的双向条码。标准的 39 码由起始安全空间、起始码、资料码、可忽略不计的检查码、终止安全空间及终止码所构成。其字符集为数字 0~9,26 个大写字母和 7 个特殊字符(-、。、space、/、%、¥、$),共 43 个字符,用于工业、图书及票证的自动化管理,如图 2-4 所示。

图2-3　EAN-8码　　　　　　　　　图2-4　39码

（4）库德巴码

库德巴码出现于1972年，是一种条、空均表示信息的非连续型、非定长、具有自校验功能的双向条码，广泛应用于医疗卫生和图书馆行业和仓库及航空快递包裹中。它的字符集包括：数字字符0~9（10个数字）；英文字母A~D（4个字母）和特殊字符（如+、-、$等），如图2-5所示。

图2-5　表示"A123456789"的库德巴码

（5）128码

128码出现于1981年，是一种长度可变的连续型自校验数字式码制。其携带信息量大，应用领域广泛，在生产流程控制、仓储管理、车辆调配、货物追踪、医院血液样本管理等领域都有广泛应用。

目前，国际上广泛使用的条码种类有EAN码（商品条码）、UPC码（商品条码）、39码（可表示数字和字母，在管理领域应用最广）、交叉25码（在物流管理中应用较多）、库德巴码（多用于医疗、图书领域）、128码等。其中，EAN码是当今世界上广为使用的商品条码，已成为电子数据交换（EDI）的基础；UPC码主要为美国和加拿大使用；在各类条码应用系统中，39码因其可采用数字与字母共同组成的方式而在各行业内部管理上被广泛使用；在血库、图书馆和照相馆的业务中，库德巴码也被广泛使用。

2. 按维数分类

（1）一维条码

上述的UPC码、EAN码、交叉25码、39码、库德巴码、128码等均为一维条码。一维条码的信息容量小，更多的信息要依赖该条码符号对应的数据库，因此其应用范围受到一定的限制。

（2）二维条码

二维条码能够在横向和纵向两个方位同时表达信息。因此其除具有普通条码的优点外，还具有信息容量大、可靠性高、保密防伪性强等优点。

除上述划分方法外，条形码还可从其他角度来划分。例如，按条码的长度，可分为定长和非定长条码；按排列方式，可分为连续型和非连续型条码；从校验方式，又可分为自校验条码和非自校验条码等。

2.1.4 一维条码

一维条码按照应用可分为商品条码和物流条码。商品条码包括 EAN 码和 UPC 码，物流条码包括 128 码、39 码、库德巴码等。这里介绍几种常用的一维条码。

1．商品条码

商品条码（Bar Code for Commodity）是由国际物品编码协会（EAN International）和美国统一代码委员会（UCC）规定的、用于表示商品标识代码的条码，包括 EAN 商品条码（EAN-13 商品条码和 EAN-8 商品条码）和 UPC 商品条码（UPC-A 商品条码和 UPC-E 商品条码）。

由于我国的商品编码采用 EAN 码，因此我们在下面以 EAN 码为例介绍商品条码。

（1）EAN-13 码

EAN-13 码由 13 位数字组成，是一种定长、无含义的条码，没有自校验功能。在我国，EAN-13 码分为三种结构，每种代码结构由以下三部分组成，如表 2-1 所示。

表 2-1　EAN-13 码的三种结构

结构种类	厂商识别代码	商品项目代码	校验码
结构一	$X_{13}X_{12}X_{11}X_{10}X_9X_8X_7$	$X_6X_5X_4X_3X_2$	X_1
结构二	$X_{13}X_{12}X_{11}X_{10}X_9X_8X_7X_6$	$X_5X_4X_3X_2$	X_1
结构三	$X_{13}X_{12}X_{11}X_{10}X_9X_8X_7X_6X_5$	$X_4X_3X_2$	X_1

1）前缀码。EAN 分配给中国物品编码中心的前缀码由 3 位数字（$X_{13}X_{12}X_{11}$）组成。目前，EAN 已将"690"~"695"分配给中国物品编码中心使用。

当 $X_{13}X_{12}X_{11}$ 为 690、691 时，EAN-13 码采用结构一；当 $X_{13}X_{12}X_{11}$ 为 692、693 时，采用结构二；结构三备用。

2）厂商识别代码。厂商识别代码由 7~9 位数字组成，由中国物品编码中心负责分配和管理。

3）校验码。校验码为 1 位数字，用来校验 X_{13}~X_2 的编码正确性。校验码是根据 X_{13}~X_2 的数值按一定的数学算法计算而得的。厂商在对商品项目编码时，不必计算校验码的值。该值由制作条码原版胶片或直接打印条码符号的设备自动生成。

> **相关链接　EAN-13 码中校验码的计算方法**
>
> 首先要确定代码位置序号，代码位置序号是指包括校验码在内的，由右至左的顺序号（校验码的代码位置序号为 1）。具体计算步骤如下：
>
> 1）从代码位置序号 2 开始，对所有偶数位的数字代码求和。

2）将步骤1）的和乘以3。

3）从代码位置序号3开始，对所有奇数位的数字代码求和。

4）将步骤2）与步骤3）的结果相加。

5）用大于或等于步骤4）所得结果且为10最小整数倍的数减去步骤4）所得结果，其差即所求校验码的值。

例： 求代码690123456789X的校验码。

解： 1）自右向左顺序编号

位置序号　13　12　11　10　9　8　7　6　5　4　3　2　1
代　　码　　6　 9　 0　 1　 2　3　4　5　6　7　8　9　X

2）从序号2开始求偶数位数字之和，并乘以3：

$$(9+7+5+3+1+9) \times 3 = 34 \times 3 = 102$$

3）从序号3开始求奇数位数字之和：

$$8+6+4+2+0+6 = 26$$

4）102+26=128

5）130-128=2　即校验码 X=2

（2）EAN-8码

EAN-8码是用于标识小型商品的。它由8位数字组成，其结构及图形如表2-2所示。

表2-2　EAN-8码的结构

商品项目代码	校验符
$X_8\ X_7\ X_6\ X_5\ X_4\ X_3\ X_2$	C

从代码结构上可以看出，EAN-8代码中用于标识商品项目的编码容量要远远少于EAN/UCC-13代码。其用于商品编码的容量很有限，应慎用。

> **提示**
>
> 商品项目识别代码由中国物品编码中心负责分配和管理。根据国际物品编码协会的规定，在以下几种情况下，可采用EAN-8条码：
>
> 1）只有当标准形式的条码（EAN-13码）所占面积超过总印刷面积的1/4或全部可印刷面积的1/8时。
>
> 2）印刷标签的最大面积小于40cm^{2}或全部可印刷面积小于80cm^{2}时。
>
> 3）产品本身是直径小于3cm的圆柱体。在缩短码结构中，为保证代码的唯一性，商品项目代码由编码中心统一分配。

2. 储运单元码

（1）定量储运单元的编码

定量储运单元是由定量消费单元组成的储运单元，如成箱的牙膏、服装、药品等。定量储运单元的编码方法有两种选择。

1）将消费单元的编码规则用于储运单元。给每个储运单元分配一个 EAN-13 码。这种分类方法要注意区分储运单元代码和储运单元内消费单元的代码。例如，某一品牌的牛奶包装箱的条码为 6923644242329（储运单元码），而包装箱内的每一袋牛奶的条码为 6923644242190（消费单元码）。

2）给每个单元分配一个 ITF-14 码。ITF-14 码的结构如表 2-3 及图 2-6 所示。

表 2-3 定量储运单元代码结构

定量储运单元包装指示符	定量消费单元代码（不含校验字符）	校验字符
V	$X_1X_2X_3X_4X_5X_6X_7X_8X_9X_{10}X_{11}X_{12}$	C

图 2-6 ITF-14 码

表 2-3 中 V 用于表示定量储运单元的包装级别。V 的取值范围为 1~8 时，表示代码的其他 12 位与内含消费单元代码相同；V=0 时，表示代码的其他 12 位与内含消费单元代码不同。X_1 ~ X_{12} 为定量消费单元代码，C 为校验字符。例如，包装箱上的条码为 06904209210175，包装箱内商品的条码为 6904209210113。

ITF-14 码是交叉 25 码的特例，连续型、定长（14 位），每个字符由 5 个条或 5 个空组成，其中有 2 个宽单元、3 个窄单元（字符自校验功能），可编码字符集：数字 0~9。

定量储运单元代码的条码标识可用 14 位交叉 25 码（ITF-14）标识定量储运单元。当定量储运单元同时又是定量消费单元时，应使用 EAN-13 码表示。也可用 EAN-128 码标识定量储运单元的 14 位数字代码。

（2）变量储运单元的编码

变量储运单元是指由变量消费单元组成的储运单元，如鲜肉、农产品、液体饮料等数量连续变化的储运单元。变量储运单元编码由 14 位数字的主代码和 6 位数字的附加代码组成，代码结构如表 2-4 所示。

表 2-4 变量储运单元代码结构

主代码			附加代码	
包装指示符	消费单元代码（不含校验字符）	校验字符		校验字符
L_1	$X_1X_2X_3X_4X_5X_6X_7X_8X_9X_{10}X_{11}X_{12}$	C_1	$Q_1Q_2Q_3Q_4Q_5$	C_2

变量储运单元包装指示字符 L_1 取值为 9，表示在主代码后有附加代码。$X_1 \sim X_{12}$ 为消费单元代码，C_1 为主代码校验字符，附加代码 $Q_1 \sim Q_5$ 是指包含在变量储运单元内，按确定的基本计量单位（如 kg，m 等）计量取得的商品数量。C_2 为附加代码校验字符，其值根据它前面的 5 位数字计算。

变量储运单元的主代码用 ITF-14 码标识，附加代码用 ITF-6（6 位交叉 25 码）标识。变量储运单元的主代码和附加代码也可以用 EAN-128 码标识。

（3）交叉 25 码

交叉 25 码是一种条、空均表示信息的连续型、非定长、具有自校验功能的双向条码。由左侧空白区、起始符、数据符、终止符及右侧空白区构成，如图 2-7 所示。其主要应用于运输、仓储、工业生产线、图书情报等领域的自动识别管理。

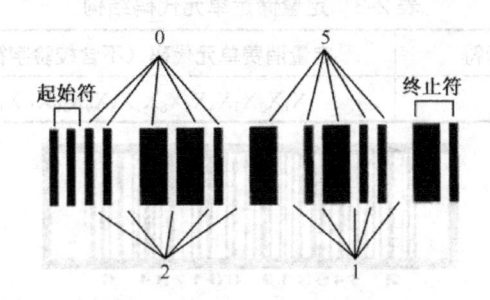

图 2-7 表示"251"的交叉 25 码

3. 贸易单元 128 码

贸易单元 128 码（UCC/EAN-128 码）是一种可变长度的连续型条码。商品条码与储运单元码都属于不携带信息的标识码，如果需要将生产日期、有效日期、运输包装序号、重量、尺寸、送出地址、送达地址等信息条码化，就可应用 UCC/EAN-128 码，如图 2-8 所示。

图 2-8 UCC/EAN-128 码符号

> **? 思考题**
> 商品条码、储运单元码、贸易单元 128 码在具体物流活动中的应用有何不同？

> **提示**
>
> 商品条码、储运单元码、贸易单元 128 码都是物流活动中常用的条码，但在具体应用中有所不同。通用商品条码用在单个商品上或单个大件商品的包装箱上，当包装箱内含有预先确定规格和数量的商品时，也可给每个货运单元分配一个与消费单元不同的 EAN-13 码；交叉 25 码用于定量储运单元的包装箱上，而 ITF-14 和 ITF-6 共同使用来表示变量储运单元；贸易单元 128 码是物流实施的关键，它可以更多地标识贸易单元的信息，如产品批号、数量、规格、日期等，其印刷条件也相对宽松。

2.1.5 二维条码

二维条码是指能够在横向和纵向两个方位同时表达信息的一种条码。它是在一维条码无法满足实际应用需求的前提下产生的，克服了一维条码不得不依赖数据库和不能表示汉字和图像等的弱点。

阅读资料

1. 二维条码的特点

（1）高密度

二维条码由于是在两个方向表达信息，提高了信息密度，真正实现了用条码对物品的"描述"。

（2）纠错功能强

当二维条码因穿孔、污损引起局部损坏时，只要穿孔、污损的面积不超过 50%，照样可以正确得到识读。

（3）可表示多种语言文字

多数二维条码都具有字节表示模式，可设法将各种语言文字转换成字节流，然后再将字节流用二维条码表示。

（4）可表示图像数据

二维条码可表示照片、指纹等图像。

（5）可引入加密机制

在用二维条码表示信息时，可先用一定的加密算法将信息加密，然后再用二维条码表示。在识别二维条码时，再加以一定的解密算法，就可以恢复原信息。这可以防止各种证件、卡片的伪造。

2. 二维条码的种类

二维条码通常分为以下两种类型。

（1）行排式二维条码

行排式二维条码（又称堆积式二维条码或层排式二维条码），其编码原理建立在一维条码基础之上，按需要堆积成二行或多行。它在编码设计、校验原理、识读方式等方面继承了一维条码的一些特点，识读设备与条码印刷与一维条码技术兼容。但由于行数的增加，需要对行进行判定，其译码算法与软件也不完全与一维条码相同。有代表性的行排式二维条码有 PDF417、Code49、Code 16K 等。

（2）矩阵式二维条码

矩阵式二维条码（又称棋盘式二维条码），是在一个矩形空间内通过黑、白像素在矩阵中的不同分布进行编码。在矩阵相应元素位置上，用点（方点、圆点或其他形状）的出现表示二进制的"1"，点的不出现表示二进制的"0"，点的排列组合确定了矩阵式二维条码所代表的意义。具有代表性的矩阵式二维条码有 QR Code、Data Matrix、Maxi Code、Code One 等。

以下是几种较常见的二维条码，它们的具体结构如图 2-9 所示。

图 2-9　几种常见的二维条码

3．二维条码识读设备

二维条码的识读设备依识读原理的不同可分为以下几种。

（1）线性 CCD 和线性图像式识读器

可识读一维条码和行排式二维条码（如 PDF417），在阅读二维条码时需要沿条码的垂直方向扫过整个条码（又称为"扫动式阅读"），这类产品的价格比较便宜。

（2）带光栅的激光识读器

可识读一维条码和行排式二维条码。识读二维码时将扫描光线对准条码，由光栅部件完成垂直扫描，不需要手工扫动。

（3）图像式识读器

采用面阵 CCD 摄像方式将条码图像摄取后进行分析和解码，可识读一维条码和二维条码。

另外，二维条码的识读设备依工作方式的不同还可以分为手持式、固定式和平版扫描式。二维条码的识读设备对于二维条码的识读会有一些限制，但是都能识别一维条码。

4．二维条码的应用范围

二维条码具有储存量大、保密性高、追踪性高、抗损性强、备援性大、成本低等特性，这些特性特别适用于表单、安全保密、追踪、证照、存货盘点、资料备援等方面。

2.1.6 条码在物流管理中的应用

商品形码的应用,不仅实现了售货、仓储、订货的自动化管理,而且通过这一系统,可将销售信息直接提供给生产厂家,使以往需要较长时间才能获得的反馈信息的时间差、地区差缩小到较低程度。在物流管理领域中,条码主要应用于以下方面。

1. 生产线上的产品跟踪

首先,在生产任务单上粘贴条码标签,任务单跟随相应的产品进行流动;其次,每一生产环节开始时,用生产线条码终端扫描任务单上的条码,更改数据库中的产品状态信息。

2. 产品标签管理

在产品下线包装时,产品标签由制造商打印并粘贴在产品包装的明显位置。

3. 产品入库管理

识读商品上的条码标签,同时录入商品的存放信息,将商品的特性信息及存放信息一同存入数据库。

4. 产品出库管理

产品出库时,要扫描商品上的条码,对出库商品的信息进行确认,同时更改其库存状态。

5. 库存管理

条码可用于存货盘点。通过手持无线终端扫描物品条码,收集盘点商品信息,然后将收集到的信息由计算机进行集中处理,进而形成盘点报告。

6. 货物配送

在配送过程中根据订单情况挑选货物并验证其条码标签,以确认配送完一个客户的货物。

7. 保修维护

维修人员使用识读器识读客户信息条码标签,确认商品的资料。维修结束后,录入维修情况及相关信息。

目前条码技术已经十分成熟,并且以其成本低、容易生成、输入速度较快、准确率高、可靠性高、灵活实用等特点得到了普遍的应用。

2.2 射频识别技术及其应用

思考题

与条形码相对比,RFID 有何优点?RFID 在我国的应用状况如何?其将来是否可能完全取代条形码?

射频技术起源于第二次世界大战的军事通信，在军事物流中起到了非常重要的作用。在伊拉克战争中更广泛使用并不断加以完善，无论物资是在采购、运输途中，还是在某个仓库存储，均可由接收装置收到信息，通过卫星传递给指挥人员，以实时掌握信息。从1985年开始，射频技术进入了商业领域的运用。

> **实例**
>
> 邮政速递业务是我国邮政通信的重要组成部分，是邮政的一项支柱业务，其运营的好坏对邮政企业的发展有着极其重要的意义。其中，速递总包业务量尤其以北京、上海、广州三地最大。邮政针对目前京沪穗邮政速递总包处理过程的现状和应用的原则，将RFID应用于京沪穗处理中心之间的航空速递总包处理过程中，提高运转和运输处理环节的透明度和效率，RFID系统是基础的数据采集工具，提交数据给计算机系统进行处理。

2.2.1 RFID的概念及特点

1. RFID的概念

RF（Radio Frequency）是无线电射频技术。而RFID（Radio Frequency Identification）则是射频技术在信息识别中的应用，叫作射频识别。射频识别技术是利用无线电波或微波进行非接触的单向或双向通信，达到数据采集和数据交换的目的的自动识别技术。从信息传递的基本原理来说，射频识别技术在低频段基于变压器耦合模型（初级与次级之间的能量传递及信号传递），在高频段基于雷达探测目标的空间耦合模型（雷达发射电磁波信号碰到目标后携带目标信息返回雷达接收机）。1948年哈里斯托克曼发表的论文《利用反射功率的通信》奠定了射频识别技术的理论基础。与条码相比，它识别距离比光学系统远，不局限于视线的范围内，在物流活动和其他活动中被广泛应用。

> **相关链接　基于云计算的军事物流信息系统**
>
> 从全球来看，美国在RFID标准的建立、相关软硬件技术的开发及应用领域均走在世界前列，在封闭系统应用方面，欧洲与美国基本处在同一阶段。
> 在我国，RFID在出入控制、证照防伪、电子支付等领域已经形成了成熟的应用模式，这些领域的应用多集中于低频、高频段。而在超高频段，大规模应用正处于起步阶段，

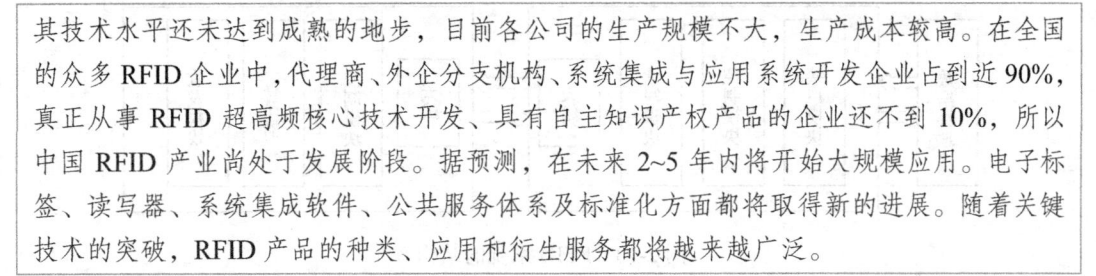

其技术水平还未达到成熟的地步,目前各公司的生产规模不大,生产成本较高。在全国的众多 RFID 企业中,代理商、外企分支机构、系统集成与应用系统开发企业占到近 90%,真正从事 RFID 超高频核心技术开发、具有自主知识产权产品的企业还不到 10%,所以中国 RFID 产业尚处于发展阶段。据预测,在未来 2~5 年内将开始大规模应用。电子标签、读写器、系统集成软件、公共服务体系及标准化方面都将取得新的进展。随着关键技术的突破,RFID 产品的种类、应用和衍生服务都将越来越广泛。

2. RFID 的特点

作为一种信息识别技术,与传统的条码相比,RFID 具有以下特点。

(1) 快速扫描且同时识读多个物体

RFID 辨识器可同时辨识读取数个 RFID 标签。

(2) 穿透性和无屏障阅读

在被覆盖的情况下,RFID 能够穿透纸张、木材和塑料等非金属或非透明的材质,并能够进行穿透性通信。条码扫描机必须在近距离而且没有物体阻挡的情况下,才可以辨读条形码。

(3) 抗污染能力和耐久性强

传统条码的载体是纸张,因此容易受到污染,但 RFID 对水、油和化学药品等物质具有很强的抵抗性。

(4) 可重复使用

现今的条码印刷上去之后就无法更改,RFID 标签则可以重复地新增、修改、删除 RFID 卷标内储存的数据,方便信息的更新。

(5) 数据的记忆容量大

一维条码的容量是 50 B,二维条形码最大的容量可储存 2~3 000 字符,RFID 最大的容量则有数 MB。随着记忆载体的发展,数据容量也有不断扩大的趋势。未来物品所需携带的资料量会越来越大,对卷标所能扩充容量的需求也相应增加。

(6) 体积小型化、形状多样化

RFID 在读取上并不受尺寸大小与形状限制,不需要为了读取精确度而配合纸张的固定尺寸和印刷品质。此外,RFID 标签更可往小型化与多样形态发展,以应用于不同产品。

(7) 安全性好

由于 RFID 承载的是电子式信息,其数据内容可经由密码保护,使其内容不易被伪造及变造。

2.2.2 RFID 系统的构成及工作原理

1. RFID 系统的构成

RFID 系统一般都由信号发射机(射频标签)、信号接收机(阅读器)、发射接收天线三部分组成,其结构如图 2-10 所示。

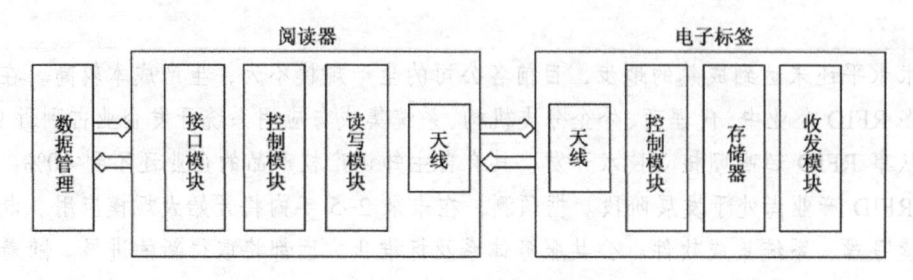

图 2-10 RFID 系统的结构

（1）信号发射机

在 RFID 系统中，信号发射机为了不同的应用目的以不同的形式存在，典型的形式是标签（Tag）。标签相当于条码技术中的条码符号，用来存储需要识别传输的信息，每个标签具有唯一的电子编码。另外，与条码不同的是，标签必须能够自动或在外力的作用下，把存储的信息主动发射出去。标签一般是带有线圈、天线、存储器与控制系统的低电集成电路。几种典型的电子标签如图 2-11 所示。

图 2-11 几种典型的电子标签

> **相关链接**
>
> 电子标签通常具有以下功能：
> 1) 具有一定的存储容量，可以存储被识别物品的相关信息。
> 2) 在一定工作环境及技术条件下，电子标签存储的数据能够被读出或写入。
> 3) 维持对识别物品的识别及相关信息的完整。
> 4) 数据信息编码后，及时传输给读写器。
> 5) 可编程，并且在编程以后，永久性数据不能再修改。
> 6) 具有确定的使用期限，使用期限内不需维修。
> 7) 对于有源标签，通过读写器能够显示电池的工作状况。

（2）信号接收机

在 RFID 系统中，信号接收机一般叫作阅读器，可设计为手持式或固定式。几种典型的信号接收机如图 2-12 所示。根据支持的标签类型不同与完成的功能不同，阅读器的复杂程度是显著不同的。阅读器基本的功能就是提供与标签进行数据传输的途径。通常阅读器与计算机相连,所读取的标签信息被传送到计算机上进行下一步处理。

(a)手持式电子标签读写器　　(b)射频卡阅读器　　(c)远距离射频读卡器

图 2-12　几种典型的信号接收机

（3）天线

天线是标签与阅读器之间传输数据的发射和接收装置。在实际应用中,除了系统功率外,天线的形状和相对位置也会影响数据的发射和接收效果。

对于可读可写标签系统还需要有编程器。编程器是向标签写入数据的装置。一般来说,编程器写入数据是离线（Off-line）完成的,也就是预先在标签中写入数据,等到开始应用时直接把标签黏附在被标识项目上。也有一些 RFID 应用系统,写数据是在线（On-line）完成的,尤其是在生产环境中作为交互式便携数据文件来处理时。除以上基本配置外,RFID 系统还包括计算机及相应的软件。

2．RFID 系统的工作原理

系统的基本工作流程如下:

1）阅读器通过发射天线发送一定频率的射频信号,当射频卡进入发射天线工作区域时产生感应电流,射频卡获得能量被激活。

2）射频卡将自身编码等信息通过卡内置发送天线发送出去。

3）系统接收天线接收到从射频卡发送来的载波信号,经天线调解器传送到阅读器,阅读器对接收的信号进行解调和解码,然后送到后台主系统进行相关处理。

4）主系统根据逻辑运算判断该卡的合法性,针对不同的设定做出相应的处理和控制,发出指令信号控制执行机构动作。

> **实例**　超高频RFID智能图书管理系统在图书馆的应用
>
> 　　多年来,图书顺架、排架困难,劳动强度高,图书查找、馆藏清点烦琐耗时,音像读物难以流通,自动化程度低,管理缺乏人性化,磁条容易被消磁,防盗效果差等问题一直困扰着图书馆的管理及工作人员。采用 RFID 图书馆智能管理系统,有效改进图书管理方式、提高工作效率、降低管理人员劳动强度,实现了图书自动盘点、自助借还、区域定位、自动分拣等管理功能。首先为书籍粘贴 RFID 电子标签,利用标签转换装置将数据信息写入电子标签;然后粘贴了电子标签的新书,利用推车式移动盘点系统,扫

描书籍，系统会自动在地图上定位该书应存放的书架，用推车载书籍到指定书架上架即可。利用推车式移动盘点系统，可以对书架逐个扫描，系统会自动挑出错架书籍，并且标明正确位置。读者借书时，只需要将借书卡在自助借还机上扫描，再将所借书籍一起放在借还机的扫描区域，通过扫描，确认所借书籍，系统即可录入借书信息完成借书，并且利用热敏打印机打印票据。完全读者自助，方便快捷。还书操作更简单，只需要扫描书籍，即可完成还书操作，打印还书票据。图书馆还设有24小时自动还书系统，它可以像银行自动取款机一样穿墙安装或者摆放在合适位置，方便读者随时还书。读者只需要将书籍放入还书口，确认后即可完成还书并可打印还书凭证。

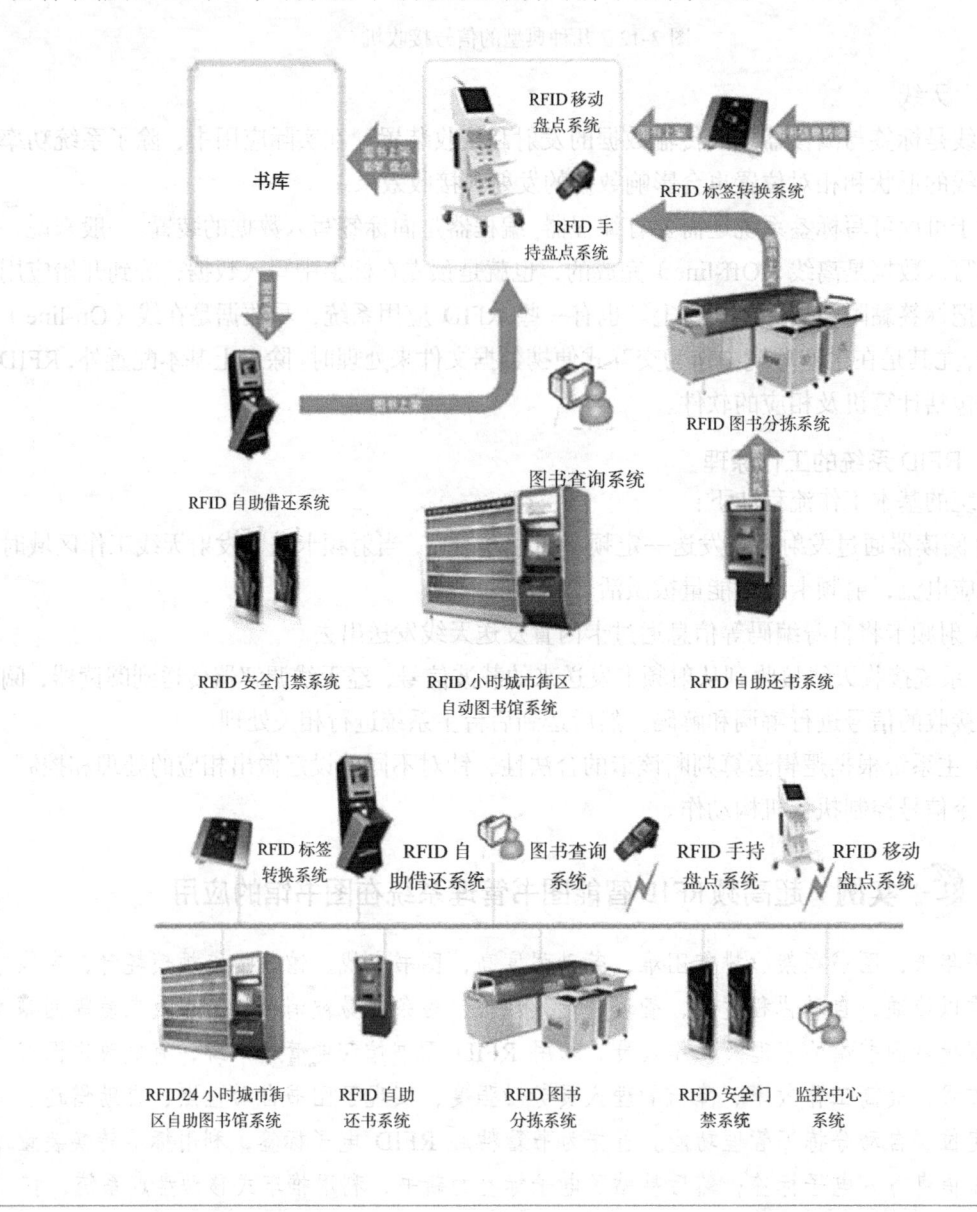

> **思考题**
>
> RFID 在图书馆中应用的优点有哪些？你知道的信息采集技术还有哪些？
>
> **提示**
>
> 首先可以简化读者借还书手续，缩短图书流通周期，提高图书借阅率，可以降低管理人员的劳动强度，大幅度提高图书盘点及错架图书整理效率，同时，使错架图书的查找变得更为快捷便利，进一步挖掘出潜在的图书资源，提高图书资料利用率。条形码技术是物流信息采集技术中最基础的一种技术，目前在各行各业都有着十分广泛的应用。

2.2.3 射频识别技术的分类

射频识别技术主要按以下四种方式分类。

1）按工作频率。根据工作频率的不同，可分为低频和高频系统。

2）按读写的次数。按读写次数的不同，可分成可读写卡（RW）、一次写入多次读出卡（WORM）和只读卡（RO）三种。

3）按射频卡的有源与无源。射频卡可分为有源和无源两种。有源射频卡使用卡内电池的能量，识别距离较长；无源射频卡不含电池，利用读写器发射的电磁波提供能量，但它的发射距离受限制。

4）按调制方式。根据调制方式的不同，可分为主动式和被动式。主动式的射频卡用自身的射频能量主动地发送数据给读写器。被动式的射频卡，使用调制散射方式发射数据。它必须利用读写器的载波调制自己的信号，适宜在门禁或交通的应用中使用。因为读写器可以确保只激活一定范围之内的射频卡。

目前使用的多数系统中，一次只能读写一个射频卡。射频卡之间要保持一定距离，确保一次只能有一个卡在读写区域内。读写距离长，射频卡之间的距离就要大，应用起来很不方便。现在的射频卡具有防碰撞的功能，这对于 RFID 来说十分重要。所谓"碰撞"是指多个射频卡进入识别区域时信号互相干扰的情况。具有防碰撞性能的系统可以同时识别进入识别距离的所有射频卡，它的并行工作方式大大提高了系统的效率。

2.2.4 射频识别技术的应用

目前，RFID 已经应用到社会的很多领域，对改善人们生活质量、提高企业效益、加强公共安全等产生重要影响。

1）交通运输领域。在高速公路自动收费及交通管理、火车和货运集装箱的识别等方面的应用。

2）仓储管理。将 RFID 系统用于智能仓库货物管理，有效地解决了仓库里与货物流动有关的信息的管理，不但增加了一天内处理货物的件数，还监视着这些货物的一切信息。

阅读资料

3）商品生产销售领域。可用于生产线自动化、产品防伪、RFID 卡收费等。

4）安全防护领域。可用于门禁保安、汽车防盗、电子物品监视系统等。

5）管理与数据统计领域。在畜牧管理、运动计时等方面应用。

6）其他领域。RFID 还用于资产追踪管理、人员管理等方面。

实例

一汽物流有限公司通过公路、铁路、水路专业运输及多式联运方式，为一汽大众、一汽解放、一汽轿车、一汽客车、天津一汽丰田、四川一汽丰田等一汽的主机公司提供商品车和零备件的仓储、运输、包装等第三方物流服务。一汽物流有限公司甩挂运输试点项目是在财政部和交通运输部的政策引导下，根据区域经济发展、市场需求和企业自身发展的内在要求，转变传统运输组织方式，优化资源配置，促进甩挂作业站场设施、车辆装备、信息系统的全面升级，提高运输生产效率，降低企业物流成本，促进节能减排的运输项目。开展甩挂项目既是落实国家节能减排战略的迫切需求，又是提高运输效率，构建现代物流体系的客观需求。在这个项目中，RFID 发挥着重要作用。射频识别技术可以有效提高整体甩挂工作效率，可准确验证车辆及货物信息，同时在甩挂作业环境下需要灵敏度高、使用寿命长、安全可靠的标签。

在本项目中，RFID 技术主要体现出以下功能：

1）车头安装读取器，车厢安装可复写标签，拥有实时读取功能，了解最新的货物情况。

2）在车辆出入库区、停车场时，会以先后次序的判定来确认车辆的出入情况，以保证任务正在按要求完成过程中。

3）车厢标签的可复写性，减少了更换标签的成本，提高了使用效率，使得车厢内货物变换会很容易通过技术手段更新信息，使得车头能更快捷地，确认货物是否按需求装载完毕。

通过使用 RFID 不仅可以提高甩挂使用效率，也能提高司机满意度。对于企业而言，意义更加重大，一方面可以优化工作效率、优化作业模式，另一方面也能提高企业形象。

2.2.5 RFID 与物联网

1. 物联网的概念

物联网的英文名称为"The Internet of Things"，简称 IOT。由该名称可见，物联网就是"物物相连的互联网"，如图 2-13 所示。这有两层意思：第一，物联网的核心和基础仍然是互联网，是在互联网基础之上的延伸和扩展的一种网络；第二，其用户端延伸和扩展到了任何物品与物品之间，进行信息交换和通信。因此，物联网是指通过射频识别（RFID）装置、红外感应器、全球定位系统、激光扫描器等信息传感设备，按约定的协议，把任何物品与互联网相连接，进行信息交换和通信，以实现智能化识别、定位、跟踪、监控和管理的一种网络。

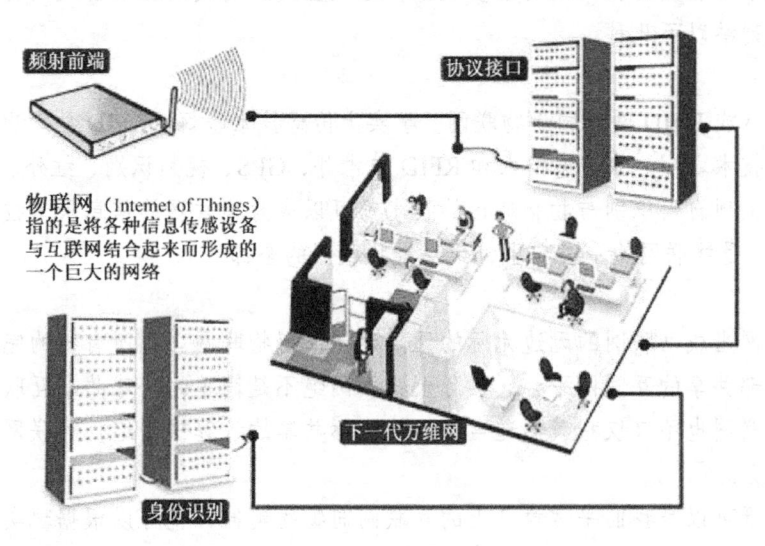

图 2-13　物联网

物联网中的"物"要满足以下条件：
1）要有相应信息的接收器。
2）要有数据传输通路。
3）要有一定的存储功能。
4）要有 CPU。
5）要有操作系统。
6）要有专门的应用程序。
7）要有数据发送器。
8）遵循物联网的通信协议。
9）在世界网络中有可被识别的唯一编号。

2009 年 9 月，在北京举办的物联网与企业环境中欧研讨会上，欧盟委员会信息和社会媒体司 RFID 部门负责人 Lorent Ferderix 博士给出了欧盟对物联网的定义：物联网是一个动态的全球网络基础设施，具有基于标准和互操作通信协议的自组织能力，其中物理的和虚拟的"物"具有身份标识、物理属性、虚拟的特性和智能的接口，并与信息网络无缝整合。物联网将与媒体互联网、服务互联网和企业互联网一道，构成未来互联网。

EPOSS 在《Internet of Things in 2020》报告中分析预测，未来物联网的发展将经历四个阶段：2010 年之前 RFID 被广泛应用于物流、零售和制药领域；2010—2015 年物体互联；2015—2020 年物体进入半智能化；2020 年之后物体进入全智能化。

相关链接　物联网认识方面的误区

目前关于物联网的认识还有很多误区，这也直接影响我们理解物联网对物流业发展的影响，现列举以下几种。

误区之一

把传感网或 RFID 网等同于物联网。事实上传感技术也好、RFID 技术也好，都仅仅是信息采集技术之一。除传感技术和 RFID 技术外，GPS、视频识别、红外、激光、扫描等所有能够实现自动识别与物物通信的技术都可以成为物联网的信息采集技术。传感网或 RFID 网只是物联网的一种应用，绝不是物联网的全部。

误区之二

把物联网当成互联网的无边无际的无限延伸，把物联网当成所有物的完全开放、全部互联、全部共享的互联网平台。实际上物联网绝不是简单的全球共享互联网的无限延伸。即使互联网也不仅仅指我们通常认为的国际共享的计算机网络，互联网也有广域网和局域网之分。

物联网既可以是我们平常意义上的互联网向物的延伸，也可以根据现实需要及产业应用组成局域网、专业网。现实中没必要也不可能使全部物品联网，也没必要使专业网、局域网都必须连接到全球互联网共享平台。今后的物联网与互联网会有很大不同，类似智慧物流、智能交通、智能电网等专业网；智能小区等局域网才是最大的应用空间。

误区之三

认为物联网就是物物互联的无所不在的网络，因此认为物联网是空中楼阁，是目前很难实现的技术。事实上物联网是实实在在的，很多初级的物联网应用早就在为我们服务着。物联网理念就是在很多现实应用基础上推出的聚合型集成的创新，是对早就存在的具有物物互联的网络化、智能化、自动化系统的概括与提升，它从更高的角度升级了我们的认识。

误区之四

把物联网当成个筐，什么都往里装；基于自身认识，把仅仅能够互动、通信的产品都当成物联网应用。例如，仅仅嵌入了一些传感器，就成了所谓的物联网家电；把产品贴上了 RFID 标签，就成了物联网应用，等等。

相关链接　物流周转箱管理的 RFID 解决方案

近年来，随着我国零售企业数量、物流配送规模逐年递增，物流周转箱的使用量越来越大，随之而来的是周转箱管理成本越来越高，周转箱大量丢失的现象普遍存在。在周转过程中，如果完全通过人工进行清点、记录，其工作量会很大，企业不得不投入较高的人工成本，同时，误差也难以避免。但如果引入 RFID 技术以自动读取方式来管理周转箱出入库作业，不仅速度快，可以大大提高效率，还可以节省劳动力成本。

> 与传统的条码标签不同，无线射频标签可以反复读写，存储的信息可以补偿和修改。目前，RFID 技术正在为供应链领域带来一场巨大的变革，以识别距离远、快速、不易损坏、容量大等优势，简化繁杂的工作流程，有效改善供应链的效率和透明度。
>
> RFID 标签成本分析是该技术商业应用能否获得成功的关键。以普通的 F90 inlay 标签为例，如果要货量超过 10 万个的话，单个标签可降到 1 元以下。随着集成电路技术的进步和应用规模扩大，RFID 标签的成本将不断降低。此外，购买 RFID 阅读器、软件系统等方面的成本增加也是影响 RFID 应用的关键因素。
>
> 从产生效益来看，将 RFID 技术应用于物流周转箱管理，可以大大提高作业效率，实现数字化仓储管理（仓储货位管理、快速实时盘点）等，使管理更加科学、及时、有效，确保供应链的高质量数据交流，由此将带来物流效率的大幅提高，从而降低系统的总体花费成本，这样，采用 RFID 的投资也物有所值。

2．物联网的工作原理

物联网是在计算机互联网的基础上，利用 RFID、无线数据通信等技术，构造一个覆盖世界上万事万物的 "Internet of Things"。在这个网络中，物品（商品）能够彼此进行"交流"，而无须人的干预。其实质是利用 RFID 技术，通过计算机互联网实现物品（商品）的自动识别和信息的互联与共享。物联网中非常重要的技术是射频识别（RFID）技术，它以简单 RFID 系统为基础，结合已有的网络技术、数据库技术、中间件技术等，构筑一个由大量联网的阅读器和无数移动的标签组成，比 Internet 更为庞大的物联网成为 RFID 技术发展的趋势。

而 RFID，正是能够让物品"开口说话"的一种技术。在物联网的构想中，RFID 标签中存储着规范而具有互用性的信息，通过无线数据通信网络把它们自动采集到中央信息系统，实现物品（商品）的识别，进而通过开放性的计算机网络实现信息交换和共享，实现对物品的"透明"管理。

物联网概念的问世，打破了之前的传统思维。过去的思路一直是将物理基础设施和 IT 基础设施分开：一方面是机场、公路、建筑物，另一方面是数据中心、个人计算机的宽带等。在物联网时代，钢筋混凝土、电缆将与芯片、宽带整合为统一的基础设施，在此意义上，基础设施更像一块新的地球工地，世界的运转就在它上面进行，其中包括经济管理、生产运行、社会管理乃至个人生活。

物联网在实际应用上的开展需要各行各业的参与，并且需要国家政府的主导及相关法规政策上的扶助，物联网的开展具有规模性、广泛参与性、管理性、技术性、物的属性等特征。其中，技术上的问题是物联网最为关键的问题。据亿博物流咨询介绍说，物联网技术是一项综合性的技术，是一项系统，目前国内还没有哪家公司可以全面负责物联网的整个系统规划和建设，理论上的研究已经在各行各业展开，而实际应用还仅局限于行业内部。关于物联网的规划、设计和研发关键在于 RFID、传感器、嵌入式软件及传输数据计算等领域的研究。

一般来讲，物联网的主要开展步骤如下：

1）对物体属性进行标识，属性包括静态和动态的属性，静态属性可以直接存储在标签中，动态属性需要先由传感器实时探测。

2）需要识别设备完成对物体属性的读取，并将信息转换为适合网络传输的数据格式。

3）将物体的信息通过网络传输到信息处理中心（处理中心可能是分布式的，如家里的计算机或手机，也可能是集中式的，如中国移动的 IDC），由处理中心完成物体通信的相关计算。

> **实例　首家高铁物联网技术应用中心在苏州投用**
>
> 我国首家高铁物联网技术应用中心 2010 年 6 月 18 日在苏州科技城投用，该中心将为高铁物联网产业发展提供科技支撑。
>
> 高铁物联网作为物联网产业中投资规模最大、市场前景最好的产业之一，正在改变人类的生产和生活方式。据中心工作人员介绍，以往购票、检票的单调方式，将在这里升级为人性化、多样化的新体验。刷卡购票、手机购票、电话购票等新技术的集成使用，让旅客可以摆脱拥挤的车站购票；与地铁类似的检票方式，则可实现持有不同票据旅客的快速通行。
>
> 未来，物联网在物流业的应用将出现如下四大趋势：一是智慧供应链与智慧生产融合；二是智慧物流网络开放共享，融入社会物联网；三是多种物联网技术集成应用于智慧物流；四是物流领域物联网创新应用模式将不断涌现。

2.3　POS 技术及其应用

2.3.1　POS 的概念及特点

1. POS 系统的概念

销售时点（Point of Sale，POS）系统是指通过自动读取设备（如收银机）在销售商品时，直接读取商品销售信息（如商品名、单价、销售数量、销售时间、销售店铺、购买客户等），并通过通信网络和计算机系统传送至有关部门进行分析加工，以提高经营效率的系统。该系统在销售的同时，采集每一种商品的销售信息并传送给计算机，计算机通过对销售、库存、进货和配送等信息的处理和加工，为企业的进、销、存提供决策依据。

阅读资料

2. POS 系统的特点

（1）分门别类管理

POS 系统的分门别类管理不仅针对商品，而且还可针对员工及客户。

1）单品管理。零售业的单品管理是指以店铺陈列展示销售的商品，以单个商品为单位进行销售跟踪和管理的方法。由于 POS 信息即时准确地记录单个商品的销售信息，因此 POS 系统的应用，使高效率的单品管理成为可能。

2）员工管理。员工管理指通过 POS 终端机上的计时器的记录，依据每个员工的出勤状况、销售状况（以月、周、日甚至时间段为单位）进行考核管理。

3）客户管理。客户管理是指在客户购买商品结账时，通过收银机自动读取零售商发行的客户 ID 卡或客户信用卡，来把握每个客户的购买品种和购买额，从而对客户进行分类管理。

（2）自动读取销售时点信息

在客户购买商品结账时，POS 系统通过扫描读数仪自动读取商品条码标签或 OCR 标签上的信息，在销售商品的同时获得实时的销售信息是 POS 系统的最大特征。

（3）集中管理信息

在各个 POS 终端获得的销售时点信息，以在线联结方式汇总到企业总部，与其他部门发送的有关信息一起，由总部的信息系统加以集中并进行分析加工，如把握畅销商品和滞销商品及新商品的销售倾向，对商品销售量和销售价格、销售量和销售时间之间的相关关系进行分析，对商品上架陈列方式、促销方法、促销期间、竞争商品的影响进行相关分析、集中管理等。

（4）连接供应链的有力工具

POS 系统可以认为供应链信息管理的起点。供应链上的参与各方要做到信息共享，销售时点信息必不可少。在具有 POS 系统、EOS 系统并能使用 VAN 网络的现代化企业中，通过 POS→EOS→VAN→MIS（供应商的管理信息系统），将商品销售信息转化为订货信息，并通过 VAN 网络自动传递至上游供应商的管理信息系统。供应商可以利用该信息并结合其他的信息，来制订企业的经营计划和市场营销计划。目前，领先的零售商正在与制造商共同开发一个完全的物流系统——联合预测和库存补充系统（Collaboration Forecasting and Replenishment，CFAR），该系统不仅分离 POS 信息，而且一起联合进行市场预测，分享预测信息。

> **提示**
>
> POS 系统最早应用于零售业，以后逐渐扩展到服务性行业。利用 POS 系统的范围也从企业内部扩展到整个供应链。现代 POS 系统已不仅仅局限于电子收款技术，它将计算机网络技术、电子收款技术、条形码技术、电子数据交换（EDI）技术、电子订货技术（EOS）、企业资源计划（ERP）等多种技术融为一体，形成综合性的信息资源管理系统。它为企业制定各种销售策略、实现商品的单品管理和库存的优化管理提供了便捷。

2.3.2 POS 系统的结构

1. POS 系统硬件的结构

POS 系统的硬件结构主要依赖计算机处理信息的体系结构。结合商业企业的特点，POS 硬件系统的基本结构可分为单个收款机、收款机与微机相连构成 POS 系统，以及收款机、微机与网络构成 POS 系统。目前大多采用第三类 POS 结构，它的硬件结构如下。

（1）前台收款机

前台收款机，即 POS 机，主要包括显示器、专用 POS 打印机、电控钱箱、客户显示屏、键盘等。保证了对销售商品信息的实时处理，便于后台随时查询销售情况，进行商品的销售分析和管理。另外，还需要配备条码扫描仪，条码扫描仪可根据商品的特点选用手持式或台式。收款机的样式如图 2-14 所示。

图 2-14　收款机

（2）网络

计算机网络系统可采用高速局域网为主、电信系统提供的广域网为辅的整体网络系统。考虑到系统的开放性及标准化的要求，选择 TCP/IP 协议较合适。操作系统选用开放式标准操作系统。

（3）硬件平台

大型商业企业的商品进、存、调、销的管理复杂，账目数据量大，且需频繁地进行管理和检索，选择较先进的客户机/服务器（C/S）结构，可大大提高工作效率，保证数据的安全性、实时性及准确性。

2. POS 系统软件

POS 系统的软件主要有前台 POS 销售系统和后台管理信息系统两部分，如图 2-15 所示。

（1）前台 POS 软件的功能

1）日常销售。完成日常的售货收款工作，记录每笔交易的时间、数量、金额，进行销售输入操作。如果遇到条码不识读等现象，系统应允许采用价格或手工输入条码号进行查询。

2）交班结算。进行收款员交班时的收款小结、大结等管理工作，计算并显示出本班交班时的现金及销售情况，统计并打印收款机全天的销售金额及各售货员的销售额。

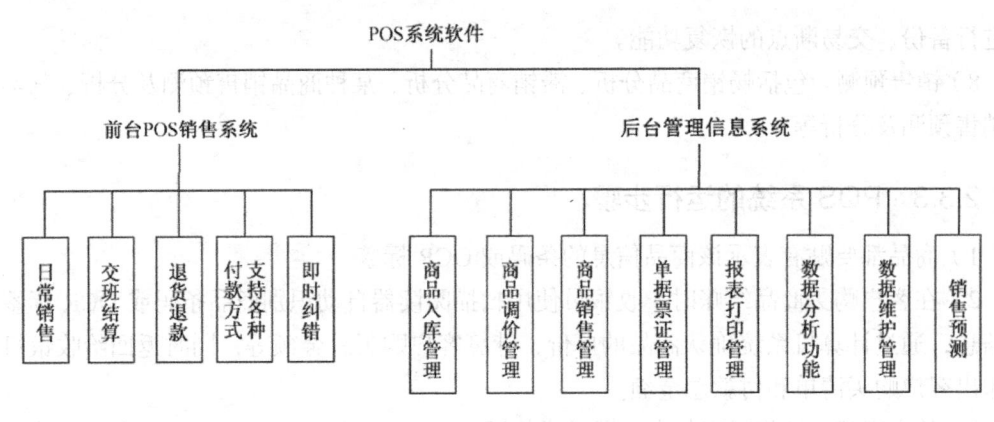

图 2-15 POS 系统的软件结构

3）退货退款。退货功能是日常销售的逆操作。为了提高商场的商业信誉，更好地为客户服务，在客户发现商品出现问题时，允许客户退货。此功能记录退货时的商品种类、数量、金额等，便于结算管理。

4）支持各种付款方式。可支持现金、支票、信用卡等不同的付款方式，以方便不同客户的要求。

5）即时纠错。在销售过程中出现的错误能够立即修改、更正，保证销售数据和记录的准确性。

（2）后台 MIS 软件的功能

1）商品入库管理。对入库的商品进行输入登录，建立商品数据库，以实现对库存的查询、修改、报表及商品入库验收单的打印等功能。

2）商品调价管理。由于有些商品的价格随季节和市场等情况而变动，本系统应能提供对这些商品所进行的调价管理功能。

3）商品销售管理。根据商品的销售记录，实现商品的销售、查询、统计、报表等管理，并能对各收款机、收款员、售货员等进行分类统计管理。

4）单据票证管理。实现商品的内部调拨、残损报告、变价调动、仓库验收盘点报表等各类单据票证的管理。

5）报表打印管理。打印内容包括时段销售信息表、营业员销售信息报表、部门销售统计表、退货信息表、进货单信息报表、商品结存信息报表等。实现商品销售过程中各类报表的分类管理功能。

6）数据分析功能。POS 系统的后台管理软件应能提供完善的分析功能，分析内容涵盖进、销、调、存过程中的所有主要指标，同时以图形和表格方式提供给管理者。

7）数据维护管理。完成对商品资料、营业员资料等数据的编辑工作，如商品资料的编号、名称、进价、进货数量、核定售价等内容的增加、删除、修改；营业员资料的编号、姓名、部门、班组等内容的编辑；还有商品进货处理、商品批发处理、商品退货处理；实现收款机、收款员的编码、口令管理，支持各类权限控制；具有对本系统所涉及的各类数据进行备份、交易断点的恢复功能。

8）销售预测。包括畅销商品分析、滞销商品分析、某种商品销售预测及分析、某类商品销售预测及分析等。

2.3.3 POS 系统的运行步骤

1）商品都要贴有表示该商品信息的条码或 OCR 标签。

2）在客户购买商品结账时，收银员使用扫描阅读器自动识别商品条码或 OCR 标签上的信息，通过计算机系统确认商品的单价，计算客户购买总金额等，同时返回给收银机，打印出客户购买清单和付款总金额。

3）各个店铺的销售时点信息，通过增值网（Value Added Network，VAN）以在线连接方式即时传送到总部或物流中心。

4）在总部，物流中心和店铺利用销售时点信息来进行库存调整、配送管理、商品订货作业。通过对销售时点信息进行加工分析，来掌握消费者购买动向，找出畅销商品和滞销商品，以此为基础，进行商品品种配置、商品陈列、价格设置等方面的作业。

5）在零售商与供应链的上游企业结成协作伙伴关系的条件下，零售商利用 VAN 以在线连接的方式，将销售时点信息即时传送给上游企业，这样上游企业可以利用销售现场的最及时准确的销售信息，制订经营计划，进行决策。

例如，零售商如果既有 POS 系统又有电子订货系统（Electronic Order System，EOS），同时具备使用 VAN 网络的条件，其 POS 系统每天的商品销售信息通过前台的 POS 机传至后台的管理信息系统进行数据处理，得到需补充库存的商品种类及数量，这些需补充库存的商品的相关数据会自动通过 EOS 和 VAN 传递给供应链上游的供应商。

6）企业可以利用销售时点信息进行销售预测，掌握消费者购买动向，找出畅销商品和滞销商品，把 POS 信息和 EOS 信息进行比较分析来把握零售商的库存水平，以此为基础，制订生产计划和零售商库存连续补充计划。

阅读资料

自测题

一、不定项选择题

1. 射频识别系统的数据传输是通过（   ）实现的。
  A. 可见光 B. 磁场 C. 声波 D. 无线电波

2. 通过自动读取设备在销售商品时直接读取商品销售信息，并通过通信网络和计算机系统传送至有关部门进行分析加工以提高经营效率的系统是（   ）。
  A. EOS 系统 B. POS 系统 C. 专家系统 D. EDI 系统

3. 二维条码与一维条码的不同之处在于（　　）。
   A. 能表示汉字　　B. 存储信息多　　C. 纠错能力强
   D. 保密性差　　　E. 只能表示字母和数字
4. 下列条码中，属于一维条码的有（　　）。
   A. PDF417 码　　B. ITF-14 码　　C. EAN-13 码
   D. UCC/EAN-128 码　　　　　　　E. Data Matrix
5. 前台 POS 系统的功能主要包括（　　）。
   A. 日常销售　　B. 交班结算　　C. 退货
   D. 销售预测　　E. 商品库存管理
6. （　　）最适合印刷在瓦楞纸箱上。
   A. EAN-13 码　　　B. UCC/EAN-128 码
   C. ITF-14 码　　　D. UPC 码
7. 一维条码的结构包括（　　）。
   A. 静区　　　　B. 起始符　　　C. 终止符
   D. 数据符　　　E. 模块
8. 在商业 POS 系统中，后台 MIS 的功能主要包括（　　）。
   A. 日常销售　　B. 交班结算　　C. 商品调价管理
   D. 销售预测　　E. 商品入库管理
9. EAN-13 码的编码必须遵循（　　）原则。
   A. 标准性、唯一性、简明性　　B. 通用性、可扩展性、永久性
   C. 唯一性、永久性、无含义　　D. 唯一性、不变性、标准性
10. 商品条码 EAN-13 的前缀码是用来表示（　　）的代码。
    A. 商品项目　　　　　　　　　B. 厂商
    C. 各编码组织所在国家地区　　D. 国际编码组织

二、简答题
1. 条码按码制有哪些分类？我国商品采用哪种条码？
2. 中国物品编码中心履行哪些职责？
3. 简述 EAN-13 码的结构、编码方法、模块构成及标准长度。
4. 什么情况下用 EAN-8 码？
5. 贸易单元 128 码的结构如何？其在表达信息上与商品条码有何不同？
6. 二维条码有何特点？其应用在哪些方面？
7. 与传统的条码相比，RFID 有哪些特点？

三、论述题
1. 试述 RFID 系统的构成及工作原理。
2. 试述 RFID 在我国的发展状况。

3. 试述 POS 系统的构成及特点。

案例分析

联想信息化

在中国 IT 业，联想是当之无愧的龙头企业。自 1996 年以来，联想电脑一直位居国内市场销量第一。2000 年，联想电脑整体销量达到 260 万台，销售额 284 亿元。IT 行业特点及联想的快速发展，促使联想加强与完善信息系统建设，以信息流带动物流。高效的物流系统不仅为联想带来实际效益，更成为同类企业学习效仿的典范。

1. 高效率的供应链管理

联想的客户，包括代理商、分销商、专卖店、大客户及散户，通过电子商务网站下订单，联想将订单交由综合计划系统处理。该系统首先把整机拆散成零件，计算出完成此订单所需的零件总数，然后再到 ERP 系统中去查找数据，看使用库存零件能否生产出客户需要的产品。如果能，综合计划系统就向制造系统下单生产，并把交货日期反馈给客户；如果找不到生产所需要的全部原材料，综合计划系统就会生成采购订单，通过采购协同网站向联想的供应商要货。采购协同网站根据供应商反馈回来的送货时间，算出交货时间（可能会比希望交货时间有所延长），并将该时间通过综合计划系统反馈到电子商务网站。供应商按订单备好货后直接将货送到工厂，此前综合计划系统会向工厂发出通知，哪个供应商将在什么时间送来什么货。工厂接货后，按排单生产出产品，再交由运输供应商完成运输配送任务。运输供应商也有网站与联想的电子商务网站连通，给哪个客户发了什么货、装在哪辆车上、何时出发、何时送达等信息，客户都可以在电子商务网站上查到。客户接到货后，这笔订单业务才算完成。

从上述介绍中可以了解到，在原材料采购、生产制造、产品配送的整个物流过程中，信息流贯穿始终，带动物流运作，物流系统构建在信息系统之上，物流的每个环节都在信息系统的掌控之下。信息流与物流紧密结合是联想物流系统的最大特点，也是物流系统高效运作的前提条件。

经过多年努力，联想企业信息化建设不断趋于完善，目前已用信息技术手段实现了全面企业管理。联想率先实现了办公自动化，之后成功实施了 ERP 系统，使整个公司所有不同地点的产、供、销的财务信息在同一个数据平台上统一和集成。

基础网络设施将联想所有的办事处，包括海外的发货仓库、配送中心等，都连接在一起，物流系统就构建在这一网络之上。与物流相关的是 ERP 与 SCM 两部分，而 ERP 与 SCM 系统又与后端的研发系统（PLM）和前端的客户关系管理系统（CRM）连通。例如，研发的每种产品都会生成物料需求清单，物料需求清单是 SCM 与 CRM 系统运行的前提之一；客户订单来了，ERP 系统根据物料需求清单进行拆分备货，SCM 系统同时将信息传递给 CRM 系统，告诉它哪个订户何时订了什么货、数量多少、按什么折扣交货、交货是早了还是晚了等。系统集成运作的核心是，用科学的手段把企业内部各方面资源和流程集中起来，让其发挥出最高效率。这是联想信息化建设的成功之处。

2. 信息流带动下的物流系统

借助联想的 ERP 系统与高效率的供应链管理系统，利用自动化仓储设备、柔性自动化生产线等设施，联想在采购、生产、成品配送等环节实现了物流与信息流实时互动与无缝对接。联想北京生产厂自动化立体库电脑零部件自动入库系统，供应商按联想综合计划系统提出的要货计划备好货后，送到联想生产厂自动化立体库，立体库自动收货、入库、上架。联想集团北京生产厂生产线管理控制室的控制系统对联想电脑生产线的流程进行控制，并根据生产情况及时向供货商或生产厂的自动化立体库发布物料需求计划。

联想集团北京生产厂自动化立体库物料出货区，自动化立体库控制系统与联想电脑生产线系统集成并共享信息，当自动化立体库接收到生产计划要货指令后，即发布出货分拣作业指令，立体库按照要求进行分拣出货作业。联想电脑生产流水线，电脑零部件按照物料需求计划从立体库或储存区供应给生产线，生产线按排产计划运转。生产线装配工人正在组装电脑，并根据组装的情况，监测、控制上方电脑显示屏的"拉动看板"，及时将组装信息及物料需求信息反馈到企业生产控制系统中。上述流程说明，联想集团通过高效率的信息管理系统与自动化的仓储设施，实现了在信息流带动下的高效率的物流作业。

3. 快速反应与柔性生产

过去，企业先要做计划，再按计划生产，这是典型的推动型生产模式。现在，按订单生产的拉动型模式已为许多企业所采用。联想的所有代理商的订单都是通过网络传递到联想的。只有接到订单后，联想才会上线生产，在 2~3 天内生产出产品，交给代理商。与其他企业不同的是，联想在向拉动型模式转化过程中，并没有 100%采用拉动型，而是对之加以改造，形成"快速反应库存模式"下的拉动型生产。

通过常年对市场的观察，联想清楚地知道每种每一型号产品自己的出货量，据此，联想对最好卖的产品留出 1~2 天的库存，谓之常备库存。如果订单正好指向常备库存产品，就无须让用户等一个生产周期，可以直接交货，大大缩短了交货时间；如果常备库存与客户所订货不吻合，再安排上线生产。在每天生产任务结束时，计算第二天产量，都要先将常备库存补齐。

讨论分析题

1. 对联想的信息化有何认识？
2. 联想的信息化建设对其他企业有何借鉴意义？

提示

首先要深化对 ERP 的认识，以企业需求为导向的同时要建立强有力的领导团队，需要多项配套措施保证信息化的实施，同时也要认识到信息化建设是个持续优化的过程，企业信息化准备工作不容忽视（思想准备、流程再造准备、技术准备、人员准备、资金准备、模拟上线准备等）。

由于信息化是时代发展的趋势，企业要做到以下几点：一要提高智能化管理水平。要通过信息化建设，提高企业的信息集成能力，打通研发设计、生产制造、经营管理和市场营销等各个环节的信息通道，实现部门之间、集团总部和分支机构之间的信息共享，建立从设计到销售再到设计的"信息循环系统"，为企业制定科学的经营决策和实现有效的管理创造条件。二要提高供应链管理水平。要充分利用互联网平台，按照市场实际需求进行订单生产，推动大规模标准化生产逐步向分散化个性化定制生产转变。三要提高市场营销的效率和精准度。要开展网络营销，并对销售数据、客户数据进行大数据分析，及时根据市场和客户变化情况调整营销策略，尽可能地减少库存，加快资金周转速度，提高资金利润率。

实训题　物流信息采集技术在企业中的应用

1. 实训目的

通过实训使学生了解各种条码技术、RFID 技术及 POS 技术在企业中的应用情况，并能够结合企业的实际情况，分析在应用过程中存在的问题或需要改进的地方并对其物流信息化建设提供相应的技术上的解决方案。

2. 实训内容

（1）调查目前市场上商品条码、货运包装箱条码及贸易单元条码的使用情况，并分别指出其属于哪种码制。

（2）了解你所在地的商场是否使用电子标签（RFID），观察了解射频识别系统的硬件、软件构成及其应用过程。

（3）调查大型商场 POS 系统的使用情况，了解 POS 系统的硬件系统及软件系统的构成情况。说出 POS 系统的应用对商场有何好处。

（4）某大型商场通过 POS 系统获取商品的销售和存货信息，并能自动计算存货是否充足，及时通过 EOS 系统自动向供应商订货，供应商的网络与该商场的后台管理系统可进行商品采购信息及发货信息等相关信息的交换和传递。绘出商品的相关信息，从 POS 系统开始在供应链上的流转过程（包括商品采购过程）。

3. 实训组织

（1）将全班同学分成若干小组开展，每个小组在调研过程中可有所侧重。

（2）在调研前，每组应先制订具体的调研计划及分工方案。

（3）调研结束后，每组应根据调研情况，整理并写出相应的书面报告。

（4）相互交流（最好通过课堂组织），总结此次实训的收获及不足。

第3章

物流信息交换技术

学习目标

- 重点掌握电子数据互换的概念、特点及构成。
- 重点掌握 EDI 系统的工作过程及其在物流信息交换中的应用。
- 理解 EDI 的产生背景及安全问题。

引导案例

中远集团——中国较早使用 EDI 并获得成功的使用者

中国远洋运输（集团）总公司是国内最早实施 EDI 的企业之一，它的前身是成立于 1961 年 4 月 27 日的中国远洋运输公司。1993 年 2 月 16 日组建以中国远洋运输（集团）总公司为核心企业的中国远洋运输集团。经过几代中远人的艰苦创业，中远集团已由成立之初的 4 艘船舶、2.26 万载重吨的单一型航运企业，发展成今天拥有和经营着 600 余艘现代化商船、3 500 余万载重吨、年货运量超过 2.6 亿吨的综合型跨国企业集团。

1. 中远集团采用的技术

中远集团真正实验运作 EDI 系统是从 1988 年开始的，中远系统的代理公司在 PC 机上借用日本 Shipnet 网的单证通信格式，通过长途电话，从日本或中国香港的 TYMNET 网络节点入网，单向地向国外中远代理公司传输货运舱单数据。20 世纪 90 年代初，中远集团与国际著名的 GEIS 公司合作开始了 EDI 中心的建设，由该公司为中远集团提供报文传输服务。1995 年，中远集团正式立项，1996—1997 年完成了中远集团 EDI 中心和 EDI 网络的建设，该 EDI 网络基本覆盖了国内 50 多家大小中货和外代网点，实现了对海关和港口的 EDI 报文交换，并通过北京 EDI 中心实现了与 GEISEDI 中心的互联，连通了中远集团海外各区域公司。1997 年 1 月，中远集团总公司正式开通公司网站，1998 年 9 月，中远集团在网站上率先推出网上船期公告和订舱业务。目前，中远集团已经通过 EDI 实现了对舱单、船图、箱管等数据的 EDI 传送。

2．中远集团实施 EDI 的效益分析

1990 年，中远从国内到日本的集装箱一般有 5 000 个标准箱位，而仅按其中的 1 000 个标准箱位计算，大约需要 150 大张仓单，用传真需要 2 小时才能传过去，而采用 EDI 后仅需几分钟就可以传完，节省的不只是时间，以当年的业务量计算，中远集团光传真费就节省了 70 万美元。而现在，中远集团的业务量比 1990 年增长了许多倍，可想而知，EDI 的应用为中远集团节省了多少费用和时间。

1991 年，新加坡政府要求所有入关船只要提前将仓位图用计算机传输到欲进港口，否则推迟该船的卸货时间并处以罚款。中远集团由于在一年前就搭建了完整的图文处理网络系统，所以没有一项业务受到影响。

中远的 EDI 系统在为集团带来巨大经济效益的同时，也受到了社会各界的关注。1995 年，交通部启动"四点一线"（四点即天津港、青岛港、大连港和上海港，一线即远洋业）工程，旨在加快我国远洋运输业的发展，扶持一批重点远洋运输企业，中远集团下属 20 多家公司被批准加入该工程。

为了充分利用专网促进日常办公效率和业务处理速度，中远集团成立了电子邮件中心和 EDI 中心，利用报文系统进行费用结算、仓单处理等业务。中远集团每年的仓单数以吨计，以往有 100 多人专职整理，也无法整理清楚。而采用 EDI 报文系统后，只有几个人工作，每天的仓单就能处理得当。

3．总结与建议

通过上面的分析可以看到，由于业务的需要，中远集团很早就开始了 EDI 的应用，同时它也是国内开展 EDI 业务较早的企业，中远集团 EDI 的实施取得了很大的成功，它为中远集团节约了大量的成本，很大程度上提高了中远集团的工作效率，使得中远集团在激烈的国际竞争中始终处在前列。

思考题

中远集团在 EDI 方面能够引用成功的原因是什么？

提示

中远集团之所以能够在 EDI 实施方面取得成功，主要原因在于：

1）中远集团 EDI 系统的实施是根据企业发展以及业务的需要进行的，满足企业业务发展的需求，能够直接改善企业的业务流程，提高工作效率，节约企业成本。

2）中远集团具有雄厚的资金支持，任何系统的建设都是需要投入的，尤其像中远集团这样的大系统更是如此。

中远集团在 EDI 方面无疑走在了前列。在新的世纪里，中远集团要想走在时代的前列，它就要大力发展电子商务，从全球客户的需求变化出发，以全球一体化的营销体系为业务平台，以物流、信息流和业务流程重组为管理平台，以客户满意为文化理念平台构建基于 Internet 的、智能的、服务方式柔性的、运输方式综合多样并与环境协调发展的网上运输和综合物流系统。

3.1 电子数据交换的概念及特点

> **资料卡片**
>
> 全球贸易额的上升带来了各种贸易单证、文件数量的激增。虽然计算机及其他办公自动化设备的出现可以在一定范围内减轻人工处理纸质单证的劳动强度，但由于各种型号的计算机不能完全兼容，实际上又增加了对纸张的需求，美国森林及纸张协会曾经做过统计，得出了用纸量超速增长的规律，即年国民生产总值每增加 10 亿美元，用纸量就会增加 8 万吨。此外，在各类商业贸易单证中有相当大的一部分数据是重复出现的，需要反复地录入。有人也对此做过统计，计算机的输入平均 70%来自另一台计算机的输出，且重复输入也使出差错的概率增加，据美国一家大型分销中心统计，有 5%的单证中存在错误。同时重复录入浪费人力、浪费时间、降低效率。因此，纸质贸易文件成了阻碍贸易发展的一个比较突出的因素。同时，市场竞争也出现了新的特征。现代计算机的大量普及和应用及其功能的不断提高，已使计算机应用从单机应用走向系统应用；同时通信条件和技术的完善，网络的普及又为 EDI 的应用提供了坚实的基础。在这种背景下，EDI 应运而生。

3.1.1 EDI 的概念及内涵

1. EDI 的概念

EDI（Electronic Data Interchange）即电子数据交换。国际标准化组织（ISO）将 EDI 描述成："将贸易（商业）或行政事务处理按照一个公认的标准变成结构化的事务处理或信息数据格式——从计算机到计算机的电子传输。"

EDI 也可以定义为："电子数据交换（EDI）是按照协议的标准结构格式，将标准的经济信息，通过电子数据通信网络，在商业伙伴的电子计算机系统之间进行交换和自动处理。"由于使用 EDI 可以减少甚至消除贸易过程中的纸质文件，EDI 又被人们通俗地称为"无纸贸易"。

2. EDI 的内涵

从上述定义可知，EDI 是一套报文通信工具，利用计算机的数据处理与通信功能，将交易双方彼此往来的文档（询价单、订货单等）转换成标准格式，并通过通信网络传输给对方。

从上述 EDI 定义中不难看出，EDI 包含了三个方面的内容，即计算机应用、通信网络和数据标准化。其中，计算机应用是 EDI 的条件，通信网络是 EDI 应用的基础，标准化是 EDI 的特征。这三方面相互衔接、相互依存，构成 EDI 的基础框架。EDI 系统模型如图 3-1 所示。

图 3-1 EDI 系统模型

3.1.2 EDI 的特点

1）单证格式化。EDI 传输企业间的数据，如订货单、货运单、报关单等，都具有固定的格式与行业通用性。

2）报文标准化。EDI 传输的报文符合国际标准或行业标准，这是计算机能自动处理的前提条件。

3）处理自动化。EDI 应用的是标准格式的数据，因此能通过 EDI 系统在交易双方自动处理相关信息，不需要人工干预。

4）软件结构化。EDI 软件系统由五部分构成：用户界面模块、内部接口模块、报文生成与处理模块、格式转换模块和通信模块。这些模块结构清晰、功能分明。

5）运作规范化。EDI 报文是目前商业化应用中最成熟、最规范的电子凭证之一，其所具有的法律效力已被普遍接受。EDI 系统的运行，有相应的规范化环境作为基础。国际、国内出台了相关的法律、法规，保证其按照相关的标准去运行。例如，联合国贸易法委员会制定了《电子贸易示范法草案》，国际海事委员会制定了《电子提单规则》，我国的上海市制定了《上海市国际经贸电子数据交换管理规定》等。

> **实例**
>
> 上海海关在通关业务方面应用计算机管理，始于 1985 年，从刚开始时的单独业务环节处理程序发展成现在的能全面、系统地处理海关业务和采用 EDI 技术的现代化的大型数据处理系统。海关总署将原来的 H883 系统升级为 H883/EDI 系统，并为上海海关装备了 EDI 平台使用的 AMTrix EDI 系统，使上海海关的计算机管理系统从 EDP 发展成了 EDI 系统。它为海关节约了大量的成本，很大程度上提高了海关的工作效率。

3.1.3 EDI 的分类

根据功能，EDI 可分为四类。

1. 贸易数据互换系统

贸易数据互换系统（Trade Data Interchange，TDI）也就是订货信息系统，用电子数据文件来传输订单、发票和各类通知。这也是最基本、最知名的 EDI 系统。

2．电子金融汇兑系统

电子金融汇兑系统（Electronic Fund Transfer，EFT）在银行和其他组织之间实行电子费用汇兑。EFT 已使用多年，但它仍在不断改进中，最大的改进是同订货系统联系起来，形成一个自动化水平更高的系统。

3．交互式应答系统

交互式应答系统（Interactive Query Response，IQR）可应用在旅行社或航空公司作为机票预订系统。这种 EDI 在应用时要询问到达某一目的地的航班，要求显示航班的时间、票价或其他信息，然后根据旅客的要求确定所要的航班，打印机票。

4．带有图形资料自动传输的 EDI

最常见的是计算机辅助设计（Computer Aided Design，CAD）图形的自动传输。比如，设计公司完成一个厂房的平面布置图，将其平面布置图传输给厂房的主人，请主人提出修改意见。一旦该设计被认可，系统将自动输出订单，发出购买建筑材料的报告。在收到这些建筑材料后，自动开出收据。例如，美国一个厨房用品制造公司——Kraft Maid 公司，在 PC 机上以 CAD 设计厨房的平面布置图，再用 EDI 传输设计图纸、订货、收据等。

3.2 EDI 系统的构成及工作过程

3.2.1 EDI 系统的构成

EDI 系统由四大部分构成：EDI 硬件、EDI 软件、EDI 通信网络和 EDI 数据标准。

1．EDI 的硬件环境

EDI 在用户端应用系统所需的硬件环境是单机方式、主机方式、局域网方式或 C/S（客户机/服务器）方式。

阅读资料

EDI 是应用系统之间的数据交换，因此应在装有应用系统的计算机中安装 EDI 的通信软件、翻译软件和转换软件，且计算机必须装有调制解调器，以便接入 EDI 交换平台。另外，对于存在多个应用系统的企业，最好先进行内部联网，然后再接入 EDI 交换平台。

EDI 应用系统在用户端所需配置的硬件设备包括计算机、调制解调器和通信线路。通信线路一般是电话线，传输流量大的系统可以租用专用线路。

2．EDI 的软件系统

EDI 软件的主要功能是实现用户应用系统数据库文件与 EDI 报文之间的翻译与转换。EDI 软件构成如图 3-2 所示。

```
┌─────────────────┐
│   应用系统文件   │
├─────────────────┤
│    转换软件     │──── 将应用系统源文件转换为平面文件
├─────────────────┤
│    翻译软件     │──── 将平面文件转换为EDI标准文件
├─────────────────┤
│    通信软件     │──── 在EDI标准格式上加上通信层
└─────────────────┘
         │
      增值网络
```

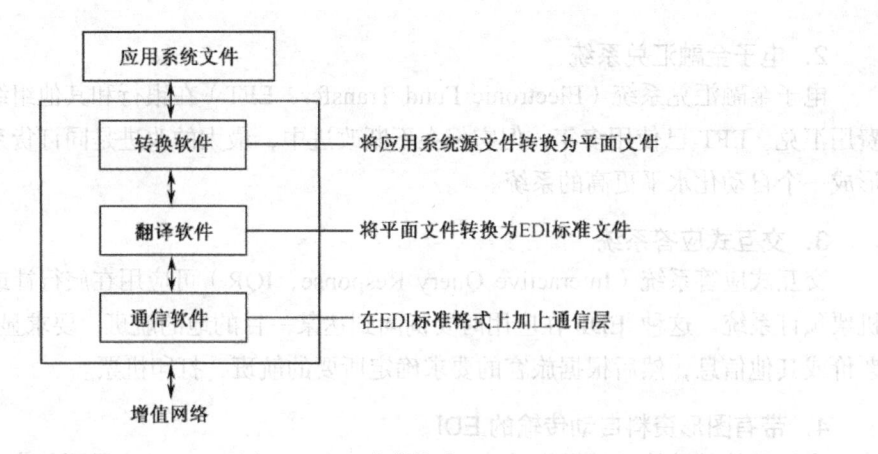

图 3-2　EDI 软件构成

（1）转换软件

转换软件的功能是将应用系统的源文件转换为平面（Flat）文件，反之也可以将从翻译软件发来的平面文件转换为应用系统的源文件。平面文件是指符合 EDI 翻译软件输入要求的一种中间文件。

（2）翻译软件

翻译软件的功能是将平面文件翻译为 EDI 的标准文件，以便能通过 EDI 通信网络进行传输。反之，也可以将从 EDI 通信软件发送来的 EDI 标准文件翻译为平面文件。

（3）通信软件

通信软件的功能是将 EDI 的标准文件添加信息头（相当于信件的信封），再送入 EDI 系统交换中心的邮箱中。反之，也可以从 EDI 系统交换中心的邮箱中取回接收到的文件。

在 EDI 系统中转换软件、翻译软件和通信软件所使用的信息分别存放在标准库、代码库、用户信息库、用户地址库和翻译算法库中。数据库维护软件的相应程序负责对这些数据库进行维护。

3．EDI 通信网络

通信网络是实现 EDI 的手段。EDI 通信网的连接方式分为直接和间接两种。

（1）直接方式

直接方式是 EDI 的双方直接通过电话线路或数据专线连接。这种方式又称点对点（PTP）方式，如图 3-3（a）所示。

（2）基于增值网的间接方式

基于增值网的间接方式是 EDI 的双方通过增值网络（Value Added Network，VAN）的电子信箱、电子公告板或远程登录系统等来建立的连接，其中最常用的方式是通过电子信箱。使用电子信箱方式时，发送方将 EDI 报文发送到各个接收方的电子信箱中存储，直到对方打开电子信箱将其取走。这种方式要求企业建立带有电子信箱的 EDI 服务。使用增值网络的 EDI 系统的工作过程如图 3-3（b）所示。

由于 EDI 涉及多个部门，如企业、银行、金融、保险、海关、交通运输等，而各个部门计算机的硬件环境和软件环境不可能完全相同，如果采用点对点（PTP）方式，则存在数据的异构转换问题。因此，通常采用专用的增值网络。

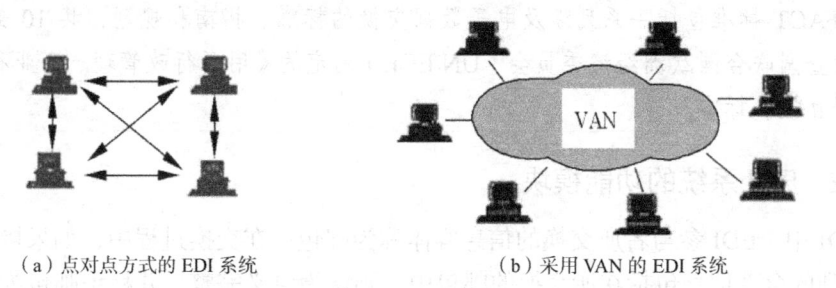

（a）点对点方式的 EDI 系统　　　　（b）采用 VAN 的 EDI 系统

图 3-3　EDI 通信网的连接方式

（3）因特网 EDI

应用传统的 EDI 成本较高，一是因为通过 VAN 进行通信的成本高；二是制定和满足 EDI 标准较为困难，因此过去仅仅大企业因得益于规模经济，能从利用 EDI 中得到利益。近年来，因特网的迅速普及，为物流信息活动提供了快速、简便、廉价的通信方式，随着因特网的广泛普及和安全性的提高，EDI 通信网络已经从使用增值网向使用因特网方面发展。在物流企业中，基于因特网的 EDI 系统的比例将越来越高。基于因特网的 EDI 主要有以下三种基本形式：基于 E-mail 的因特网 EDI、基于 Web 的因特网 EDI 和 XML/EDI 方式。

（4）EDI 的有关标准

EDI 报文能被不同贸易伙伴的计算机系统识别和处理，其关键就在于数据格式的标准为 EDI 标准。EDI 标准主要提供语法规则、数据结构定义、编辑规则和协定、已出版的公开文件。

标准化是实现 EDI 互通和互联的前提和基础。EDI 的标准包括以下四个方面：

- EDI 网络通信标准；
- EDI 处理标准；
- EDI 联系标准；
- EDI 语义语法标准。

目前，在 EDI 标准上，国际上最有名的是联合国欧洲经济委员会（UN/ECE）于 1986 年制定的《用于行政管理、商业和运输的电子数据互换》（Electronic Data Interchange for Administration, Commerce and Trans port, EDIFACT）标准。UN/EDIFACT 已被国际标准化组织 ISO 接收为国际标准，编号为 ISO 9735。同时还有广泛应用于北美地区的，由美国国家标准化协会（ANSI）X.12 鉴定委员会（AXCS.12）于 1985 年制定的 ANSI X.12 标准。从内容上看，这两个标准都包括了 EDI 标准的三要素：数据元、数据段和标准报文格式。我国 EDI 采用 UN/EDIFACT 标准。

> **提示**
>
> EDIFACT 标准包括一系列涉及电子数据交换的标准、指南和规划，共 10 部分，具体内容可查阅联合国欧洲经济委员会（UN/ECE）制定的《用于行政管理、商业和运输的电子数据互换》标准。

3.2.2　EDI 系统的功能模块

在 EDI 中，EDI 参与者所交换的信息客体称为邮包。在交换过程中，如果接收者从发送者所得到的全部信息包括在所交换的邮包中，则认为语义完整，并称该邮包为完整语义单元（CSU）。CSU 的生产者和消费者统称为 EDI 的终端用户。在 EDI 工作过程中，所交换的报文都是结构化的数据，整个过程都是由 EDI 系统完成的。

1．EDI 系统的基本模块

（1）用户接口模块

业务管理人员可用用户接口模块进行输入、查询、统计、中断、打印等，及时地了解市场变化，调整策略。

（2）内部接口模块

内部接口模块是 EDI 系统和本单位内部其他信息系统及数据库的接口，一份来自外部的 EDI 报文经过 EDI 系统处理之后，大部分相关内容都需要经内部接口模块送往其他信息系统，或查询其他信息系统才能给对方 EDI 报文以确认的答复。

（3）报文生成及处理模块

报文生成及处理模块有两个功能：

1）接受来自用户接口模块和内部接口模块的命令和信息，按照 EDI 标准生成订单、发票等各种 EDI 报文和单证，经格式转换模块处理之后，由通信模块经 EDI 网络发给其他 EDI 用户。

2）自动处理由其他 EDI 系统发来的报文。在处理过程中要与本单位信息系统相连，获取必要信息并给其他 EDI 系统答复，同时将有关信息送给本单位其他信息系统。

如因特殊情况不能满足对方的要求，经双方 EDI 系统多次交涉后不能妥善解决的，则把这一类事件提交用户接口模块，由人工干预决策。

（4）格式转换模块

所有的 EDI 单证都必须由格式转换模块转换成标准的交换格式，转换过程包括语法上的压缩、嵌套、代码的替换及必要的 EDI 语法控制字符。在格式转换过程中要进行语法检查，对于语法出错的 EDI 报文应拒收并通知对方重发。

（5）通信模块

通信模块是 EDI 系统与 EDI 通信网络的接口，其功能包括执行呼叫、自动重发、合法性和完整性检查、出错报警、自动应答、通信记录、报文拼装和拆卸等。

2. 其他基本功能

除以上这些基本模块外，EDI 系统还必须具备如下基本功能。

（1）命名和寻址功能

EDI 的终端用户在共享的名字当中必须是唯一可标识的。命名和寻址功能包括通信和鉴别两个方面。在通信方面，EDI 是利用地址而不是名字进行通信的，因而要提供按名字寻址的方法，这种方法应建立在开放系统目录服务 ISO 9594（对应 ITU-T X.500）基础上；在鉴别方面，有若干级必要的鉴别，即通信实体鉴别、发送者与接收者之间的相互鉴别等。

（2）安全功能

EDI 的安全功能应包含在上述所有模块中。它包括以下内容：

1）终端用户以及所有 EDI 参与方之间的相互验证。
2）数据完整性。
3）EDI 参与方之间的电子（数字）签名。
4）否定 EDI 操作活动的可能性。
5）密钥管理。

（3）语义数据管理功能

完整语义单元（CSU）是由多个信息单元（IU）组成的，其 CSU 和 IU 的管理服务功能包括：

1）IU 应该是可标识和可区分的。
2）IU 必须支持可靠的全局参考。
3）应能够存取指明 IU 属性的内容，如语法、结构语义、字符集和编码等。
4）应能够跟踪和对 IU 定位。
5）对终端用户提供方便和始终如一的访问方式。

> **实例** EDI 在通关自动化中的应用
>
> 海关业务中应用 EDI，简单地说，就是指不需要通过纸面单证，即可向海关进行申报。具体来说，就是报关单位在电子计算机终端或者微机上填写进出口报关单证，并通过电子传输其报关单证的报关自动化系统，向海关申报；海关的电子计算机对报关单位进行审核与处理后，凡是适合海关监管规定的，就自动地发出海关放行指令或签发海关放行通知单。这种报关方式，自始至终通过电子计算机进行，而无需人工干预，所以称为"电脑报关"或"自动化报关"。由于取消了传统的纸面凭证、文件，改用电子方法向海关申报，故通常又称为"无纸报关"。显而易见，无纸报关的效益是：对报关单位而言，可以大大节省时间和减少费用，克服海关现场报关而造成的旅途疲劳和排队等候之苦，从而提高办事效率；对海关而言，可以使海关人员有足够的时间来处理进出口报关单证，减少了工作差错，从而提高了工作效率。

3.2.3 EDI 的工作过程

现有的 EDI 通信网络，是建立在 MIS 数据通信平台上的信箱系统，其通信机制是信箱间信息的存储和转发。EDI 系统的工作流程如图 3-4 所示。

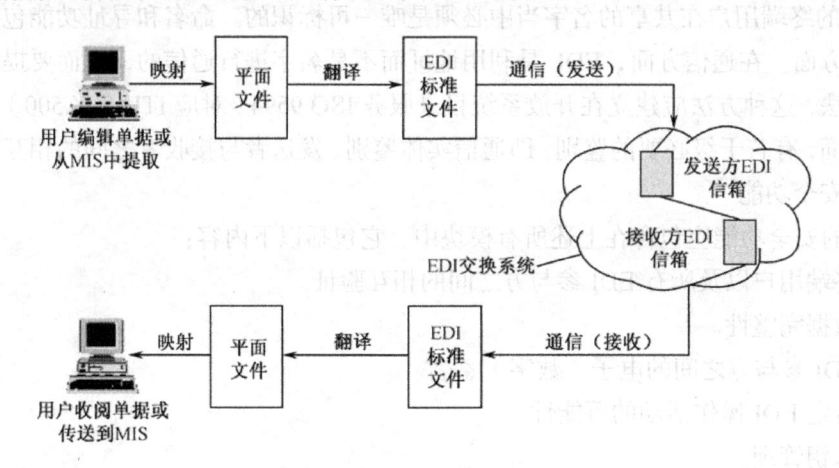

图 3-4 EDI 系统的工作流程

1．映射（Mapping）——生成 EDI 平面文件

EDI 平面文件（Flat File）是通过应用系统将用户的应用文件（如单证、票据）或数据库中的数据，映射成的一种标准的中间文件。这一过程称为映射。

平面文件是用户通过应用系统直接编辑、修改和操作的单证和票据文件，可直接阅读、显示和打印输出。

2．翻译（Translation）——生成 EDI 标准格式文件

其功能是将平面文件通过翻译软件（Translation Software）生成 EDI 标准格式文件。EDI 标准格式文件，就是所谓的 EDI 电子单证，或称电子票据。它是 EDI 用户之间进行贸易和业务往来的依据。EDI 标准格式文件是一种只有计算机才能阅读的 ASCII 文件。

3．通信

通信由计算机通信软件完成。用户通过通信网络，接入 EDI 信箱系统，将 EDI 电子单证投递到对方的信箱中。

EDI 信箱系统则自动完成投递和转接，并按照 X.400（或 X.435）通信协议的要求，为电子单证加上信封、信头、信尾、投送地址、安全要求及其他辅助信息。

4．EDI 文件的接收和处理

接收和处理过程是发送过程的逆过程。首先需要接收用户通过通信网络接入 EDI 信箱系统，打开自己的信箱，将来函接收到自己的计算机中，经格式校验、翻译、映射还原成应用文件。最后对应用文件进行编辑、处理和回复。

> **提示**
>
> EDI 系统为用户提供的 EDI 应用软件包，包括了应用系统、映射、翻译、格式校验和通信连接等全部功能，因此，在实际应用过程中，操作者可以把其内部看成一个"黑匣子"。

3.3 EDI 安全及在物流中的应用

3.3.1 EDI 安全的概念

EDI 安全一般是指防止由 EDI 系统交换的信息被丢失、泄露、篡改，假冒 EDI 合法用户，提交或接收过程中出现的抵赖、否认及 EDI 系统的拒绝服务。概括来说，EDI 安全包括两大方面的内容：一是 EDI 数据的安全；二是 EDI 系统的安全。EDI 数据的安全具体表现在数据的完整性、机密性和可用性；EDI 系统安全则包括实体安全、管理保护、计算机系统本身的软硬件保护和通信系统的安全等内容。

> **相关链接　EDI 系统面临的主要威胁和攻击**
>
> 1）冒充。通过冒名顶替偷窃工作资源和信息。
>
> 2）篡改数据。数据被非授权更改会破坏数据的完整性，攻击者会篡改在 EDI 系统中存储和传输的文电内容。
>
> 3）偷看、窃取数据。EDI 系统中的用户及外来者未经授权偷看或窥视他人的文电内容以获取商业秘密，损害他人的经济利益。
>
> 4）文电丢失。EDI 系统中文电丢失主要有三种情况：一是因为 UA、MS 或 MTA 的错误而丢失文电；二是因为安全措施不当因丢失文电；三是在不同的责任区域间传递时丢失文电。
>
> 5）抵赖或矢口否认。抵赖或矢口否认是 EDI 系统较大的一种威胁。EDI 要处理大量的合同、契约、订单等商贸数据，其起草、递交、投递等环节都容易发生抵赖或矢口否认现象，尤其是基于 MHS 环境的 EDI 系统，采用自动转发、重新定向服务方式时，其危险性更大。
>
> 6）拒绝服务。局部系统的失误及通信各部分的不一致所引起的事故（如路由表或映射表的错误项）而导致系统停止工作或不能对外服务，即所谓的拒绝服务。局部系统出自自我保护目的而故意中断通信也会导致拒绝服务。

3.3.2 开放性 EDI 系统中安全服务的实现

1. 数字签名

EDI 业务的源点鉴别和文电内容的完整性由数字签名来实现。在数字签名中，采用密码算法产生校验和，用校验和的方法来验证文电内容的完整性。源点鉴别则由合法源点给出用密钥加密信息的方法实现。

2. 文电加密

文电内容的保密用对 EDI 文电内容加密的方法实现。EDI 文电加密的加密体制，既可用对称密码体制（如 DES 算法），也可用非对称密码体制（如 RSA）。

3. 不可抵赖

采用数字签名方法来实现。

1）源点不可抵赖。由文电发送者对文电进行数字签名。

2）接收不可抵赖。由文电接收者在收到的文电中加上其身份识别信息和收到日期，计算和增加一个数字签名填满扩展了的文电，并将签了名的文电在交易完全接收之前发回源点。

4. 访问控制

EDI 的访问控制一般采用常见的存取控制方法，如访问控制表、能力表及标号等。

5. 防文电丢失

防止文电丢失的方法是利用一个脱机的文档库将所有递交和投递的文电都保存起来。防止特定文电丢失，可采用安全审计跟踪的办法实现。对用户而言，文电的投递最好有回执，以便及时了解文电是否投到了欲投递的地方而采取相应措施。

6. 防拒绝服务

防拒绝服务的方法是：硬件采取双备份措施；有良好的应急计划、可以及时恢复系统的正常运行。

3.3.3　EDI 在物流中的应用

EDI 最初由美国企业应用在企业间的订货业务活动中，其后 EDI 的应用范围从订货业务向其他业务扩展，如 POS 销售信息传送业务、库存管理业务、发货送货信息和支付信息的传送业务等。近年来，EDI 在物流中广泛应用，被称为物流 EDI。

> **？思考题**
>
> EDI 技术会对企业物流业务带来哪些影响呢？

阅读资料

1. 物流 EDI 的概念及结构

所谓物流 EDI，是指货主、承运业主及其他相关的单位之间，通过 EDI 系统进行物流数据交换，并以此为基础实施物流作业活动的方法。物流 EDI 参与单位有货主（如生产厂家、贸易商、批发商、零售商等）、承运业主（如独立的物流承运企业等）、实际运送货物的交通运输企业（如铁路企业、水运企业、航空企业、公路运输企业等）、协助单位（如政府有关部门、金融企业等）和其他的物流相关单位（如仓库业者、专业报关业者等）。物流 EDI 的框架结构如图 3-5 所示。

```
┌─────────────────┐      ┌─────────────────┐      ┌─────────────────────┐
│   承运业主      │      │   货物业主      │      │    协助单位         │
│(如独立的物流承  │      │(如生产厂家、    │      │(如政府有关部门、    │
│ 运企业等)      │      │ 贸易商等)      │      │ 金融保险部门等)    │
└─────────────────┘      └─────────────────┘      └─────────────────────┘
              \                  |                     /
                   ┌──────────────────────────┐
                   │   EDI（电子数据交换）    │
                   └──────────────────────────┘
              /                  |                     \
┌───────────────────────────────────┐      ┌───────────────────────────┐
│   实际运送货物的交通运输企业      │      │   其他的物流相关单位      │
│(如铁路企业、水运企业、航空企业、  │      │(如仓库业者、专业报关业者  │
│ 公路运输企业等)                  │      │ 等)                      │
└───────────────────────────────────┘      └───────────────────────────┘
```

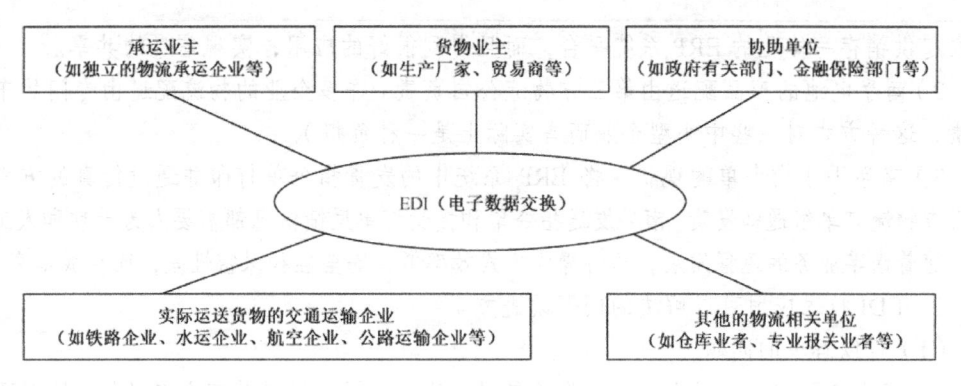

图 3-5　物流 EDI 的框架结构

2．物流 EDI 的步骤

以一个由发送货物业主、物流运输业主和接收货物业主组成的物流模型为例，物流 EDI 的步骤如下：

1）发送货物业主（如生产厂家）在接到订货后制订货物运送计划，并把运送货物的清单及运送时间安排等信息，通过 EDI 发送给物流运输业主和接收货物业主（如零售商），以便物流运输业主预先制订车辆调配计划和接收货物业主制订货物接收计划。

2）发送货物业主依据客户订货的要求和货物运送计划下达发货指令、分拣配货、打印货物标签并贴在货物包装箱上，同时把运送货物品种、数量、包装等信息，通过 EDI 发送给物流运输业主和接收货物业主，依据请示下达车辆调配指令。

3）物流运输业主在向发送货物业主取运货物时，利用车载扫描读数仪读取货物标签的物流条码，并与先前收到的货物运输数据进行核对，确认运送货物。

4）物流运输业主在物流中心对货物进行整理、集装、填制送货清单，并通过 EDI 向收货业主发送发货信息。在货物运送的同时进行货物跟踪管理，并在货物交纳给收货业主之后，通过 EDI 向发送货物业主发送完成运送业务信息和运费请示信息。

5）收货业主在货物到达时，利用扫描读数仪读取货物标签的物流条码，并与先前收到的货物运输数据进行核对确认，开出收货发票，货物入库。同时通过 EDI 向物流运输业主和发送货物业主发送收货确认信息。

> **实例**　EDI 电子技术在南孚物流配送中的应用
>
> 世界五大碱性电池生产商之一的南孚公司，NR6 高功率镍干电池等新产品已成为南孚公司新的经济增长点。在国内市场建立了"以顾客为中心"的现代营销立体网络，现有市场占有率达 56%；在国外市场，"EXCELL"商标，已在美国、欧共体国家、日本、中东、中国香港等全球 50 多个国家和地区注册，出口产品行销世界五大洲 60 多个国家和地区。
>
> 1．目前南孚物流技术存在的问题
>
> 1）南孚电池为国内碱性电池龙头企业，近几年企业的信息化建设飞速发展，目前已

建立起供销存一体化的ERP系统平台，而且得到很好的应用，实现信息的共享。

2）南孚电池的产品配送由第三方物流公司负责（许多企业的物流配送由专门的车队负责，这种方式对一些中小型企业而言实际上是一种负担）。

3）南孚下达指令单的现状。将ERP系统中的发货指令单打印并通过传真的方式到第三方物流订单组通知发货。南孚发送指令单和接受订单反馈信息都需要人为干预和人工处理。随着南孚业务的迅猛发展，这种操作方式效率低，安全性和保密性差，而且成本高。

2．EDI技术应用可以解决的问题改进方案

（1）可以解决的问题

1）节约时间和降低成本。由于单证在贸易伙伴之间的传递是完全自动的，所以不再需要重复输入、传真和电话通知等重复性的工作，从而可以极大地提高企业的工作效率并降低运作成本，使沟通更快更准。

2）提高管理和服务质量的手段之一。将EDI技术与企业内部的仓储管理系统、自动补货系统、订单处理系统等企业MIS集成使用之后，可以实现商业单证快速交换和自动处理，简化采购程序、降低营运资金及存货量、改善现金流动情况等，也使企业可以更快地对客户的需求进行响应。

3）业务发展的需要。目前，许多国际和国内的大型制造商、零售企业、大公司等对于贸易伙伴都有使用EDI技术的需求，采用EDI是企业提高竞争能力的重要手段之一。

（2）EDI电子技术解决方案

1）建立EDI标准。根据该EDI标准，南孚公司通过ERP系统将发货指令单导出生成XML文件并以某种传输方式提交给物流公司。物流公司将XML文件导入自己的系统生成物流公司的客户订单进行配送货物。

2）安全性标准建立。南孚与物流公司双方技术人员共同确定某一算法加密和解密：当从南孚ERP系统导出XML文件后，对文件进行加密，当提交给物流公司后再解密并导入物流公司的相关物流系统中。

3）传输方式建立。EDI的通信方式主要有如下几种：点对点连接、第三方网络（VAN）、Internet、Intranet、EDI到传真、传真到EDI。根据南孚现有通信网络条件，在设计项目时定位EDI传送方式有3种形式：E-mail（电子邮件）、FRP（文件传输协议）、电子数据交换。南孚及物流公司建议采取第一或第二种方式。

4）EDI信息传输和反馈机制。采用双向传输机制，既可传送发货指令，又可接收反馈信息。特别是反馈信息的接收分析的必要性。反馈分析系统将及时提供给南孚相关的货物配送状态（备货、在途、客户签单、回单等）。

5）EDI信息传输的实时性、及时性。南孚与物流公司需要建立共同的操作约束机制以尽量避免此类情况：南孚正在上传、下载信息，而物流公司却正在下载、上传数据。因此双方需要建立这样的机制来使时间错开。

6）建立事后处理机制。这样的机制是必须考虑的，可尽量避免企业的损失。主要体现在两方面：撤单机制和应急机制。

对南孚而言目前 EDI 技术应用在产品的配送环节上，与早期传统的 FAX 方式相比，具有如下显著特点：

1）节约成本：使用了 EDI 技术应用，基本实现了无纸化办公。目前仅需要一个劳动力即可轻松完成全公司产品物流的配送处理。

2）自动化程度高：整个操作 100%后台自动运作，只有在出现撤单和紧急状况时，才需要人为介入。业务处理效率大大提高，客户投诉率明显下降。

3．物流 EDI 的优点

物流 EDI 的优点主要体现在：供应链组成各方基于标准化的信息格式和处理方法通过 EDI 共同分享信息，提高流通效率，降低物流成本。例如，对零售商来说，应用 EDI 系统可以大大降低进货作业的出错率，节省进货商品检验的时间和成本，能迅速核对订货与到货的数据，易于发现差错。

阅读资料

自测题

一、不定项选择题

1. （　　）是 EDI 应用的基础。
   A．计算机应用　　B．通信网络　　C．标准化　　D．单证格式化

2. EDI 网络传输的数据是（　　）。
   A．自由文件　　B．平面文件　　C．用户端格式　　D．EDI 标准报文

3. EDI 的中文意思为（　　）。
   A．电子数据结构　B．数据传输标准　C．电子数据交换　D．电子数据标准

4. 国家一系列"金字工程"中的"金关工程"指的是将（　　）技术用于海关业务处理。
   A．OA　　B．MIS　　C．EDI　　D．DSS

5. 目前 EDI 应用主要是通过（　　）来建立用户之间的数据交换关系。
   A．Internet　　　　　　　　B．Intranet
   C．Extranet　　　　　　　　D．专门网络服务商提供的增值网

6. 从产生到现在，电子商务走过基于（　　）的电子商务阶段和基于 Internet 的电子商务两个阶段。
   A．BC　　B．EC　　C．EPC　　D．EDI

7. EDI 软件构成主要有（　　）。
   A．转换软件　　B．翻译软件　　C．通信软件　　D．平面软件

8. EDI 系统由以下（　　）部分构成。
   A．EDI 硬件　　　　　　　　B．EDI 软件
   C．EDI 通信网络　　　　　　D．EDI 数据标准

9. EDI 系统面临的安全威胁包括（　　）。
   A. 冒充　　　　　B. 文电丢失　　　C. 篡改数据
   D. 偷看、窃取数据　　　　　　　　E. 拒绝服务
10. （　　）是 EDI 的特征。
   A. 计算机应用　　B. 通信网络　　C. 标准化　　　D. 单证格式化

二、简答题

1. 什么是 EDI？其有何特点？
2. EDI 的构成和功能如何？
3. 因特网 EDI 的常见形式有哪些？哪一种被认为目前最好的方式？
4. EDI 通信的方式有哪些？
5. 简要说明 EDI 的工作方式。

三、论述题

1. 论述企业实施 EDI 的步骤。
2. 试对 EDI 的成本和效益进行分析。

案例分析

美的集团 EDI 应用案例

美的是一家以家电业为主，涉足房产、物流等领域的大型综合性现代化企业集团，美的意识到，当前的市场竞争已经由企业与企业之间的竞争变为供应链与供应链之间的竞争，要实现既定目标，成为一个屹立全球市场的企业，就必须要进一步联合上下游的业务伙伴，紧密合作，加强供应链一体化管理，共同增强整条供应链的竞争力，实现"敏捷供应链"。

之前，美的采用人工的方式实现对大量业务单据的接收、处理和发送，需要花费较长时间来完成单据的处理；同时，人工处理方式难免发生错误。为了满足美的与供应链合作伙伴之间的实时、安全、高效和准确的业务单据交互，提高供应链的运作效率，降低运营成本，美的迫切需要利用提供企业级（B2B）数据自动化交互和传输技术，即电子数据交换（EDI）方案来解决这个问题。

在选型的时候，美的着重 EDI 解决方案的如下特性：

第一，美的供应链内众多的合作伙伴，包括供应商、物流商、渠道商、银行和保险机构等都有自己的业务数据标准和传输协议，同时，美的内部各子应用系统也有各自的数据标准，因此 EDI 平台方案必须具备强大的数据处理能力，能够将各类异构数据迅速转换为标准 EDI 报文，同时还要具备支持多种传输协议的能力。

第二，EDI 平台作为连接美的与众多合作伙伴的中间平台，是双方进行业务数据集成和交互的核心，处理速度直接影响业务流程的效率，因此需要具备数据快速处理和传输能力，同时，整个处理和传输过程应该完全自动化而无需人工干涉。

第三，随着业务不断发展，美的供应链内的合作伙伴、业务流程、数据标准会发生相应的变动，因此 EDI 平台方案必须具备良好的柔韧性，以迅速适应业务需求的变更和拓展。实施 EDI 前后美的的业务流程变化如图 3-6 所示。

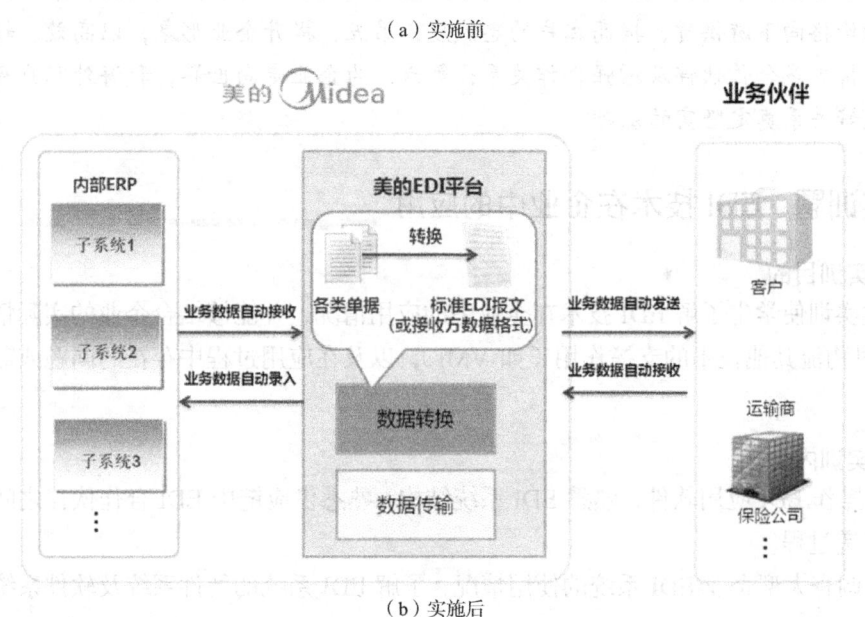

（a）实施前

（b）实施后

图 3-6 实施 EDI 前后美的的业务流程变化

2009 年 11 月 4 日，美的和 SinoServices 成立了由双方专家组成的项目实施小组，宣布 EDI 项目正式启动。2010 年 2 月 3 日，是美的 EDI 项目的重要日子，在这一天，伊莱克斯（Electrolux）作为美的第一家 EDI 对接合作伙伴，成功上线运行，实现了双方出货通知、发票等的自动化 EDI 流程。2010 年 11 月 4 日，北滘码头成功上线运行，实现了美的与北滘码头的订舱确认、调柜指令等的自动化 EDI 流程。2011 年 5 月 4 日，美的与中国出口信用保险公司（中信保）EDI 对接成功，双方实现了费率同步、OA 限额申请、LC 限额申请、出运申报、出运反馈、收汇反馈等业务数据的交互。这一系列项目的上线，大大提高了美的和伙伴双方业务贸易的效率，减少了人工干预的工作量。

实施 EDI 平台方案后，第一，美的大大加快了业务处理速度并且降低了人工处理方式下的相关成本；第二，为美的节省了过去人工处理方式下所产生的额外费用；第三，由于实行了无纸化和全自动操作，大大降低了人工处理过程中由于人为操作、纸张丢失等造成的出错率。出错率降低了，基本实现了无错化处理。

讨论分析题

应用 EDI 能给企业带来哪些好处？

提示

第一，企业运作效率的提升让其更加轻松地扩展业务，并快速适应业务增长带来的数据交互工作的增加；第二，由于供应链对请求响应速度提高，产品可以在最短的时间内被送达消费者手里；第三，减少了人工方式下产生的错误，提升客户满意度；第四，以更有竞争力的价格向下游供货，提高客户的忠诚度；第五，提升企业形象，以高效、精准的工作方式赢得更多合作伙伴及增强合作关系；第六，为企业走向世界，和海外客户及合作伙伴建立良好关系奠定坚实的基础。

实训题　EDI 技术在企业中的应用

1. 实训目的

通过实训使学生了解 EDI 技术在企业中的应用情况，并能够结合企业的实际情况，分析 EDI 对物流其他技术的支撑作用（如 VMI），以及在应用过程中存在的问题或需要改进的地方。

2. 实训内容

（1）操作 EDI 应用软件，熟悉 EDI 系统结构，熟悉供应链中 EDI 合作伙伴之间的信息及单证传递过程。

（2）调查大型企业 EDI 系统的使用情况，了解 EDI 系统的硬件系统及软件系统的构成情况。

（3）了解目前 EDI 在实际应用中存在的主要问题，并说出 EDI 系统的应用对企业有什么好处。

3. 实训组织

（1）将全班同学分成若干小组开展，每个小组在调研过程中可有所侧重。

（2）在调研前，每组应先制订具体的调研计划及分工方案。

（3）调研结束后，每组应根据调研情况，整理并写出相应的书面报告。

（4）相互交流（最好通过课堂组织），总结此次实训的收获及不足。

第 4 章

物流信息跟踪技术

学 习 目 标

- 重点掌握 GPS 技术的构成及其在物流信息管理中的应用。
- 重点掌握 GIS 技术的基本功能及其在物流信息管理中的应用。
- 了解 GPS/GIS 技术的发展前景。

引导案例

GIS 在大庆石化物流运输管理中的应用

大庆是我国重要的原油、成品油生产基地，其工业的发展决定了大量的辅助生产资料外购的事实。在大庆石化地区，存在分别隶属于大庆石化总厂和大庆石化分公司的两家物流企业，这两家物流企业不仅规模小、难以形成"第三利润源泉"，而且对主业产生绝对依赖，同时存在不同程度的人员、设备冗余以及管理的相对滞后，这不仅不符合现代物流的发展趋势，还造成了大量的人力、物力的浪费。因此，优化组合大庆石化地区的物流企业，使之成为专业化物流企业，真正形成企业的"第三利润源泉"。

GIS 不仅具有对空间和属性的数据采集、输入、编辑、存储、管理、空间分析、查询、输出和显示功能，而且可为系统用户进行预测、监测、规划管理和决策提供科学依据。可见，将其应用于物流配送系统中，大大加强对物流过程的全面控制和管理，实现高效优质的物流配送服务。

把 GIS 技术融入物流运输业务的过程中，可以更容易地处理物流配送中货物的运输、仓储、装卸、送递等各个环节，并对其中涉及的如运输路线的选择、仓库位置的选择、仓库的容量设置、合理装卸策略、运输车辆的调度和投递路线的选择等问题进行有效管理和决策分析，有助于物流配送企业有效地利用现有资源，降低消耗，提高效率。

基于 GIS 的物流配送系统应实现 5 个功能。① 车辆和货物追踪。利用 GIS

和电子地图可以实时显示车辆或货物的实际位置,并能查询车辆和货物的状态,以便进行合理调度和管理。② 信息查询。对配送范围内的主要建筑、运输车辆、客户等进行查询。查询资料可以以文字、语音及图像的形式显示,并在电子地图上显示其位置。③ 物流决策模拟与支持。如可利用长期客户、车辆、订单和地理数据等建立模型来进行物流网络的布局模拟,并以此来建立决策支持系统,以提供更有效且直观的决策依据。④ 提供运输路线规划和导航。规划出运输线路,使显示器能够在电子地图上显示设计线路,并同时显示汽车运行路径和运行方法。⑤ 车辆路径规划。进行车辆的行程安排和出发(到达)时间预测,从而为物流企业的高效、稳定运作提供精确的决策依据。

思考题

GIS 在使用过程中的关键因素是什么?

提示

首先是基础模型的建立。从物流运输的业务实际出发,在进行基于 GIS 技术的物流运输管理系统设计和开发过程中,需要建立三个基础模型。① 车辆路线模型。用于解决一个起始点、多个终点的货物运输中,如何降低物流作业费用,并保证服务质量的问题。② 网络物流模型。用于最有效地进行货物路径分配,也就是物流网点的布局问题。③ 空间查询模型。如可查询以某一个物流节点为圆心某半径内配送点数目,以此判断哪个配送中心距离最近,为安排配送做准备。其次要注意物流活动中的路线分析,有众多的约束条件,例如,时间、人工、车辆的合理安排以及道路条件的限制等。只有充分地考虑每个与现实相关的约束条件,才能得到真正具有实际意义的最优化结果,使得资源利用达到最优化。

4.1 全球定位系统及其应用

4.1.1 全球定位系统的概念及特点

1. 全球定位系统的概念

GPS 是英文 Global Positioning System(全球定位系统)的缩写,是 20 世纪 70 年代由美国陆海空三军联合研制的新一代空间卫星导航定位系统。其主要目的是为陆、海、空三大领域提供实时、全天候和全球性的导航服务,并用于情报收集、核爆监测和应急通信等一些军事目的,是美国独霸全球战略的重要组成部分。经过 20 余年的研究实验,耗资 300 亿美元,到 1994 年 3 月,全球覆盖率高达 98%的 24 颗 GPS 卫星星座已完成布设。

GPS 是利用卫星星座、地面控制部分和信号接收机对监控对象进行动态定位和跟踪的系统。

> **资料卡片**
>
> ## 四大定位系统
>
> 1）美国的全球定位系统（GPS）包括绕地球运行的 24 颗卫星，它们均匀地分布在 6 个轨道上。每颗卫星距离地面约 1.7 万千米，能连续发射一定频率的无线电信号。只要持有便携式信号接收机，无论是身处陆地、海上还是空中，都能收到卫星发出的特定信号。接收机中的计算机只要选取 4 颗或 4 颗以上卫星发出的信号进行分析，就能确定接收机持有者的位置。除了导航外，GPS 还有其他多种用途，如科学家可以用它来监测地壳的微小移动，从而帮助预报地震；汽车司机在迷途时通过它能找到方向；军队依靠它来保证正确的前进方向。
>
> 2）欧洲"伽利略"（GALILEO）系统与 GPS 相比，有较大的不同。例如，"伽利略"系统的卫星数量多达 30 颗，美国 GPS 目前还只有 24 颗；"伽利略"更多用于民用，最高精度比美国 GPS 高 10 倍，不少专家形象地比喻说，如果说 GPS 只能找到街道，"伽利略"则可找到车库门。
>
> 3）俄罗斯在 2006 年年底发射了 3 颗"GLONASS-M"卫星。按计划，该系统将于 2007 年年底之前运营，届时只开放俄罗斯境内卫星定位及导航服务。到 2009 年年底前，其服务范围将拓展到全球。美国 GPS 从卫星反馈到地面的 GPS 信号很弱，如果对方采取多种干扰，就会使地面 GPS 接收机无法正常工作。而"GLONASS-M"系统的卫星具有更强的抗干扰能力。
>
> 4）我国的北斗卫星导航系统由空间端、地面端和用户端三部分组成。空间端包括 5 颗静止轨道卫星和 30 颗非静止轨道卫星；地面端包括主控站、注入站和监测站等若干个地面站，用户端由北斗用户终端及其与美国 GPS、俄罗斯 GLONASS-M、欧洲 GALILEO 等其他卫星导航系统兼容的终端组成。
>
> 2008 年 5 月 12 日，四川汶川地震发生后，当地通信完全中断。当晚 10 时，首批武警救援官兵到达地震重灾区，通过北斗导航定位卫星系统用户终端机为地震重灾区发出了第一束生命急救电波。这是中国"北斗"系统首次在具体抗灾救援的实战中亮相，此前，在西方媒体的视野里，中国"北斗"一直披着神秘的外衣。2016 年 6 月 12 日，我国在西昌卫星发射中心用长征三号丙运载火箭，成功发射了第 23 颗北斗导航卫星。自 2012 年 12 月 27 日正式提供区域服务以来，北斗导航区域系统一直在连续、稳定、可靠地运行，全天候、全天时为各类用户提供了大量高精度、高可靠的定位、导航、授时服务，服务已覆盖全球 1/3 的陆地，使亚太地区的 40 亿人受益。

2. GPS 的特点

（1）定位精度高

应用实践已经证明，用 GPS 卫星发来的导航定位信号，能够进行厘米级甚至毫米级精度的静态相对定位，米级至亚米级精度的动态定位，亚米级至厘米级精度的速度测量和毫微秒级精度的时间测量。

（2）观测时间短

随着 GPS 系统的不断完善，软件的不断更新，目前，20 千米以内相对静态定位，仅需 15～20 分钟；快速静态相对定位测量时，当每个流动站与基准站相距 15 千米以内时，流动站观测时间只需 1～2 分钟，然后可随时定位，每站观测只需几秒。

（3）测站间无须通视

GPS 测量不要求测站之间互相通视，只需测站上空开阔即可，因此可节省大量的造标费用。由于无须点间通视，点位位置可根据需要，可稀可密，使选点工作甚为灵活，也可省去经典大地网中的传算点、过渡点的测量工作。

（4）可提供三维坐标

GPS 可同时精确测定测站点的三维坐标。目前 GPS 水准可满足四等水准测量的精度。

（5）操作简便

随着 GPS 接收机不断改进，自动化程度越来越高，有的已达"傻瓜化"的程度；接收机的体积越来越小，重量越来越轻，极大地减轻了测量工作者的工作紧张程度和劳动强度，使野外工作变得轻松愉快。

（6）全天候作业

目前，GPS 观测可在一天 24 小时内的任何时间进行，不受阴天黑夜、起雾刮风、下雨下雪等气候的影响。

阅读资料

（7）功能多、应用广

4.1.2　GPS 系统的构成及工作原理

1. GPS 系统的构成

GPS 系统是利用无线电传输来定位，由卫星来发射定时信号、卫星位置等信息。一般由空间部分（GPS 卫星）、地面监控部分和用户部分（GPS 接收机）三部分组成。

（1）GPS 空间部分——GPS 卫星星座

GPS 空间部分是由 24 颗卫星组成的星座。这些卫星均匀地分布在 6 个轨道平面内，轨道倾角为 55°，各个轨道平面之间成 60°。地球上的任何地方至少可看到 4 颗卫星。当接收机收到 4 颗及以上卫星发来的信号时，即可计算出本地的三维坐标。卫星由地面站监测和控制，它监测卫星健康状况和定位精度，定时向卫星发送控制指令、轨道参数和时间改正参数。

（2）GPS 地面监控部分

地面监控部分由分布在全球的若干个跟踪站所组成的监控系统构成，包括 1 个主控站、3 个注入站和 5 个监测站。主控站的作用是根据各监测站对 GPS 的监测数据，计算出卫星的星历和卫星钟的改正参数等。注入站的作用是将主控站计算出的卫星星历和卫星钟的改正参数等注入卫星中。监测站的作用是接收卫星信号，监测卫星的工作状态，并向主控站提供观测数据。

（3）GPS 用户部分——GPS 接收机

GPS 接收机用来接收卫星发来的信号，其内部装有芯片，用来根据卫星信号计算出定位数据。它能够捕获按一定卫星高度截止角所选择的待测卫星的信号，并跟踪这些卫星的运行，对所接收的 GPS 信号进行变换、放大和处理，以便测量 GPS 信号从卫星到接收机天线的传播时间，解译 GPS 卫星所发送的导航电文，实时地计算监测站的三维位置，甚至三维速度和时间。信号接收机的外观如图 4-1 所示。

（a）车载卫星定位接收机　　（b）智能车载 GPS 导航仪　　（c）手持 GPS 接收机

图 4-1　常见的信号接收机

相关链接

北京市质量技术监督局 2009 年第三季度依法对本市生产领域车载 GPS 导航产品开展了产品质量监督抽查工作。此次抽查检验依据 GB/T 19392—2003《汽车 GPS 导航系统通用规范》及产品明示标准。检验项目包括产品的显示、操作与控制、外观质量、外形尺寸、高温工作试验、低温工作试验、电源端子骚扰电压、辐射骚扰、定位精度、位置更新率、车辆定位及地图匹配、地图显示、目标检索、路线引导等。此次抽查本市 10 家生产企业的 10 批次产品，合格 6 批次，产品存在的主要质量问题是电源端子骚扰电压、辐射骚扰等电磁兼容性项目不合格。电源端子骚扰电压不合格，会对公共电源线路的稳定性造成影响；辐射骚扰不合格，将影响广播信号的传播，影响数字通信设备正常工作。

2．GPS 定位原理

GPS 定位分为静态定位和动态定位。在静态定位中，GPS 接收机在捕获和跟踪 GPS 卫星的过程中固定不变，接收机高精度地测量 GPS 信号的传播时间，利用 GPS 卫星在轨的已知位置，解算出接收天线所在位置的三维坐标。而动态定位则是用 GPS 接收机测定一个运动物体的运行轨迹。GPS 接收机所依附的运动物体叫作载体（如行走的车辆、航行中的轮船等），载体上的 GPS 接收机天线在跟踪 GPS 的过程中相对地球而运动，接收机可测得运动物体的状态参数（瞬间三维位置和速度）。

GPS 采用的是全球性地心坐标系统，坐标原点为地球质量中心，利用高空轨道上运行的人造卫星所发射出来的信号，以三角测量原理计算出收信者在地球上的位置。卫星不间断地发送自身的星历参数和时间参数，用户接收到这些信息后，经过计算求出接收机的三维位置、三维方向及运动速度和时间信息（见图4-2）。

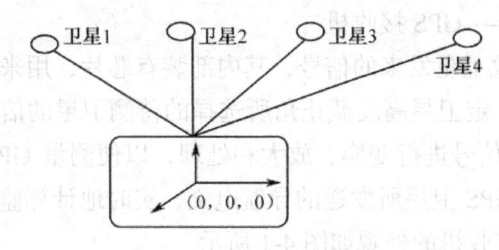

图 4-2　GPS 定位原理

$$(x_1 - x)^2 + (y_1 - y)^2 + (z_1 - z)^2 + (t - t_{01})^2 = d_1^2$$
$$(x_2 - x)^2 + (y_2 - y)^2 + (z_2 - z)^2 + (t - t_{02})^2 = d_2^2$$
$$(x_3 - x)^2 + (y_3 - y)^2 + (z_3 - z)^2 + (t - t_{03})^2 = d_3^2$$
$$(x_4 - x)^2 + (y_4 - y)^2 + (z_4 - z)^2 + (t - t_{04})^2 = d_4^2$$

式中　t_0——各卫星时间；

　　　t——接收时间；

　　　x_n, y_n, z_n——各个卫星的坐标。

GPS 定位原理：

1）根据一颗卫星可测得目标在以卫星为圆心、以目标点至卫星的距离（假设该距离可测为 d）为半径的圆球上。

2）两颗卫星可确定目标在分别以两颗卫星为圆心、以 d 为半径的两个圆球相交的圆环上。

3）三颗卫星可确定目标在分别以三个卫星为圆心、以 d 为半径的三个圆球相交的一条线（或两个点）上。

4）四颗卫星即可确定一个点，即监控目标。

4.1.3　网络 GPS 在物流中的应用

网络 GPS 就是指在因特网上建立起来的一个公共 GPS 监控平台，同时融合了卫星定位技术、GSM 数字移动通信技术，以及国际因特网技术等多种目前世界上先进的科技成果。网络 GPS 综合了因特网与 GPS 的优势与特色，取长补短，解决了原来使用 GPS 所无法克服的障碍。首先，其可降低投资费用。网络 GPS 免除了物流运输公司自身设置监控中心的大量费用，其不仅包括各种硬件配置，还包括各种管理软件。其次，网络 GPS 一方面利用因特网实现无地域限制的跟踪信息显示，另一方面又可通过设置不同权限做到信息的保密。在物流领域、全球卫星定位系统将会越来越普遍地应用于各个环节。网络 GPS 由网络服务平台（通信系统）、车载终端设备和用户端三部分构成，如图 4-3 所示。

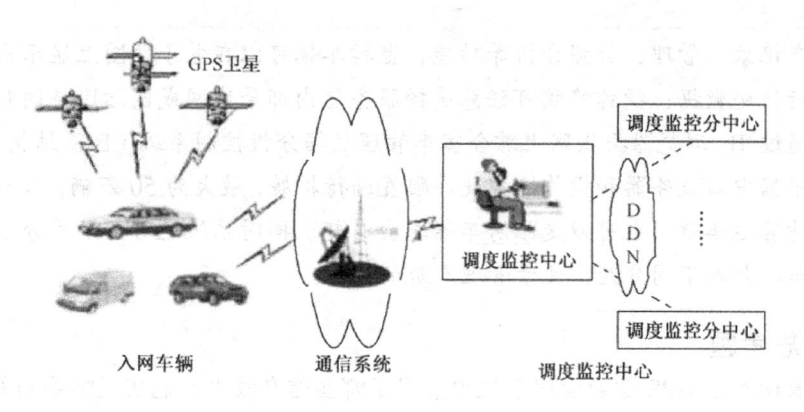

图 4-3　网络 GPS 系统

网络 GPS 对物流产业所起的作用主要表现在如下几方面。

1）实时监控功能。在任意时刻通过发出指令查询运输工具所在的地理位置（经度、纬度、速度等信息）并在电子地图上直观地显示出来。

2）双向通信功能。网络 GPS 的用户可使用 GSM 的话音功能与司机进行通话，或者使用本系统安装在运输工具上的移动设备的汉字液晶显示终端进行汉字消息收发对话。驾驶员通过按下相应的服务、动作键，将该信息反馈到网络 GPS，质量监督员可在网络 GPS 工作站的显示屏上确认其工作的正确性，了解并控制整个运输作业的准确性（发车时间、到货时间、卸货时间、返回时间等）。

3）动态调度功能。调度人员能在任意时刻通过调度中心发出文字调度指令，并得到确认信息。可进行运输工具待命计划管理，操作人员通过在途信息的反馈，运输工具未返回车队前即做好待命计划，可提前下达运输任务，减少等待时间，加快运输工具周转速度。

4）运能管理。将运输工具的运能信息、维修记录信息、车辆运行状况登记处、司机人员信息、运输工具的在途信息等多种信息提供给调度部门决策，以尽量减少空车时间和空车距离，充分利用运输工具的运能。

5）数据存储、分析功能。实现路线规划及路线优化，事先规划车辆的运行路线、运行区域，何时应该到达什么地方等，并将该信息记录在数据库中，以备以后查询、分析使用。

阅读资料

实例　雅迅长途客运 GPS 智能管理系统

雅迅长途客运 GPS 智能管理系统是国内首套专业的 GPS 长途客运车辆管理系统，结合了卫星定位技术、GPRS/CDMA 通信业务、GIS 技术、图像采集技术、计算机网络和数据库等技术，在客运公司建立一个总控（C/S 结构和 B/S 结构相结合），其他设为分控，公安部门和运管部门等各部门建立专控的中心系统，系统由控制中心系统、无线通信平台（GPRS/CDMA）、全球卫星定位系统（GPS）、车载设备四部分组成一个全天候、全范围的驾驶员管理和车辆跟踪的综合平台；系统可对注册车辆实施动态跟踪、监控、拍照、行车记录、管理、数据分析等功能，监控车辆可以在电子地图上显示出来，并保存车辆运行轨迹数据；操作终端可任意选择服务器内部局域网或国际因特网对中心进行访问并可通过 IE 浏览器提供网上综合客车管理数据分析控制系统（B/S 结构）；系统容量可随时根据中心服务器和操作终端硬件配置进行扩展，最大为 50 万辆，入网车辆不仅可以是长途客运车辆，也可以是旅游车等社会车辆。同时系统还可以采用分组管理，不同类型的车辆归入不同分组，便于管理人员的操作。

思考题
雅迅长途客运 GPS 智能管理系统中采用了哪些信息技术？能实现哪些功能？

提示
雅迅长途客运 GPS 智能管理系统融合了 GPS、GIS、GPRS/CDMA 等多种技术，可提供跟踪定位、道路等相关信息查询、报警等多种功能，是一个现代化的网络监控系统。该系统的采用大大提高了运输的效率，减少了空载，降低了运输成本，同时对提高物流管理水平也起着重要作用。

相关链接　基于 GPS／GPRS 的冷链物流信息监控系统设计

随着人们生活水平的改善，对饮食的要求也越来越高，新鲜蔬菜、海鲜等经常需要跨区域运输，冷链的应用势在必行。据中国食品工业协会指出，全国由于冷链物流管理的缺失或存在问题，导致每年约 1 200 万吨水果和 1.2 亿吨蔬菜的浪费，总价值超过 1 000 亿元人民币。震惊全国的山西疫苗事件等，表明监管水平低下，直接影响食品安全和医疗安全。研究一种低功耗、运行可靠、易于维护的系统对车载冷库（冷链）物流进行实时监控迫在眉睫。

根据冷链的特点，有人设计出基于 GPS／GPRS 的车载冷库（冷链）物流信息监控系统，该系统能远程实时监控冷库运输车辆的地理位置、车速以及车载冷库内部的温湿度。为相关部门实时了解、安全调度物流运输车辆提供依据。

1．系统总体设计

车载冷库物流信息监控系统主要由车载终端系统和上位机监控平台构成，其中车载终端又分为车载冷库内部系统和司机驾驶舱系统，两者通过 nRF24L01 无线模块进行数据传输。其系统结构如图 4-4 所示。

图 4-4 中，GPRS 模块负责车载终端和上位机监控平台的通信，主要传输物流车辆的位置信息以及车载冷库内部的温湿度信息等；GPS 模块负责对物流车辆进行实时定位；nRF24L01 无线模块负责将车载冷库内部的温湿度信息传输到司机驾驶舱系统；LCD 显示模块负责显示设备 ID 号、车载冷库内部的温湿度信息；上位机监控平台动态显示、实时更新系统内全部物流车辆的位置、车速及车载冷库内部的温湿度信息等。

2．系统软件设计

车载终端软件设计分为车载冷库内部系统软件设计和司机驾驶舱系统软件设计。车载冷库内部系统软件主要包括 DHT11 数字温湿度传感器采集程序和 nRF24L01 无线发送数据程序。司机驾驶舱系统软件包括 MCU、GPS、GPRS、nRF24L01、LCD1602 等模块的初始化，GPS 数据解析，nRF24L01 无线模块接收温湿度数据及 GPRS 通信程序，车载终端软件流程如图 4-5 所示。

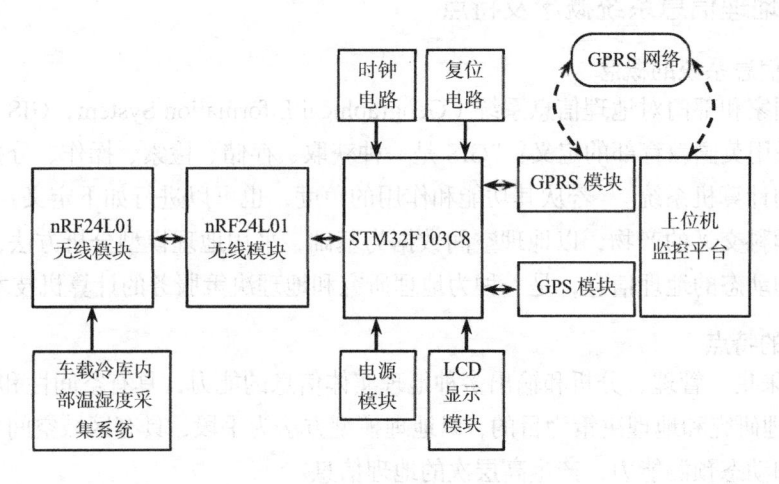

图 4-4 系统结构

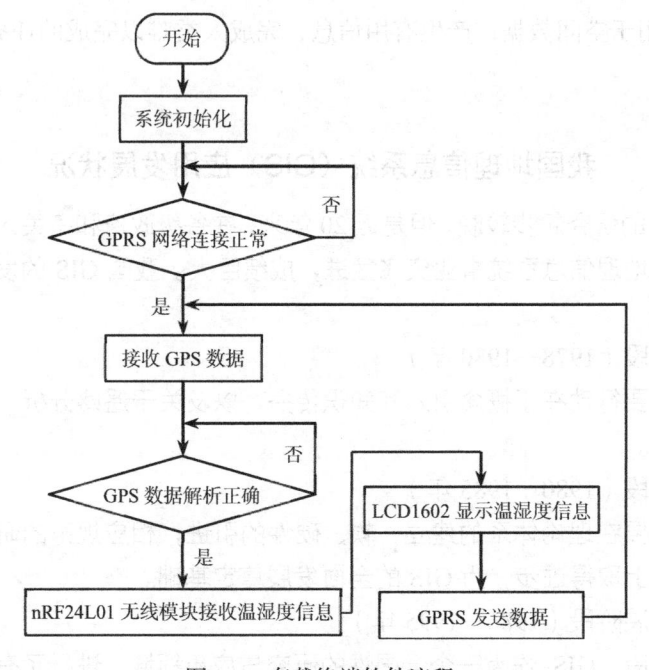

图 4-5 车载终端软件流程

这种针对冷链物流的特点设计出的一种基于 GPS 和 GPRS 的冷链物流信息监控系统，能够对物流车辆进行快速、精确定位，同时能实时监控车载冷库内部的温湿度信息。

目前，该系统已投入试运行。但该系统还有一些不足之处，例如监控中心只能显示车载冷库内部的温湿度信息，若温湿度超过设定的阈值，系统出现报警时，只能由现场人员手动调控，而不能智能调控，所以该系统仍存在优化的空间。

4.2 地理信息系统技术及其应用

4.2.1 地理信息系统概念及特点

1. 地理信息系统的概念

不同的国家和部门对地理信息系统（Geographical Information System，GIS）有不同的解释。我们采用英国教育部的定义："GIS 是一种获取、存储、检索、操作、分析和显示地球空间数据的计算机系统。"若从其功能和作用的角度，也可以进行如下定义："地理信息系统是多种学科交叉的产物，以地理空间数据为基础，采用地理模型分析方法，及时提供多种空间的和动态的地理信息，是一种为地理研究和地理决策服务的计算机技术系统。"

2. GIS 的特点

1）具有采集、管理、分析和输出多种地理实体信息的能力，具有空间性和动态性。

2）以地理研究和地理决策为目的，以地理模型方法为手段，具有区域空间分析、多要素综合分析和动态预测能力，产生高层次的地理信息。

3）由计算机系统支持进行空间地理数据管理，并由计算机程序模拟常规的或专门的地理分析方法，作用于空间数据，产生有用信息，完成人类难以完成的任务。

> **资料卡片**
>
> **我国地理信息系统（GIS）应用发展状况**
>
> 我国对 GIS 的研究起步较晚，但是近 20 年来，在各级政府和有关人士的大力呼吁和促动下，我国的地理信息系统事业突飞猛进，成绩巨大。我国 GIS 的发展可以分为四个阶段。
>
> （1）起步阶段（1978—1980 年）
>
> 起步阶段主要行动在于概念引入和知识传播，以及关于遥感分析、制图和数字地面模型的试验研究。
>
> （2）准备阶段（1980—1985 年）
>
> 准备阶段主要在理论体系的建立，软、硬件的引进，相应规范的研究，局部系统或试验系统的开发上取得进步，为 GIS 的全面发展奠定基础。
>
> （3）加速发展阶段（1986—1995 年）
>
> 加速发展阶段，GIS 作为一个全国性的研究与应用领域，进行了有计划、有目标、有组织的科学试验与工程建设，取得一定的社会经济效益。主要表现在：
>
> 1）GIS 教育与知识传播的热浪此起彼伏，GIS 成为空间相关领域的热门话题。

2）GIS 建设引起各级政府高度重视，其发展机制由学术推动演变为政府推动。

3）部分城市和沿海地区 GIS 建设率先进入实施阶段，并取得阶段性成果。

4）出现商品化的国产 GIS 软件、硬件品牌。

5）出现专门的 GIS 管理中心、研究机构与公司。

6）出现专门的 GIS 协会，涌现一批 GIS 专门人才。

7）出现专门的刊物与展示会。

8）初步形成全国性的 GIS 市场。

9）在应用模式、行业模式和管理方面做了有益的探索。

（4）地理信息产业化阶段（1995 年至今）

目前，我国 GIS 的发展正处于向产业化阶段过渡的转折点。能否借助国际大气候的东风，倚重国内经济高速发展的大好形势，搭乘全球信息高速公路的快车，实现地理信息产业化和国民经济信息化，这是国内地理信息界人士面临的严重挑战和千载难逢的机遇。在这一过程中，一方面需要探索建立一套政府宏观调控与市场机制相结合的地理信息产业模式；另一方面则要充分总结和借鉴国内外地理信息系统项目建设的经验和教训，建立起行之有效的地理信息系统工程学的理论、方法与管理模式，推动地理信息系统在社会主义各项事业中更加深入和广泛地应用。

4.2.2　GIS 的构成及功能

1. GIS 的构成

1）系统硬件，主要包括计算机、数据输入设备、数据输出设备、GIS 的网络设备、数据存储与传送设备等各种硬件设备，用以存储、处理、传输和显示地理信息或空间数据，是系统功能实现的物质基础。

2）系统软件，是指支持数据采集、存储、加工、回答用户问题的计算机程序系统。GIS 软件是系统的核心，用于执行存储、分析和显示地理信息等 GIS 功能的各种操作。主要的软件部件有：输入和处理地理信息的工具，数据库管理系统（DBMS），支持地理查询、分析和视觉化的工具，容易使用这些工具的图形化界面（GUI）。

> **相关链接**
>
> 从软件开发来说，国外物流企业已经形成了以系统技术为核心，以信息技术、运输技术、配送技术、装卸搬运技术、自动化仓储技术、库存控制技术和包装技术等专业技术为支撑的现代化物流管理格局。在美国配送的相关软件就有 20 多种，并且无一例外地选择了 GIS 作为实现路线和站点可视化的基础平台，物流管理系统从当初为满足某一目的的管理系统逐渐向综合物流信息平台过渡。

我国在物流软硬件方面也开始了深入研究，立体仓库、GPS定位技术逐步推广开来，不少机构和企业从不同的角度出发，针对不同的需求对象及应用范围，构建了相应的基于GIS的物流配送系统或信息平台。我国最大的国际货运代理集团——中国对外贸易运输总公司（简称中外运）业务涉及空、海、汽和国际联运等领域，由于采用了基于Web GIS物流配送管理系统，因此，实现了利用GPS进行物流配送全程实时跟踪，客户通过因特网登录中外运网站，输入运单号就可以查出货物的位置、运输轨迹、当前位置和状态，方便客户随时监控自己的货物。我国四大海外投资集团之一的招商局集团所属的招商迪辰公司长期致力于推动物流与GIS技术发展和应用研究，开发的基于GIS/GPS的运输管理系统具有车辆实时精确定位、历史行程回放、物流资源查询和车辆信息管理等强大功能，已用于厦门邦辉等多家高科技物流企业，并为香港地区最大的一家物流公司装配了"路路通"系统。还有以"零库存"闻名的海尔集团，采用GIS技术实现JIT过站式物流配送模式，提出"在途"就是"库存"的理念，实施了"以时间消灭空间"的业务流程再造。目前海尔物流已逐渐从企业物流向现代物流企业转变，不定期地承接美日等多家外资企业的物流总代理，同时开展了对外物流咨询、信息系统设计和物流知识培训等业务。另外，部分GPS提供商、凡丰物流、广东快步易捷公司等推出了一些GIS/GPS/GSM集成的物流软件。但是由于我国基于GIS的物流研究尚处于摸索阶段，因而还缺乏一个公认的优化解决方案。

3）空间数据。系统分析与处理的对象，构成系统的应用基础。

4）应用人员。GIS服务的对象。其应用人员包括系统开发人员和GIS技术的最终用户。

5）应用模型。解决某一专门应用的应用模型，是GIS技术产生社会经济效益的关键所在。

GIS各组成部分之间的关系如图4-6所示。

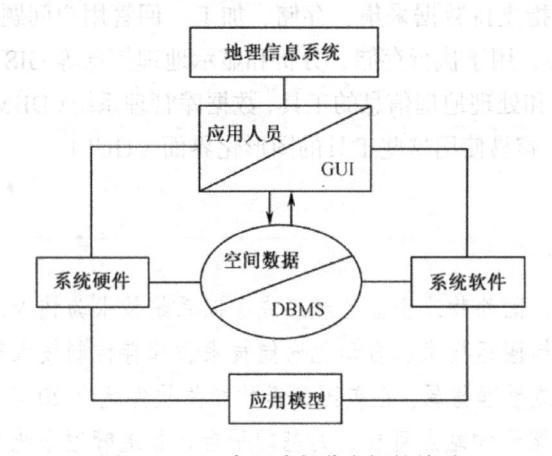

图4-6 GIS各组成部分之间的关系

2. GIS的功能

GIS的基本功能，是将表格型数据（无论它来自数据库、电子表格文件或直接在程序中输入）转换为地理图形显示，然后对显示结果浏览、操作和分析。其显示范围可以从洲际地图到非常详细的街区地图，显示对象包括人口、销售情况、运输线路及其他内容。具体包括以下几个方面。

1）输入。在地理数据用于 GIS 之前，数据必须转换成适当的数字格式。从图纸数据转换成计算机文件的过程叫作数字化。对于大型的项目，现代 GIS 技术可以通过扫描技术来使这个过程全部自动化。

2）处理。对于一个特定的 GIS 项目来说，有可能需要将数据转换或处理成某种形式以适应所使用的系统。GIS 技术提供了许多工具来处理空间数据和去除不必要的数据。

3）管理。对于小的 GIS 项目，把地理信息存储成简单的文件就足够了。但是，当数据量很大而且数据用户数很多时，最好使用一个数据库管理系统（DBMS）来帮助存储、组织和管理数据。一个数据库管理系统就是用来管理一个数据库的计算机软件。

4）查询和分析。GIS 提供简单的鼠标单击查询功能和复杂的分析工具，为管理者和类似的分析家提供及时的信息。当分析地理数据用于建筑模式和趋势，或者提出某种假设性设想时，GIS 技术实际上正在被使用。现代的 GIS 具有许多有力的分析工具，如接近程度分析和覆盖范围分析。

5）显示。对于许多类型的地理操作，最终结果最好是以地图或图形显示，图形对于存储和传递地理信息非常有效，地图显示可以集成在报告、三维观察、照片图像和多媒体的其他输出中。

4.2.3　GIS 技术在物流中的应用

GIS 用途十分广泛，如交通、能源、农林、水利、测绘、地矿、环境、航空、国土资源综合利用等。

阅读资料

实例　面向服务的地理信息共享

重庆市基础地理信息中心和西安市信息中心，正在基于面向服务的地理信息服务共享模式，开展超大型城市的地理信息服务共享平台建设。

基于 Service GIS，基础地理信息供应部门可以把已经建立的基础地理信息库通过 Web 服务向各部门发布，从而使各部门可以直接通过访问这些 Web 服务使用基础地理信息数据，实现与本单位的专题数据叠加集成，用于开发应用系统。

由于采用了面向服务的体系架构以及 Service GIS 技术，基于这种方式构建的地理信息共享平台被称为地理信息服务共享平台。基础地理信息供应部门可以构建基础地理信息服务共享平台，各部门还可构建专题地理信息服务共享平台。GIS 应用系统则在各地理信息服务共享平台基础上开发，这种基于 SOA 的全新地理信息系统顶层设计将会为数字城市和分布式企业信息化的建设带来强大的生命力。

新一代地理信息共享模式不仅具备降低重复建设成本、提高共享效率的特点，还具有如下特点：

1）数据共享与功能共享并举。除了共享地理信息数据以外，新的共享模式还可以把基于 Service GIS 强大功能开发的 GIS 应用功能通过 Web 服务方式发布出去，供其他单位直接调用使用。

2）带宽要求较低。相对于面向空间数据库的共享模式而言，面向服务的共享模式可以在服务器端进行大吞吐量分析计算和可视化渲染工作，而只把结果传输到客户端，大大减少了网络的数据传输量，也降低了带宽要求，拓展了应用范围，更有利于在远程网络甚至通过因特网实现地理信息共享。

3）更高的系统安全性。由于该平台采用了多层架构，避免把数据库接口直接开放给其他单位，提高了系统安全性。

1. GIS 在仓库规划中的应用

仓库 GIS 作为仓库 MIS 中的一个子系统，用地理坐标、图标的方式更直观地反映仓库的基本情况，如仓库建筑情况、仓库附近公路和铁路情况、仓库物资储备情况等。它是仓库 MIS 的一个重要分支和补充。

作为仓库规划的 GIS 应用系统，它主要用于两个方面：一是协助仓库建设的规划审批；二是必须能为规划者和上级有关部门提供辅助决策功能。从仓库整个的宏观规划来说，它还可以解决仓库的宏观布局问题。

2. GIS 在铁路运输中的应用

铁路运输地理信息系统具有环境分析及动态预测、区域规划、客户服务等功能。

3. GIS 在物流分析方面的应用

完整的 GIS 物流分析软件集成了车辆路线模型、最短路径模型、网络物流模型、分配集合模型和设施定位模型等。

> **相关链接　GIS 技术在物流信息系统中的应用**
>
> 据相关统计显示，在传统物流过程中，我国较其他发达国家物流成本损失更大、效率更低，主要归根于物流环节长、物流应用技术有限，涉及仓储、运输、搬运工作的自动化、智能化等技术装备的普及率还处于较低水平，GIS、GPS、GPRS 等技术的应用较为有限。
>
> 在应用 GIS 技术后物流信息系统主要能实现以下功能：
>
> 一是利用已有的物流基础、交通资源以及客户分布状况，结合 GIS 技术进行空间分析，以线性规划模型为基础，组建更为合理的物流网络系统。根据分析结果，选择合理规划最佳的物流中心、配送中心，构建空间选址子系统。
>
> 二是可以实现利用 GIS 技术完成网络分析和路径分析等功能，选择最优配送路径、建立物流运输、配送子系统，为最佳路径的设定提供强有力的理论及数据支持，科学、快速、有效。
>
> 三是利用物流设施、设备过程的可视化显示，结合 GIS 技术创建物流数据库，辅助

物流系统决策，同时运用现代通信手段、全球卫星定位系统（GPS）、遥感系统（Rs）建立物流系统的动态预测模型，完善应急处理工作的设置。

利用 GIS 技术处理空间和属性数据的优势将其应用于物流信息系统，从根本上改变了传统物流的管理方式和分析模式，有效地提高了企业管理效率，实现流通过程的可视化和物流信息的共享，降低了物流成本，提高了流通的效率，促进现代物流行业的发展，具有广阔的应用前景。

从目前市场情况看，许多物流公司已对引进先进可靠的物流信息系统产生了兴趣，故此具有大量的市场需求。然而在这个激烈的物流行业竞争中，率先实现更高度的信息化是掌握行业制高点主动权的第一要素。

自测题

一、不定项选择题

1. GPS 是指（   ）。
   A. 全球定位系统　　　　　　B. 无线通信系统
   C. 地理信息系统　　　　　　D. 全球移动电信系统

2. GPS 系统中卫星的广播星历是由（   ）来计算的。
   A. 卫星上的处理器　　　　　B. 主控站
   C. 监测站　　　　　　　　　D. 注入站

3. 下面属于 GPS 监测站功能的有（   ）。
   A. 计算卫星星历　　　　　　B. 接收卫星信号
   C. 监测卫星工作状态　　　　D. 提供观测数据

4. GIS 是指（   ）。
   A. 全球定位系统　　　　　　B. 无线通信系统
   C. 地理信息系统　　　　　　D. 地理信息建模系统

5. GPS 用户部分的功能包括（   ）。
   A. 捕获 GPS 信号　　　　　　B. 解译导航电文，测量信号传播时间
   C. 计算监测站坐标、速度　　D. 计算卫星钟改正参数

6. GPS 系统中，（   ）是指卫星的运行轨迹。
   A. 卫星钟　　B. 星历　　C. 监控站　　D. 主控站

7. GPS 绝对定位的中误差与精度因子（   ）。
   A. 成正比　　B. 成反比　　C. 无关　　D. 等价

8. 与传统测量方法相比，GPS 的特点有（   ）。
   A. 定位精度高　　B. 观测时间长　　C. 抗干扰性能好
   D. 功能多，应用广　　　　　E. 可全天候观测

9. 地理信息系统的应用系统构成中包括（　　）。
   A. 硬件　　　　B. 软件　　　　C. 数据
   D. 人员　　　　E. 方法
10. 一个 GIS 软件系统应具备以下基本功能，即（　　）。
    A. 数据输入　　　B. 数据编辑　　　C. 数据存储与管理
    D. 空间查询与空间分析　　　E. 可视化表达与输出

二、简答题

1. 什么是 GPS？GPS 有什么特点？
2. GPS 有哪些组成部分？各部分的主要功能是什么？
3. 什么是 GIS？GIS 的基本功能是什么？
4. GIS 主要由哪些部分构成？

三、论述题

1. 结合实际，论述 GIS 在物流中的应用。
2. 查阅资料，论述"千里眼"车辆定位监控系统中用到了哪些技术？

案例分析

广州西元科技发展有限公司发明并研制的车载智能监控系统，是基于 GPRS/GPS 传输监控技术，针对车辆移动监控而开发的一套系统。整个系统由车载终端、监控中心和公共通信网络组成。系统基于产品的三大基础优势：一是图像+GPS；二是 32 位数据处理；三是专利保护。该系统的优势在于，通过对车辆运营实况的了解，对客运车、为套取油费过路费绕道行驶等现象进行监控，给物流企业对车辆管理增添了一个可视化管理手段。系统采用 32 位处理器，在车辆路程统计、速度监测、运营报表生成、轨迹下载、智能调度、功能扩展等方面做得更多更好。该系统已在广州展业国际货运公司、广州安易发物流有限公司等物流企业成功使用。

系统包含三部分：车载部分、通信部分和监控中心。

1. 系统的功能

（1）实时监控管理

1）实时跟踪：监控中心可以按照自己对车辆的监控需要，设定监控的间隔（时间最快 1 秒钟监控车辆一次）跟踪任何车辆，被监控的车辆将按照中心设置的时间间隔自动回复车辆的位置、行驶速度、运行方向、时间等信息到监控中心，监控中心的地图上将详细地记载车辆行驶路线及车辆状态，监控中心 24 小时完全实时监控车辆的使用情况。

2）实时定位：监控中心可以实时查询车辆的具体位置，了解车辆的实时情况，系统列出车辆实时速度、地理位置、卫星经纬度、车辆引擎状态等车辆信息，并结合电子地图显示。货主可用自用手机或网上查车随时查询送货车辆的位置，可以了解货物的运行状态信息及货物运达目的地的整个过程，增强物流企业和货主之间的相互信任。

3）轨迹回放：回放车辆行驶过的路线，提供给管理者分析司机的工作路线是否合理，分析司机是否曾经在工作位置上，了解司机工作的情况，做到事后监督，提高工作效率。

（2）调度

1）空车/满载实时调度——监控中心在电脑上直接可以监控所有车辆的实时状态、具体位置：车辆是"空载"还是"满载"、是"停车"还是"带速行驶"、是"停车发动机空转"还是"在某一目的地"、是在"生产运营中"还是"停车待命"，调度中心一目了然，尽收眼底，调度中心随时可采取有效措施，利用系统的短消息发布平台对车辆进行合理调度。

2）导航服务功能——本系统带有导航服务功能，当驾驶员在异地迷失方向时，监控中心可使用中心 GIS 的导航功能来指导驾驶员按照最近、最快的路线行驶；也可以使用 GIS 强大的空间信息与属性信息，以直观的方式显示地理环境信息。

（3）基本资料管理

1）车载设备资料——记录设备的基本资料：设备 ID 号、设备型号、SIM 号、注册日期、服务到期时间、安装工程师及联系电话。

2）车辆资料——记录车辆用户的基本资料：车主姓名、车辆类别、品牌型号、车牌号码、通信地址、联系电话、查询密码、车辆所属管理组。

3）司机个人信息——司机姓名及联系电话、身份证号码。

4）使用单位资料——记录车辆单位的基本资料：单位名称、移动电话、联系人、电子邮箱、单位电话、注册时间、单位联系地址、用户名、登录密码。

（4）违章管理

1）超速报警——由管理人员设定速度值，车辆超速后自动被系统记录，并可通过"超速警示器"语音提醒司机，以确保对司乘人员的行车安全。

2）违章开门——通过对接汽车启门开启传感器，当违章开车门时自动被系统记录，并发出警报。

3）越线报警——由管理人员在电子地图上设定驾驶路线，当车辆超出或进入该路线时自动被系统记录。通过设定路线，可以纠正司机走弯路、节约成本、杜绝干私活、提高货物的安全。

4）越区报警——由管理人员在电子地图上设定驾驶区域范围，当车辆超出或进入该区域时自动被系统记录。通过设定区域，可以纠正司机走弯路、节约成本、杜绝干私活、提高货物的安全。

（5）安全与防盗

1）紧急报警——在遇到突发情况如发生劫持或其他交通意外等需要紧急救援时，可按下紧急报警按钮，向监控中心发出紧急信号，以获得外围帮助。

2）盗车报警——可配接当前各种型号的汽车防盗器，实现各种探头（门磁、红外、震动、声控等）触发的盗车报警。

3）断电报警——若拆除汽车主电瓶，切断主电源线时立即报警（在接有后备电池下有效）。

2. 应用效益

1）保障司机与货物的安全。通过有效的实时跟踪与实时查询，一系列的报警设置，清晰的图片抓拍，一路上给司机与货物保驾护航。

2）车辆统一管理——任何一辆车的行驶数据都自动向中心汇报、调度中心随时随地掌握每一辆车的状态，是停车还是行驶、是空车还是满载等基本信息，监控中心就能做到对任何车辆或车队进行统一调度管理。

3）费用减少，包括人员减少节约开支，通信费用减少，减少车辆损耗支出，防止被盗被抢损失。

4）提高市场竞争力，主要表现在效率提高，客户信任度提高，公司实力增强。

讨论分析题

1. 车载智能监控系统中主要用到了哪些技术？
2. 该系统的构成如何？能实现哪些功能？

提示

车辆监控系统融合了 GSM、GPRS、GPS 和 GIS 等多种技术，可提供跟踪定位、道路等相关信息查询、报警等多种功能，是一个现代化的网络监控系统。将该系统应用于物流活动中特别是运输活动中，将大大提高运输的效率，减少空载，降低运输成本，同时对提高物流管理水平也起着重要作用。

实训题　物流信息跟踪技术在企业中的应用

1. 实训目的

通过实训使学生了解 GPS 和 GIS 技术在企业中的应用情况，并能够分析在应用过程中存在的问题或需要改进的地方，能够针对不同类型企业及同类企业的不同情况，对其物流信息化建设提供相应的技术上的解决方案。

2. 实训内容

（1）调查生产企业 GPS 和 GIS 系统在物流中的应用情况，分析生产企业应用这些技术的特点主要有哪些？目前有哪些方面有待改善？

（2）调查商业企业物流信息跟踪技术的应用情况，分析其如何与企业内部的其他信息技术及系统对接？

（3）调查物流企业 GPS 技术和 GIS 技术的使用情况，并分析若使用 GPS 技术和 GIS 技术，企业内部应具备什么条件？企业外部的相关部门应具备什么样的条件？

3. 实训组织

（1）将全班同学分成若干小组开展，每个小组在调研过程中可有所侧重。

（2）在调研前，每组应先制订具体的调研计划及分工方案。

（3）调研结束后，每组应根据调研情况，整理并写出相应的书面报告。

（4）相互交流（最好通过课堂组织），总结此次实训的收获及不足。

第 5 章

物流信息系统开发

> **学习目标**
> - 重点掌握物流信息系统的开发流程及各阶段的主要工作。
> - 掌握物流信息系统常用的开发方法和开发方式。
> - 了解物流信息系统开发的原则及开发前的准备工作。

引导案例

鞍钢股份有限公司物流综合管理信息系统

鞍钢股份物流综合信息系统由储运系统、生产调度系统、港口物流信息系统、铁运 ERP 系统、公路运输系统等信息系统组成。整个项目在实施过程中采用先局部后整体的设计方法,即先进行严格的可行性分析和需求分析,再进行系统设计、系统实现和系统实施。

将物流资源数字化,统一构建物流信息平台,便于迅速整合物流资源统一掌控,进而合理调配和利用这些资源;物流平台设置管理与作业流程的统一标准,有助于固化标准化流程,形成规范和统一的物流体系,进而统一物流运营的管控模式;支持迅速、准确地完成商务结算,以合同和订单为主线,全流程跟踪物流成本。引入配载优化和线路优化等概念控制物流成本。以鞍钢体系内业务为基点,建立物流平台与鞍钢内相关信息系统的无缝集成,实现业务的协同、信息的共享,从而提高物流运营的效率。在此基础上,加强针对社会化业务的协同支持。通过系统将物流数据集中起来,以此为基础对数据进行统计分析,为管理层决策提供数据支持。

通过物流综合信息系统的使用,公司产值、利润等重要经济指标明显上升,2014 年物流管理中心共降低物流费用 7 亿元,提高了物流运作效率和物流绩效,提高了物流协同管理能力及物流管理纠错能力,促进了公司的可持续发展。

> **? 思考题**
> 企业应如何建设适合自身需求的物流信息系统？
>
> **提示**
> 物流信息系统的开发是一项复杂的系统工程，在实际中，应充分考虑企业所处行业及自身的特点，从开发方式、开发方法的选择，到软件的选型，系统的实施、培训、维护等一系列过程中，哪个环节处理不好，都会给企业物流信息系统的建设带来不便，甚至直接导致系统失败。本章将主要围绕这些问题展开深入分析。

5.1 物流信息系统开发概述

物流信息系统的开发，是一个较为复杂的系统工程，涉及计算机处理技术、系统理论、组织结构、管理功能、管理认识、认识规律及工程化方法等方面的问题。在物流信息系统开发中，首先应了解系统开发前的准备工作及主要的开发方式。

> **资料卡片**
>
> ### 物流信息系统的开发原则
>
> 1）领导参加的原则：信息系统开发成功的首要条件。
> 2）实用和实效的原则：要求从制订系统开发方案到最终信息系统都必须是实用的、及时的和有效的。
> 3）充分利用信息资源的原则：要求数据尽可能共享，减少系统的输入/输出，强调对信息的深层次加工和利用。
> 4）规范化原则：要求按照标准化、工程化的方法和技术来开发系统。
> 5）适应性原则：要能根据管理模式的变化而变化，具有一定的柔性。

5.1.1 物流信息系统开发的准备工作

搞好系统开发前的准备工作是物流信息系统开发的前提条件。系统开发前的准备工作一般包括基础准备和人员组织准备两部分。

1. 基础准备工作

科学管理是开发物流信息系统的基础，只有在合理的管理体制、完善的规章制度和科学的管理方法之下，系统才能充分发挥其作用。

基础准备工作一般包括：

1）管理工作要严格科学化，具体方法要程序化、规范化。

2）做好基础数据管理工作，严格计量程序、计量手段、检测手段和基础数据统计分析渠道。

3）数据、文件、报表的统一化。

> **思考题**
> 如何理解"人对计算机说假话（数据不真实、不准确），计算机对人说废话"的道理？

2. 人员组织准备

物流信息系统的开发需要相应的开发队伍，从而需要对开发人员进行选择。由具有丰富的物流信息系统项目实施和企业流程管理经验的咨询人员和企业内部的管理人员、业务人员及技术人员一起组成项目实施小组，共同进行项目实施工作，可以提高物流信息系统实施的成功率，缩短实施周期，减少实施风险。表 5-1 列出了各阶段需要的工作人员。

表 5-1　物流信息系统开发各阶段需要的工作人员

开发阶段	主要人员
系统规划	CIO、项目经理、系统分析员
系统分析	系统分析员、终端用户
系统设计	系统设计员、数据库管理员
系统实施	程序设计员、数据库管理员、终端用户
系统维护	系统维护人员、数据库管理员

5.1.2　物流信息系统的开发策略

根据系统的特点和开发工作的难易程度或者风险的大小，一般采取下列开发策略。

1. 接收式

用户对信息的需求是正确的、完全的和固定的，现有的处理过程和方法是科学的。根据用户要求和现有状况，从直接编程过渡到新系统。主要适合系统规模不大，信息和处理过程结构化程度高，用户和开发者有较丰富的经验。

2. 直接式

系统开发人员在调查后即可确定用户需求的处理过程，而且以后变化不大。系统的开发工作可以按照某一种开发方法的流程，按部就班地工作，直至完成任务。对开发者和用户要求高，在系统开发前对实际问题的状况完全清楚。

3. 迭代式

问题具有一定的复杂性和难度，一时不能完全确定，需进行反复设计、分析、修改，随时反馈信息，发现问题，及时修正开发过程。对开发者和用户要求低，但耗时长，费用高。

4. 实验式

需求确定性不高，一时无法制订具体的开发计划，只能反复试验。需要有一定的软件支持环境，在大型系统开发上具有明显的局限性。

5.1.3 物流信息系统开发方式的选择

物流信息系统的开发方式是指企业获得应用软件的途径。通常物流信息系统的开发方式有自主开发、委托开发、联合开发和购买开发四种。

1. 自主开发

自主开发是一种完全依靠企业自身的开发力量、根据自身的需要来开发物流信息系统的方式，因此开发出的系统能满足企业的要求。又由于企业掌握了整个系统开发的信息，如逻辑模型的结构、源程序等，因此能满足企业提出的新需求，即系统易于维护。通常这种开发方式需要的投资较少，但是开发的时间可能较长。

采用自主开发，需要企业自身具有一支完整的开发队伍。在实际中，企业往往缺乏这样的开发队伍，尤其是缺乏具有管理知识、信息技术知识或系统开发知识和经验的系统分析员，而物流信息系统涉及的信息技术更广，因此会影响物流信息系统的开发。采取这种方式的好处是可以造就企业的开发队伍。

2. 委托开发

委托开发是企业委托具有雄厚技术实力和丰富软件开发经验的计算机软件公司、科研机构、高等院校等外部合作单位完成系统的开发，即外部技术单位根据所签订的合同，完成系统应用软件的开发。这种开发方式一般费用很高，但开发时间可能较短。

委托开发方式是近年来备受推崇的一种开发方式，但大多数委托开发的系统都不是很理想，主要原因是被委托单位人员一般不熟悉物流业务知识，开发的系统实用性差。在实现用户需求上往往限于模拟手工处理过程，软件的时间适应性差，这也与业务人员对信息系统的要求和理解有关，一些业务人员由于不了解信息技术，在一些细节上（如报表格式）提出过分要求，如不"迁就"就会产生矛盾。同时，物流企业对信息技术认识不充分，难以提出较好的要求，或难以对开发单位的需求说明和设计资料进行准确的评价，往往到后期才发现设计中的问题，或者才有较为准确的需求，使开发单位无所适从，不利于培养自己的维护人员。

> **提示**
>
> 选择开发单位时应注意以下几点：
> 1）开发单位应具有计算机专门知识，熟悉开发工具。
> 2）具有相关项目开发成功的实际开发经验。
> 3）熟悉用户的业务情况和开发过类似的信息系统项目。
> 4）与用户单位具有较近的地理位置，便于及时对系统进行维护。

3. 联合开发

联合开发是指企业与选定的外部合作单位共同组成项目开发组，根据企业的需求，一起完成系统的开发。在这个项目开发组中，企业与选定的外部合作单位各自派出一定数量的人员，但是外部合作单位是项目的责任单位，负责和承担系统的开发，负责解决技术难点，对开发过程进行科学的安排和控制，而物流企业则是参与者。

联合开发方式开发的信息系统实用性较强，而且由于有本单位人员的参与，系统使用和维护也比较方便。但是，如果联合开发的合作对象选择不好，也会带来很多麻烦，所以企业要慎重选择外部合作单位。

4. 购买开发

购买开发是信息系统的提供商已经开发了满足物流企业运作与管理需求的信息系统，除了必要或者核心功能外，信息系统提供商以菜单方式供物流企业选择。商品软件一般具有一定数量的用户，质量有所保证，并经过实际应用的考验，因此都比较成熟与稳定。采取购买开发方式，可以在较短的时间内，以较低的成本，获得商品化软件。但商品软件系统的适应性较差，从通用化与用户方面考虑，其功能无论是在广度上还是在深度上要完全满足企业的需求，难度较大，功能的选择可能有一定的局限性，还需要进行二次开发。

> **资料卡片**
>
> 目前，外资企业在物流系统选型时会碰到的情况，大致分为以下几种：
>
> 1）在跨国公司总部出资的情况下，一般由总部推荐并最终决定系统的类型。基本上尽量采用原来在本国使用过的系统，以保证集团系统的无缝链接。比如，日资企业往往倾向于采用日本物流供应商的系统，台资则愿意选择在中国台湾有业绩的软件产品。
>
> 2）由本地出资决策时，企业非常看中系统供应商的品牌和专业经验，首先招标入围国际著名的物流系统供应商。
>
> 3）从核心业务考虑，外资企业往往不会自行开发系统，但对相关的系统接口和技术支持服务要求很高。
>
> 4）因为有原材料的国际采购和产成品出口的业务，外资企业对系统的功能要求除了通常的运输仓储以外，强调包括进出口通关在内的供应链物流，追求物流、商流、资金流和信息流的四流合一。
>
> 目前国内物流企业和外资企业的差距，主要表现在系统应用技术、自动化和管理经验方面。

5. 各种开发方式的比较

上述四种开发方式各有特点，如表 5-2 所示。

表 5-2 物流信息系统开发方式的比较

比较因素	自主开发	委托开发	联合开发	购买开发
分析设计能力的要求	较高	一般	逐渐培养	较低
编程能力的要求	较高	不需要	需要	较低
系统维护难易程度	较强	较差	强	差
获取时间	周期长	周期较短	周期较长	周期短
开发费用	开发费用少	成本高	成本较少	一次性付费，成本较少
风险	高	较高	较低	低

从表 5-2 可以看出，不同的开发方式有不同的长处和短处。不同的企业应根据自身的条件和信息系统建设的目的和规模，通过分析企业的技术力量、资源条件和企业的外部环境等因素，慎重确定对本企业最为有利的开发方式。选择合适的开发方式是物流企业开发信息系统的重要决策。

思考题

企业选择物流信息系统开发方式还应考虑哪些因素？

提示

（1）企业自身对信息系统采取的战略

例如，若以企业自身为主，则应该更多地考虑联合开发和自行开发；若全部依赖外部资源，则更多地考虑外包或购买现成软件。

（2）需要解决问题的特点

若本次开发的系统中包括的运作与管理较为规范，则可以考虑购买现成软件；若个性化较强，则考虑采用其他开发方式。

（3）相应的专业人才

不同的开发方式需要不同的专业人员，因此在决定采用合适的开发方式时，企业要考虑能否用适当的成本获得需要的专业人才。

实例 清华同方股份有限公司开发方式的选择

清华同方股份有限公司（以下简称清华同方公司）面临的最大问题是如何在科技孵化创新的基础上，把自主技术优势在产品的规模化生产和行业应用的市场占有率中充分体现出来，创造新的市场价值，实现相当的规模从而实现清华同方公司的理想——打造一个世界一流的企业，一个百年延续的世界品牌。

为了这一目标，清华同方公司启动了"加大自主技术开发，加大产品产业化"的"双加工程"，突出强调信息产业领域关键核心技术的突破与攻关，突出强调在行业的市场占用率和自主品牌的高科技产品，从而全面推进"e战略"。

清华同方公司应用系统本部作为同方公司"双加工程"第一个大型组织，整合了原同方公司十多个业务单位，着力解决过去小而全模式导致的资源重复建设和难以综合利用的问题。通过整合使企业的生产和管理成本降低，将清华同方公司自身业务做精做细。因此，应用系统本部在成立之初，就从进行物流统一开始。但是，这种"统一"也对其物流管理提出了重大的挑战！

首先，原清华同方公司十多个业务单位都有着自己独立的库房和配送体系，这种小而全的体系结构从根本上就难以做到对系统本部整个业务单位库存和发货情况的统一管理。

其次，整合资源在给予系统本部物流中心更大职权的同时，也赋予了更为繁重的责任。经过整合，系统本部形成了以路由器和有线／无线接入设备为核心的网络产品，光／磁存储器为核心的终端设备产品，数字图书馆、校园管理软件及语音复读机为核心的教育电子产品（ELP）、集中控制品、智能安防、IC卡产品及智能测具为核心的数字家园产品（EHP）等多达数万种的软硬件信息产品。系统本部物流中心的物流管理工作呈现处理内容急剧增加、数据量急剧增大的特点。

而系统本部物流中心原有的物流管理平台，由于原来合作的软件公司缺乏项目管理和实施经验，导致该开发项目中途流产，由此形成的物流管理信息平台在诞生之初就存在着先天的缺陷。因此，物流中心作为同方公司经营信息化的重量级单位，首当其冲。新组建的物流中心将成为清华同方公司系统应用本部下属十几个业务单位的公用物流管理平台，成为一个集商务、仓储、配送及财务于一体的重要部门。

由于有了首次开发的失败经历，清华同方公司应用系统本部物流中心在选择合作伙伴的问题上慎之又慎，同时也对自己的信息化需求有了较为明确的认识。清华同方公司系统本部物流中心物流系统信息化建设有着非常明确的目标，那就是通过应用现代物流管理信息系统，确实提高企业的物流管理效率，并在此基础上逐步发展成面向社会的第三方专业物流服务企业。

经过与多家软件企业的洽谈，反复衡量实力，比较成功案例，清华同方公司最后决定签约北京金蝶公司，采用其K/3物流管理系统为主体，做二次开发，使采、销、存、运输、网络、条形码集成一体，使之成为完整的物流管理系统。

5.2 物流信息系统的开发方法

开发物流信息系统的具体方法很多，通常将它们分为结构化系统开发方法、原型法、面向对象开发方法三大类。

5.2.1 结构化系统开发方法

结构化系统开发方法的英文为 SSA&D（Structured System Analysis and Design）或 SA&DT（Structured Analysis and Design Technologies）。结构化系统开发方法是比较经典的

一类系统开发方法,在 20 世纪 70~80 年代,该类方法非常盛行,在信息系统的开发上取得了较好的效果。它是自顶向下的结构化方法、工程化的系统开发方法和生命周期方法的结合,是迄今为止开发方法中应用最普遍、最成熟的一种。

目前,该类方法仍不失为一种有效的方法,不过在开发工具上已有了很大的革新与进步,在整体的系统开发上讲究与其他方法的结合,多种方法共同使用来开发信息系统。

1. 结构化系统开发方法的基本思想

结构化系统开发方法是用系统工程的思想和工程化的方法,按"用户至上"的原则,结构化、模块化、自顶向下地对系统进行分析与设计。

具体地说,就是先将整个信息系统开发过程分成若干个相对独立的阶段,如系统规划、系统分析、系统设计、系统实施阶段。在前三个阶段坚持自顶向下地对系统进行结构化划分,应从宏观整体入手,先考虑系统整体的优化,然后再考虑局部的优化问题。在系统实施阶段,则应坚持自底向上地逐步实施策略,也就是说,组织力量从底层模块做起(编程),然后按照系统设计的结构,将模块一个个拼接到一起进行调试,自底向上,逐渐地构成整体系统。

2. 结构化系统开发方法的特点

(1)自顶向下整体性的分析与设计和自底向上逐步实施的整合系统开发过程

这种开发过程,即在系统分析与设计时要从整体考虑,要自顶向下地工作(从全局到局部、从领导者到普通管理者);而在系统实现时,则要根据设计的要求,先编制一个个具体的功能模块,然后自底向上逐步实现整个系统。

(2)用户至上

用户对系统开发的成败是至关重要的,故在系统开发过程中要面向用户,充分了解用户的需求和愿望。

(3)深入调查研究

深入调查研究,即强调在设计系统之前,深入实际单位详细地调查研究,努力弄清楚实际业务处理过程的每个细节,然后分析研究,制订科学合理的信息系统设计方案。

(4)严格区分工作阶段

把整个系统开发过程分为若干个工作阶段,每个阶段都有其明确的任务和目标,以便于计划和控制进度,有条不紊地协调展开工作。而在实际开发过程中则要求按照划分的工作阶段一步步地展开工作,如遇到较小、较简单的问题,可跳过某些步骤,但不可打乱或颠倒。

(5)充分预计可能发生的变化

因系统开发是一项耗费人力、财力、物力且周期很长的工作,一旦周围的环境(组织的外部环境、信息处理模式、用户需求等)发生变化,则会直接影响系统的开发工作。所以,结构化开发方法强调在进行系统调查和分析时,对将来可能发生的变化给予充分重视,强调所涉及的系统对环境的变化具有一定的适应能力。

（6）工作文件标准化和文献化

系统开发过程中的工作内容（研究记录、分析报告等）都必须形成固定格式的文本，各种图表工具都要求标准化，如采用输入—处理—输出（Input Process Output，IPO）图与数据字典等。标准化文献供用户参考使用，也供开发工作者查阅，以利于开发的连续性和再扩充。

> **提示**
>
> 数据字典（Data Dictionary）是一种用户可以访问的记录数据库和应用程序元数据的目录。主动数据字典是指在对数据库或应用程序结构进行修改时，其内容可以由 DBMS 自动更新的数据字典。被动数据字典是指修改时必须手工更新其内容的数据字典。

3．结构化系统开发的生命周期

在结构化系统开发中，开发过程分为五个阶段，即系统规划阶段、系统分析阶段、系统设计阶段、系统实施阶段和系统运行和维护阶段。每个阶段都有明确的任务，并需要产生一定规格的文档资料以交付给下一阶段，而下一阶段则在上一阶段所形成的文档的基础上继续进行开发过程，如图 5-1 所示。

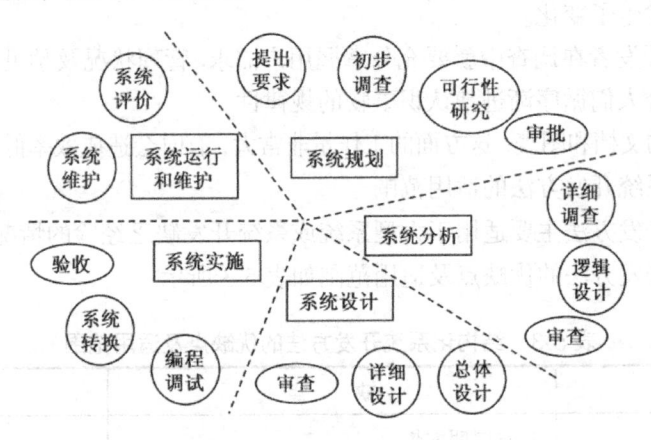

图 5-1　系统开发生命周期

1）系统规划阶段。根据用户的系统开发请求，进行初步调查，明确问题，确定系统目标和总体结构，确定分阶段实施进度，然后进行可行性研究。

2）系统分析阶段。分析业务流程，分析数据与数据流程，分析功能与数据之间的关系，最后提出分析处理方式和新系统逻辑方案。

3）系统设计阶段。总体结构设计，代码设计，数据存储文件设计，输入输出设计，模块结构与功能设计。与此同时，根据总体设计的要求购置与安装一些设备，进行试验，最终给出设计方案。

4）系统实施阶段。同时进行编程（由程序员执行）和人员培训（由系统分析设计人员培训业务人员和操作员），以及数据准备（由业务人员完成），然后投入试运行。

5）系统运行和维护阶段。同时进行系统的日常运行管理、评价、监理审计三部分工作。然后分析运行结果，如果运行结果良好，则送管理部门，指导生产经营活动；如果存在问题，则要对系统进行修改、维护或者局部调整；如果出现了不可调和的大问题（这种情况一般是系统运行若干年之后，系统运行的环境已发生了根本的变化时才可能出现），则用户将会进一步提出开发新系统的要求，这标志着旧系统生命的结束和新系统的诞生。

4. 结构化系统开发方法的优缺点及适用范围

（1）优点
- 整体思路清楚，能够从全局出发，步步为营，减少返工，有利于提高开发质量。
- 设计工作中阶段性非常强，每一阶段均有工作成果出现。
- 每一阶段的工作成果是下一阶段工作的依据，工作进度比较容易把握，有利于系统开发的总体管理和控制。

另外，由于该方法强调从整体来分析和设计整个系统，因此在系统分析时，可以诊断出原系统中存在的问题和结构上的缺陷，这一点是其他方法难以做到的。

（2）缺点
- 系统的开发周期太长，有时系统开发尚未完成而内外环境已经发生了变化，对系统的需求也发生了变化。
- 要求系统开发者在调查中就要充分掌握用户需求、管理状况及预见可能发生的变化，这不大符合人们循序渐进地认识事物的规律性。
- 需要大量的文档和图表，这方面的工作量非常大，有时会造成效率低、成本高的问题。

（3）结构化系统开发方法的适用范围

结构化系统开发方法主要适用于大型系统或系统开发缺乏经验的情况。

结构化系统开发方法的优缺点及适用范围如表5-3所示。

表5-3 结构化系统开发方法的优缺点及适用范围

优　　点	缺　　点	适用范围
整体思路清楚	开发周期太长	大型系统或系统开发缺乏经验的情况
阶段性非常强，每阶段均有工作成果出现	不大符合认知规律	
系统分析中易诊断出原系统存在的问题	需要大量的文档和图表，工作量较大	

5.2.2 原型法

1. 原型法的基本思想

原型法（Prototyping Approach）的基本思想是1977年开始提出来的，它试图改进结构化系统开发方法的缺点，由用户与系统分析设计人员合作，在短期内定义用户的基本需求，开发出一个功能不十分完善的、实验性的、简易的应用软件基本框架（称为原型）。先运行这个原型，再不断评价和改进原型，使之逐步完善。其开发是一个分析、设计、编程、运行、评价多次重复、不断演进的过程。

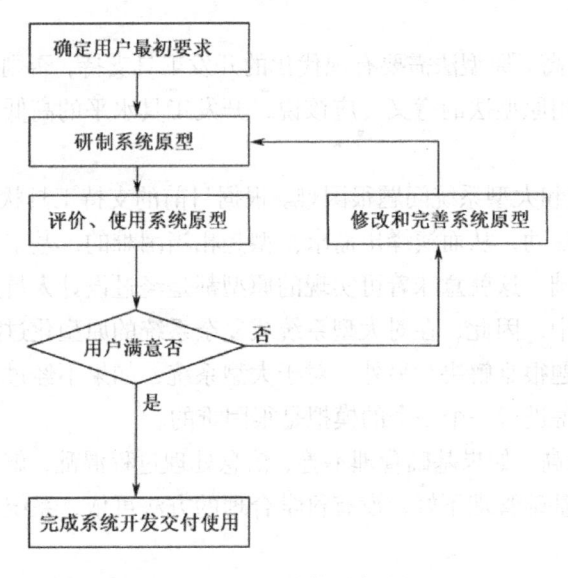

2．原型法的开发过程

原型法的开发过程分为四个阶段。

（1）确定用户的基本需求

首先要在很短的时间内调查并确定用户的基本需求，需求可能是不完全的、粗糙的，但也是最基本的，如系统功能、数据规范式、屏幕及菜单等。

（2）开发初始原型系统

开发者根据用户的基本需求开发一个应用系统的初始原型，并交付原型的基本功能及有关屏幕画面。

（3）对原型进行评价

首先让用户试用原型，根据实际运行情况，明确原型存在的问题。

（4）修正和改进原型系统

开发者根据用户试用及提出的问题，与用户共同研究确定修改原型的方案，经过修改和完善得到新的原型。然后再试用、评价，再修改完善，多次反复直到满意为止。原型法的开发过程是一个循环的、不断修改完善的过程，其如图5-2所示。

图 5-2　原型法的开发过程

3．原型法的优缺点及适用范围

（1）优点

1）认识论上的突破。开发过程是一个循环往复的反馈过程，符合用户对计算机应用的认识逐步发展、螺旋式上升的规律。开始时，用户和设计者对系统功能要求的认识是不完整的、粗糙的。通过建立原型、演示原型、修改原型的循环过程，设计者以原型为媒介，及时取得来自用户的反馈信息，不断发现问题，反复修改、完善系统，确保用户的要求得到较好的满足。

2）改进了用户和系统设计者的信息交流方式。由于有用户的直接参与，就能直接而又及时地发现问题，并进行修正，因而可以减少产品的设计性错误。大多数情况下，设计中的错误是对用户需求的一种不完善或不准确的翻译造成的，实质上也是一种信息交流上的问题。当用户和开发人员采用原型法后，改善了信息的沟通状况，设计错误必然大大减少。

3）用户满意程度提高。由于原型法向用户展示了一个活灵活现的原型系统供用户使用和修改，从而提高了用户的满意程度。当用户并不确定初始系统的需求时，采用现实系统型做试验要比参加系统设计会议、回忆静态屏幕设计及查看文件资料更有意义。

4）开发风险降低。原型法减少了大量重复的文档编制时间，缩短了开发周期，从而减少了开发风险。另外，使用原型系统来测试开发思想及方案，只有通过原型使用户和开发人员意见一致时，才能继续开发最终系统，所以也会降低开发风险。

5）减少了用户培训时间，简化了管理。由于用户在审查评价原型时就已经得到了训练，就会大大减少培训时间。另外，原型法能够简化信息系统开发的管理工作，一份原型系统的状态报告可以成为改正原型系统的方案，省略了许多烦琐的步骤。

6）开发成本降低。由于开发时间短、培训少、用户满意度提高、风险低，所以降低了系统的开发成本。

（2）缺点

1）开发工具要求高。原型法需要有现代化的开发工具支持，否则开发工作量太大，成本过高，就失去了采用原型法的意义。应该说，开发工具水平的高低是原型法能否顺利实现的第一要素。

2）解决复杂系统和大型系统问题很困难。根据目前的支持工具状况，在分析阶段直接模拟用户业务领域的活动，从而演绎出需求模型是相当困难的，基本上都是在进入设计阶段之后才具有开发基础。这就意味着可实现的原型都是经过设计人员加工的，设计人员的误解总是影射到原型中，因此，在对大型系统或复杂系统的原型化过程中，反复次数多、周期长、成本高的问题很难解决。另外，对于大型系统，如果不经过系统分析来进行整体性划分，想直接用屏幕进行一个一个的模拟是很困难的。

3）管理水平要求高。如果基础管理不善、信息处理过程混乱，就会给构造原型带来一定困难；另外，如果基础管理不好，没有科学合理的方法可依，系统开发容易走上机械模拟手工系统的轨道。

（3）原型法的适用场合

原型法主要适用于以下情况：

- 用户事先难以说明需求的较小应用系统。
- 决策支持系统。
- 与结构化系统开发方法结合起来使用，即整体上仍使用结构化系统开发方法，而仅对其中功能独立的模块采用原型法。

原型法的优缺点及适用范围如表 5-4 所示。

表 5-4　原型法的优缺点及适用范围

优　　点	缺　　点	适用范围
认识论上的突破	开发工具要求高	用户事先难以说明需求的较小应用系统
加强了与用户的交流	解决复杂系统和大型系统问题很困难	决策支持系统
开发风险及开发成本降低	管理水平要求高	与 SSA&D 方法相结合

5.2.3　面向对象开发方法

1．面向对象开发方法的由来

面向对象开发方法是从 20 世纪 80 年代以来各种面向对象的程序设计方法，如 Smalltalk、C++等逐步发展而来的，最初用于程序设计，后来扩展到系统开发的全过程，出现了面向对象分析和面向对象设计。

面向对象开发方法是一种认识问题和解决问题的思维方法，把客观世界看成由许多不同的对象构成。在面向对象的系统中，我们把系统中所有资源（如系统、数据、模块）都看成对象，每一个对象都有自己的运动规律和内部状态。不同对象间的相互联系和相互作用构成了完整的客观世界。我们把将要建立的系统所要解决的问题称为问题域。

2．面向对象开发方法的基本思想

面向对象开发方法学认为，客观世界是由各种各样的对象组成的，每种对象都有各自的内部状态和运动规律，不同对象之间的相互作用和联系就构成了各种不同的系统。当设计和实现一个客观系统时，如能在满足需求的条件下，把系统设计成一些不可变的（相对固定）部分组成最小集合，那么这个设计就是最好的。它把握了事物的本质，不再被周围环境（物理环境和管理模式）的变化及用户需求的不断改变所左右。这些不可变的部分就是所谓的对象。

3．面向对象开发方法的几个基本概念

（1）对象

对象是现实世界中一类具有某些共同特性的事物的抽象。对象是构成系统的元素，是组成问题域的事物。小到一个数据，大到整个系统都是对象。对象是一个封闭体，是由一组数据和施加于这些数据上的一组操作构成的。具体地说，对象可由以下几部分来描述。

1）对象的名称。

2）数据，用来描述对象的属性，它表明了对象的一种状态。例如，对"学生"对象可用学号、姓名、性别、年龄、家庭住址等属性来描述。

3）操作，即对象的行为。分为两类：一类是在对象接受外界消息触发后引起自身的操作，这种操作的结果是修改了对象自身的状态；另一类是对象施加于其他对象的操作，这

是指对象将自己产生的输出作为消息向外发送。

4）接口，主要指对外接口，用来定义对象与外界的关系和通信方式。具体地说，接口是指对象受理外部消息所指定的操作的名称集合。

（2）消息

消息是为完成某些操作而向对象所发送的命令和命令说明。对象进行处理及相互之间的联系，都只能通过消息传递来实现，发送消息的对象叫发送者，接受消息的对象叫接受者，发送者可以同时向多个对象传送消息，接受者可以同时接受多个对象发来的消息。对象之间也可同时双向传送消息。消息中只含发送者的要求，它通知要进行的处理，但发送者不起控制作用。

（3）类

类定义的是对象的类型，是对一组性质相同的对象的描述，或说类是对象的模板。

模板可以想象为浇铸毛坯用的模具。模具是固定的，当钢水倒入并冷却，便出现一个具有该模具形状的毛坯。因此，在程序运行时，类被作为模板建立对象。例如，实数就是一类，它可进行算术运算和比较等处理，1.12 和 5.89 都是这个类的对象，都有进行算术运算和比较等处理能力。

4. 面向对象开发方法的开发过程

按照上述思想，面向对象开发方法的开发过程可分为四个阶段。

（1）系统调查和需求分析

对系统将要面临的具体管理问题及用户对系统开发的需求进行调查研究，即先要弄清楚干什么。

（2）分析问题的性质和求解问题

在繁杂的问题域中抽象地识别出对象及其行为、结构、属性、方法等。这一阶段一般被称为面向对象分析，简称 OOA。

（3）整理问题

整理问题，即对分析的结果做进一步抽象、归类、整理，最终以范式的形式将它们确定下来。这一阶段一般被称为面向对象设计，简称 OOD。

（4）程序实现

程序实现，即用面向对象的程序设计语言将上一步整理的范式直接映射（直接用程序语言来取代）为应用程序软件。这一阶段一般被称为面向对象的程序，简称为 OOP。

5. 面向对象开发方法的优缺点

面向对象开发方法以对象为基础，利用特定的软件工具直接完成从对象客体的描述到软件结构之间的转换，这是面向对象开发方法最主要的特点和成就。

面向对象开发方法的优点：面向对象开发方法的应用解决了传统结构化开发方法中客观世界描述工具与软件结构的不一致性问题，缩短了开发周期，解决了从分析和设计到软件模块结构之间多次转换映射的繁杂过程，是一种很有发展前途的系统开发方法。

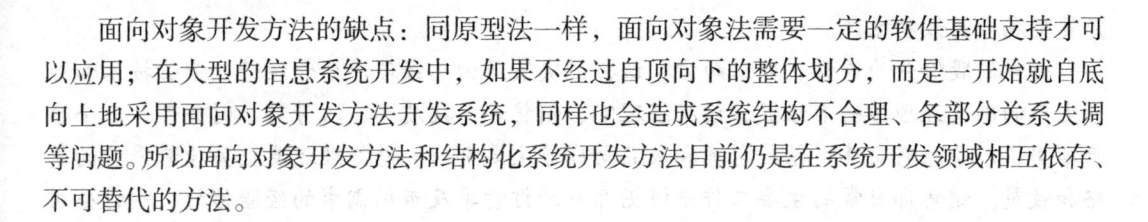

面向对象开发方法的缺点：同原型法一样，面向对象法需要一定的软件基础支持才可以应用；在大型的信息系统开发中，如果不经过自顶向下的整体划分，而是一开始就自底向上地采用面向对象开发方法开发系统，同样也会造成系统结构不合理、各部分关系失调等问题。所以面向对象开发方法和结构化系统开发方法目前仍是在系统开发领域相互依存、不可替代的方法。

5.2.4　各种开发方法的比较

1）结构化法是基于系统的生命周期理论，严格、细致地一步一步规划各个开发阶段的任务及得到相应的阶段成果，非常系统、严谨。由于后一阶段的工作需要前一阶段成果的支持，因此每个阶段均非常重要，直接影响后阶段的成果，因此开发周期常常较长，代价较大，故多被用于大型的系统开发。

2）原型法是一种基于 4GLS（第四代程序生成语言）的快速模拟方法，通过模拟及对模拟后原型的不断讨论和修改，最终建立系统。要想将这样一种方法应用于一个大型信息系统开发过程中的所有环节是根本不可能的，故它多被用于小型局部系统或处理过程比较简单的系统设计来实现这一环节。

3）面向对象开发方法是一种围绕对象来进行系统分析和系统设计，然后用面向对象的工具建立系统的方法。这种方法普遍适用于各类信息系统开发，但无法涉足系统分析以前的开发环节。

三种开发方法的比较如表 5-5 所示。

表 5-5　三种开发方法的比较

开发方法	特　点	适用范围
结构化系统开发方法	基于系统的生命周期理论，非常系统、严谨，但开发周期较长，代价较大	大型系统开发
原型法	通过模拟及对模拟后原型的不断讨论和修改，最终建立系统	小型局部系统或处理过程简单的系统
面向对象开发方法	围绕对象来进行系统分析和系统设计，然后用面向对象的工具建立系统	适用于各类信息系统开发，但无法涉足系统分析以前的开发环节

案例分析

南宁市石乳茶业公司信息系统开发方法的选择

我国南宁市石乳茶业公司（以下简称石乳）是在对原有国有企业的股份制改革的基础上建立的民营企业，属于中小企业，以生产、经营花茶为主业，其销售方式主要是批发，其批发商分布在我国许多个省市，相对稳定。石乳生产用的主要原料是已经粗加工的干茶和相应的各种鲜花，如茉莉花、玉兰花等，经销的产品主要有绿茶、花茶、袋泡茶，其生产类型属于离散型生产。

公司的股份分为民营、职工两方。该公司决策层由总经理和分管经营、分管技术和分管生产的副总经理各一名组成，设有经理室、销售部、技质部、人劳部、财务部、三个生产车间，以及原料仓库、物料仓库和成品仓库等主要部门。总经理还要把关原料采购的价格和数量。销售部日常的主要工作是根据客户的订货单及市场需求的经验估计，制订公司精制车间、窨花车间、小包装车间的生产计划及发货计划，完成产品销售，应收应付账管理等工作。精制车间是单纯的加工车间，窨花车间是重要的加工车间，还有成品的包装工作，小包装车间完成成品的包装。该公司的销售无售后服务需要。

该公司的正式职工约 100 人，其中具有大专以上学历的职工约占职工总数的 50%，平均年龄为 32 岁。公司几位领导均懂技术，经过了 MBA 课程培训，有相当的管理能力。由于该公司的生产具有明显的生产周期性，因此除了正式职工外，公司还长期使用常年性临时工和季节性临时工，其中常年性临时工主要从事产品的包装，季节性临时工主要从事产品的制作，高峰期间临时工人数与公司正式职工的比例约为 1∶1，临时工采取计件计时计酬。为提高企业的竞争力，公司经常利用生产空闲时间，为员工进行各种知识的培训，如茶叶制作技术、现代化管理思想和方法等。由于实际需要，该公司需要进行企业信息化建设，同时面临信息系统开发方法的选择。

讨论分析题

你能根据上述基本情况，提出适合该企业信息系统的开发方法吗？

提示

系统完全采取结构化方法难以奏效，因为公司自身管理的不规范等主观的和加工工序不确定等客观原因的制约，在系统分析阶段，要求用户和系统分析员将用户的各种需求（包括信息需求、功能需求）完全弄清楚几乎是不可能的。根据公司领导的意愿，除财务外，本次开发覆盖整个企业的各个部门和工作环节，因此，新系统应该有一个良好的结构（编码模型和数据模型），因为原型法也难以满足要求。本公司规模不大，企业文化相当浓厚，公司几位领导均懂技术，经过了 MBA 课程培训，有相当的管理能力，因此当出现问题、发生争议时，公司领导容易决策。基于上述原因和条件，系统开发采用了以结构化为主、原型法为辅的方法，使得系统的开发能按计划实施，系统的结构良好，系统的功能满足需要。

5.3 物流信息系统的规划

提示

在我国，不少企业在投入大额资金的情况下，由于缺乏经验，信息化发展到一定阶段后就暴露出了各种各样的问题，如有的企业信息化以技术为导向，技术的应用没有很好地配合业务的发展；有的企业虽然信息化的建设以业务为基础，但由于缺乏整体的信息规划，导致系统的建设没有整体性，资源无法很好地共享等。"信息化黑洞"、"信息化孤岛"、"信息化无效"成为许多企业棘手和头痛的问题。如何规划企业的信息系统？在信息化过程中应注意哪些方面？这是我们需要认真思考和分析的问题。

采用结构化方法开发物流信息系统，其过程一般来讲可分为五个阶段，即系统规划、系统分析、系统设计、系统实施、系统运行维护与评价，每个阶段又细分为若干个步骤，如图 5-3 所示。

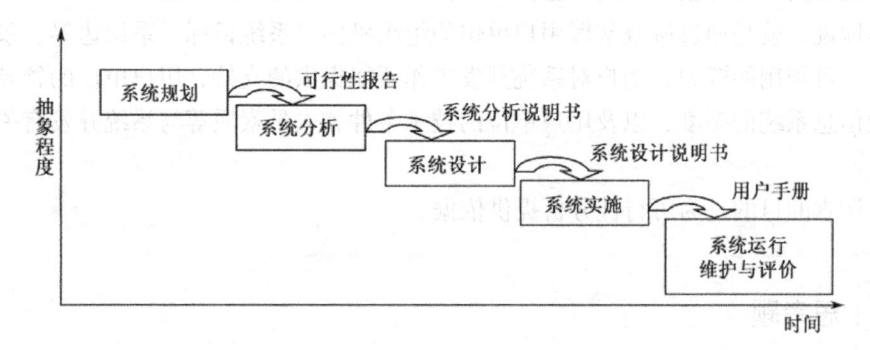

图 5-3 结构化系统的开发流程

系统规划是物流信息系统开发中的第一个环节。实践中，在未明确系统做什么的情况下，就开始急于进行功能和模块设计，是造成系统开发失败的主要原因之一。

5.3.1 系统规划的概念及目标

物流信息系统的规划是根据用户的系统开发请求，进行初步调查，明确问题，确定系统目标和总体结构，确定分阶段实施进度，然后进行可行性研究。

> **思考题**
> 系统规划在物流信息系统的开发中有何作用？
>
> **提示**
> 系统规划的作用可以概括为以下几点：
> - 从整体上把握物流信息系统的开发，有利于集中全部资源优势，使其得到合理配置与使用；
> - 使开发的目标系统与用户建立良好的关系；
> - 促进物流信息系统的开发与深化；
> - 作为系统开发的标准；
> - 促使管理人员回顾过去的工作，发现可以改进的薄弱环节。

系统规划的主要目标，是根据组织的目标与战略制订组织中业务流程改革与创新和信息系统建设的长期发展方案，决定信息系统在整个生命周期的发展方向、规模和进程。一般来说，既包括3~5年的长期规划，也包括1~2年的短期规划。

5.3.2 系统规划的主要内容

1. 初步调查

初步调查又称可行性调查，就是根据用户提出的要求，对用户单位的组织情况、现行系统的情况及其存在的主要问题，进行一次初步的、全面的调查了解。

具体地说，就是通过调查掌握用户单位的组织机构、系统目标、系统边界、系统与环境的关系、可利用的资源、用户对系统开发工作所能提供的支持、用户单位的领导对开发新的管理信息系统的态度，以及用户单位的技术条件和人员素质等与系统开发有关的基本情况。

初步调查的目的是为可行性分析提供依据。

思考题

初步调查应注意什么？

提示

初步调查的要领：
- 注意宏观上的内容，不要立即陷入具体细节中；
- 注意对组织周围环境情况的调查；
- 多定量，少定性，收集具体数据。

---

2. 可行性分析

可行性分析就是在初步调查的基础上，对当前开发新的管理信息系统的条件是否具备、新系统目标实现的可能性和必要性进行分析和研究。

可行性分析通常应包括：

1）对系统规定的目标和边界是否合理的分析。系统边界是指系统支持业务活动的范围、程度和有关业务项目等。

2）对社会限制的分析。新系统的社会因素是很多的，包括社会、政治和经济发展状况、管理组织体制、人际关系、人的心理状态和习惯势力等，要分析这些因素对开发新系统的影响。

3）经济上的可行性分析。估计、分析开发费用和系统的经济效益等。

4）技术上的可行性分析。主要是分析开发新系统所需要的技术资源、人才资源和设备资源等是否具备的问题。

在进行了可行性分析后,要将调查的情况、分析的结果和下一步行动的建议,整理成书面的"可行性分析报告",提交给领导审核。

5.3.3 系统规划的步骤

1)确定规划的基本问题。明确规划的年限、方法、方式及策略等内容。

2)收集初始信息。从各级主管部门、市场同行业竞争者、本企业内部各管理职能部门,以及相关文件、书籍和杂志中收集。

3)评价系统现状,识别计划约束。分析系统目标、功能结构、信息部门的情况等,识别现存设备、软件及其质量,根据企业的人、财、物状况定义物流管理信息系统的约束条件和政策。

4)设置目标。根据企业整体目标,确定物流管理信息系统的目标。

5)识别系统限制因素。这些因素包括环境造成的,例如,上级主管部门、税收部门、市场及客户等信息的要求;或企业管理造成的,如硬件设备等。

6)进行项目可行性研究。

7)提出项目的实施进度计划。

8)写出管理信息系统规划报告。通过不断与用户、系统开发领导小组成员交换意见,将管理信息系统规划书写成文。

9)上报企业领导审批。

系统规划的步骤如图5-4所示。

5.3.4 系统规划的方法

系统规划涉及的时间长,涉及的内外因素多,不确定性问题突出。科学的系统规划更多地取决于规划人员的远见卓识,取决于他们对环境及其发展趋势的理解。各种方法只能起到辅助作用。

系统规划常用的方法有战略集合转移法(Strategy Set Transformation,SST)、关键成功因素法(Critical Success Factors,CSF)、企业系统规划法(Business System Planning,BSP)。

1. 战略集合转移法

1978年,William King提出了战略集合转移法,该法是把组织的总战略看成一个"信息集合",包括使命、目标、战略及其他战略变量(如管理的复杂性、对计算机应用的经验、改革的习惯及重要的环境约束等)。

LMIS的战略规划就是把组织的这种战略集合转化为LMIS的战略集合。该战略集合由系统目标、系统环境约束和系统战略计划组成,图5-5为LMIS的战略规划过程。

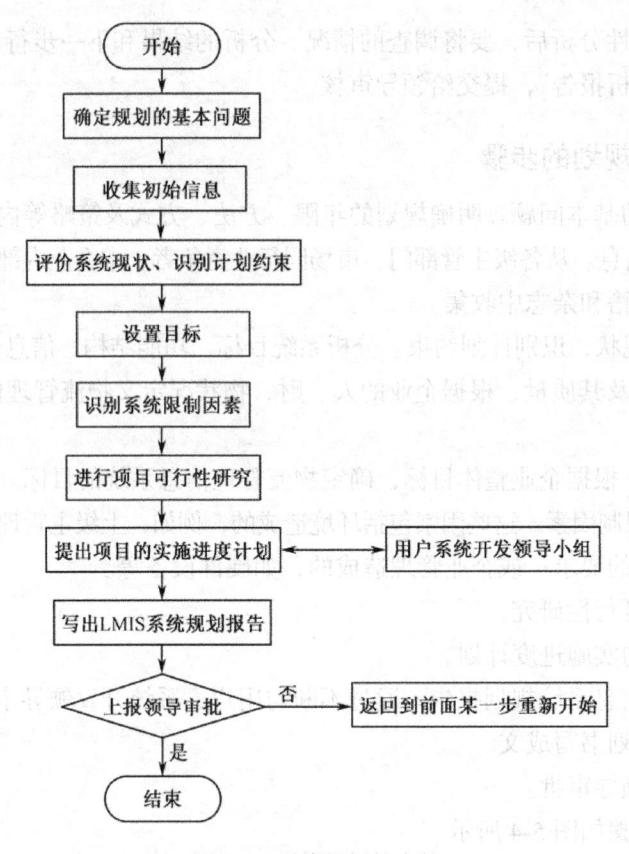

图 5-4　系统规划的步骤

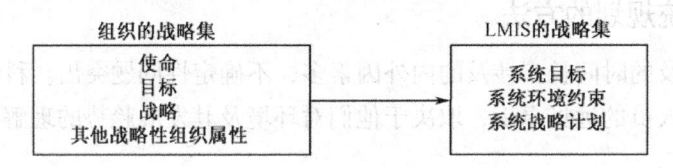

图 5-5　LMIS 的战略规划过程

2. 关键成功因素法

1970 年，哈佛大学 Willam Zasi 教授在 LMIS 模型中用到了关键成功变量，这些变量是确定 LMIS 成败的因素。过了 10 年，麻省理工学院的 John Rockart 教授把关键成功因素提高为 LMIS 战略。其主要思想是"抓主要矛盾"。

> 💡 **提示**
>
> 关键成功因素是指在一个组织中的若干能够决定组织在竞争中获胜的区域（或部门）。如果这些区域（部门）的运行令人满意，组织就能在竞争中获胜；否则，组织在这一时期的努力将达不到预期的效果。

CSF 的应用步骤：
- 了解企业的战略目标；
- 识别所有成功因素；
- 确定关键成功因素；
- 给出每个关键成功因素的性能指标和测量标准。

可以使用鱼刺因果图对识别出来的所有成功因素进行评价，选出关键成功因素。

3. 企业系统规划法

企业系统规划法是在 20 世纪 70 年代由 IBM 公司提出的。基本出发点是必须让企业的信息系统支持企业的目标，让信息系统战略表达出企业各个管理层次的需求，向整个企业提供一致性的信息，并且在组织机构和管理体制改变时保持工作能力，如图 5-6 所示。

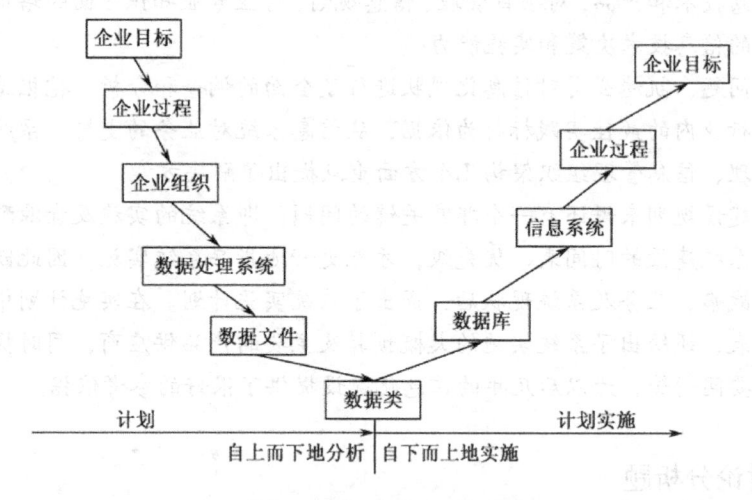

图 5-6 企业系统规划过程

以企业过程为基础所构建的信息系统具有较强的适应性，一般只要企业的产品或服务不发生变化，企业过程就基本不变，在很大程度上系统独立于企业组织机构的变化。

要特别注意的是，企业过程是企业的一组基本逻辑活动和决策区域，它依赖于企业的产品和服务，但独立于企业的机构。

在实际中，上述规划方法要灵活应用，往往需要多种方法结合，如 CSF 和 BSP 都需要高层管理者先就企业发展的前景达成共识。当企业高层出现意见不一致时，许多企业的领导层并不是简单地强求一致，而是容忍和保留一些对未来的分歧意见。

案例分析

凯越公司（化名）是国内一家大型企业，企业实行三级管理，即总公司—公司—分公司。企业实施信息化已有多年，每年在信息化建设方面投入了大量的人力和财力，公司已建立了 OA 办公自动化、财务系统、人力资源系统等，并已搭建了公司广域网、局域网。

由于公司提出了创国际一流企业的目标，因此公司希望在信息化建设方面也要与国际最先进的企业看齐，并使信息化建设能成为公司实现创国际一流目标的重要推动力。

由于凯越公司在前期的信息化建设中是以服务支持软件应用为主，还没有站在战略的高度开展信息化工作，因此也没有制定完整的信息化规划，各信息系统的建设以总部的各部门、下面的各公司为主，各自为政，信息及系统没有集成，信息孤岛现象严重；系统中的业务流程及相应的信息流存在断层现象，尤其是在营销、物资、工程、生产和财务等业务关联较密切的各个环节；管理体制和资产归属不一致，导致各公司的硬件、网络管理各自为政，如广域网络和局域网络分别由两个不同的部门负责，管理十分不便，服务器系统十分分散，没有进行统一的维护管理等；机房的统一化和灾难恢复的功能也没有引起足够重视，没有配备专门的网络监控管理人员，存在较大的安全隐患；信息中心的培训内容主要针对新的信息技术和产品，对项目管理、信息规划、行业专业知识方面的培训比较缺乏，没有培养有效的信息技术决策和实施能力。

针对上述问题，凯越公司对信息化现状进行了全面的调查和分析，挖掘造成问题的深层原因，并以行业内的最佳实践标杆为依据，从信息系统对业务的支持、系统集成、基础设施与安全管理、信息管理组织架构几个方面重点提出了解决方案。

对信息化建设规划来说还有一个非常关键的问题，即系统的实施及资源配置计划。只有明确了信息系统建设的时间表、优先级，才能更好地指导系统实施。因此凯越公司在综合分析了公司战略、业务及系统现状后，提出了系统实施计划。在实施计划中，不仅安排了实施的时间表，还给出了系统实施的大概预算及主要的产品供应商，同时提出系统实施需要注意的主要问题等，为以后几年的信息化建设提供了很好的参考依据。

讨论分析题

企业在信息系统的规划中应注意哪些关键问题？

提示

在信息系统规划前，首先应对企业原有系统进行调查、分析，并考虑企业的战略及长远发展目标，从业务、系统、基础设施及组织架构等各方面进行总体的分析和设计，充分利用信息资源，减少信息孤岛、信息黑洞带来的负面影响。

5.4 物流信息系统的分析与设计

系统分析就是对现行系统运用系统的观点和方法，进行全面的、科学的分析和研究，在一定的限制条件下，优选出可能采取的方案，以达到系统预期的目标。

5.4.1 系统分析的基本任务

系统分析的基本任务是彻底搞清用户的要求，详细了解现行系统的状况和存在的问题，在此基础上再进行系统功能、用户需求和限制条件的分析，综合考虑各种因素，确定一个切实可行的新系统方案。系统分析阶段结束的标志是提交一份经审批通过的"系统分析报告"。

系统分析是系统设计的前提，如果把系统分析和系统设计看成要完成某项任务，那么系统分析就是要解决"做什么"的问题。

5.4.2 系统分析的步骤

1．详细调查

一般来说，一个新的物流信息系统的开发，总是建立在现行物流系统的基础上的。因此，为了开发新系统，应对现行系统进行详细调查。

详细调查与初步调查不同，初步调查中调查的面广但不深入，是对用户单位及现行系统的概况进行一般性的调查，其目的是为开发新系统的可能性和必要性进行可行性分析提供依据。而详细调查则要全面、深入、细致地调查和掌握现行系统的运行情况，为系统功能分析提供素材。调查的重点应该围绕人力、物力、财力和设备等资源的管理过程中所涉及的各种信息及信息的流动情况等来进行。

详细调查的主要内容如表 5-6 所示。

表 5-6 详细调查的主要内容

主要内容	说　　明
各组织机构及其功能的调查	了解组织的机构状况并绘制组织机构图，同时了解各机构的主要功能
业务调查	对各职能单位的业务管理情况和业务处理流程的调查
信息调查	系统中数据和信息的结构、存储方式和业务处理流程中输入、输出信息的调查
处理调查	业务处理过程的逻辑关系和算法的调查
系统中的资源及其利用情况的调查	包括现行系统的资源情况、管理水平、原始数据的精确程度、规章制度是否齐全和切实可行等

2．功能分析

功能分析就是在详细调查取得大量资料的基础上，抽象分析出物流信息系统所应该具有的功能。

具体实施中采用结构化的分析方法，即采用自顶向下逐层分解的分析方法，使用的工具主要是功能结构图。首先分析体现功能的各组织机构的层次关系，分析各功能、子功能及其活动的层次关系，再进一步深入分析各功能之间的信息联系，然后对各个单个功能、单个活动进行详细分析，同时画出功能结构图（通常把按功能从属关系画成的图表叫作功能结构图），如图 5-7 所示。

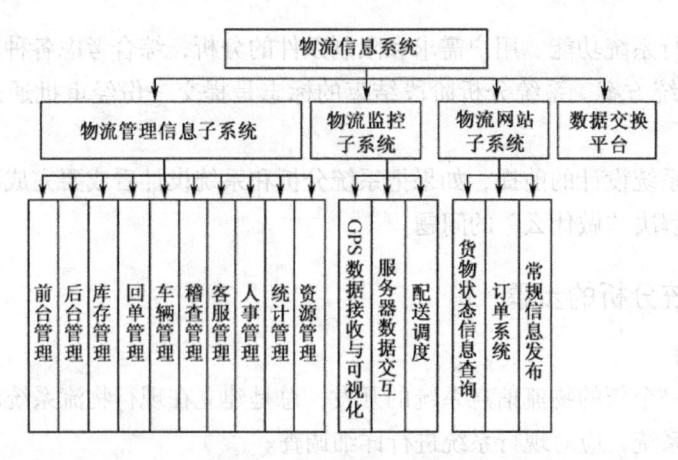

图 5-7 某物流企业物流信息系统的功能结构

3. 构造新系统方案

新系统方案，即逻辑模型，是在现行系统的基础上提出来的。新系统方案既要解决现行系统存在的问题，又要根据新的要求扩展新的功能。

新系统逻辑模型一般由一组图表工具组成，如数据流程图，它们在逻辑上表示了要达到新系统目标所具备的各种功能，同时还表示了输入、输出、数据存储、信息流程、系统界限和环境等新系统的概貌。用户可以通过逻辑模型了解未来的新系统，并可提出改进意见和要求。

> **思考题**
>
> 如何构建新系统方案？
>
> **提示**
>
> 新系统方案的内容应包括：
> - 确定新系统目标和范围；
> - 实现新系统目标和各项功能的设想（子系统的划分）；
> - 确定数据的组织形式，系统的输入、输出方式，画出数据流程图；
> - 进行经济效果评价等。
>
> 构造新系统方案时，应设计多个方案，考虑多方面因素，对每个方案的利弊、技术特征、研制周期等进行可行性分析，从中优选出最满意的。

4. 编写系统分析报告

系统分析报告（也称系统说明书）是系统分析阶段工作的总结，也是进行物流信息系统设计的依据。系统分析报告要请领导审批，批准后才可以开始进行系统的设计。

系统分析报告的内容主要包括：
- 现行物流业务系统的状况及其存在的问题；

- 新系统（物流信息系统）的目标；
- 新系统的逻辑模型；
- 支持新系统方案的可行性分析。

5.4.3 系统设计

系统分析报告被批准后，就可以开始信息系统（物流信息系统）设计了。

系统设计又称新系统的物理设计，是根据系统分析报告确定的新系统的逻辑模型建立新系统的物理模型，也就是根据系统分析确定的新系统的逻辑功能的要求，考虑实际条件，进行各种具体设计，确定系统的实施方案，具体解决新系统应该"怎么做"的问题。

系统设计的指导思想是结构化的设计思想，就是用一组标准的准则和图表工具，如模块结构图、IPO 图等确定系统有哪些模块，用什么方式联系在一起，从而构成最优的系统结构。在这个基础上再进行各种输入、输出、处理和数据存储等的详细设计。

系统设计可分两步进行。

1．总体设计

总体设计（又称概要设计）即根据系统分析报告确定的系统目标、功能和逻辑模型，为系统设计一个基本结构，从总体上解决如何在计算机系统上实现新系统的问题。

总体设计不涉及物理设计细节，而是把着眼点放在系统结构和业务流程上。

总体设计的主要内容包括：

- 确定系统的输出内容、输出方式及介质等；
- 根据系统输出内容，确定系统数据的发生、采集、介质和输入形式；
- 根据系统的规模、数据量、性能要求和技术条件等，确定数据的组织和存储形式、存储介质；
- 运用结构化的设计方法，对新系统进行划分，即按功能划分子系统，明确子系统的子目标和子功能，按层次结构划分功能模块，画出系统结构图；
- 根据系统的要求和资源条件，为信息选择计算机系统的硬件和软件；
- 制订新系统的引进计划，用以确保系统详细设计和系统实施能按计划、有条不紊地进行。

2．详细设计

详细设计就是在系统总体设计的基础上，对系统的各个组成部分进行详细、具体的物理设计，使系统总体设计阶段设计的蓝图逐步具体化，以便付诸实现。详细设计主要包括以下内容。

（1）代码设计

代码设计即对被处理的各种物流数据进行统一的分类编码，确定代码对象及编码方式，并为代码化对象设置具体代码、编制代码表和规定代码管理方法等。

简单地说，编码就是代码的编制过程，是物流信息管理，特别是自动识别系统的前提。物流信息编码应遵循一定的原则，如表 5-7 所示。

表 5-7　物流信息编码的原则

主要原则	说　　明
选择最小值代码	缩减代码长度也必须适当、合理，还应当考虑留有适当的后备编码，以备将来扩充时使用
满足用户的需要	设计的代码在逻辑上必须满足用户的需要，在结构上要与处理的方法相一致
直观性、唯一性	代码应具有逻辑性、直观性及便于掌握的特点，应能准确、唯一地标识出对象的分类特征
系统化、标准化	便于同其他代码的连接，适应系统多方面的使用需要，即代码应尽量适应组织的全部功能
不要使用字形相近、易于混淆的字符，以免引起误解	例如，字母 O、Z、I、S 易与数字 0、2、1、5 相混。小写字母 i 易与数字 1 相混。另外，不用空格符作代码
代码设计要等长	例如，用 001~200，而不是使用 1~200
字母码中应避免使用元音字母	元音字母即 A、E、I、O、U，以防在某些场合形成不易辨认的英文字
不能出现与程序系统中语言命令相同的代码	略

> **相关链接　物流信息的编码方法**
>
> 1．代码的种类
>
> 常用的有顺序码和区间码。
>
> （1）顺序码
>
> 顺序码又称序列码，是一种用连续数字代表编码对象的代码，通常从 1 开始。例如，一个单位的员工号可以编成 0001，0002，0003，…，9999。
>
> （2）区间码
>
> 区间码把数据分成若干组，代码的每一区间对应一组数据，如电话号码。在使用这种编码时，需要为待编码的每组信息规定出一个号码序列。项目表虽然很复杂但易于明确分组时，适宜使用区间码。
>
> 区间码的优点是码中数字的值和位置都代表一定意义，信息处理比较可靠，排序、分析、检索等操作易于进行。但这种码的长度与其分类属性的数量有关，有时可能造成很长的码，代码的维护也比较困难。
>
> 2．代码宽度的确定
>
> 在确定信息代码时，究竟采用几位数字或字符宽度，可根据具体信息的全部数量来计算确定。

假设 a 代表代码中所用符号的位数，b 代表每一位代码所用的符号个数，c 代表可能得到的代码总数，则：

$$c = b^a$$
$$\lg c = a \lg b$$
$$a = \lg c / \lg b$$

若采用数字型编码系统，应有 $b=10$，并设总宽度为 5，即 $a=5$。这时可计算出这种编码一共可容纳的信息数量达 10 万个，即 $c=10^5$ 个。

3．代码结构中校验位的附加

为了保证代码输入的正确性，有意识地在编码设计结构中原代码的基础上附加校验位（又称校验码），使它事实上变成代码的一个组成部分。校验位的数值是通过事先规定的数学方法计算出来的。输入代码时，程序中设置了代码校验位值的计算功能，并将它与输入的校验位进行比较，以检验输入是否有错。

实际输入中，常见的错误主要有：

- 抄写错误，如 1 写成 7；
- 易位错误，如 1234 写成 1324；
- 双易位错误，如 26913 写成 21936；
- 随机错误，包括两种以上综合性错误或其他错误。

确定校验位方法在算法上大体相似，它们之间的差别主要在于对代码的数值加权时，加权因子的选择不同。具体计算方法为：把原代码中的各位与各自对应的权因子相乘，然后把乘积相加，以选定的模数去除该乘积之和，将余数作为检验码。主要有以下三种方法。

1）算术级数法

原代码　　　1　2　3　4　5
各自权因子　6　5　4　3　2
乘积之和　　6　10　12　12　10=50

以 11 为模数去除乘积之和，将余数作为检验码：50/11=4 余 6，则此代码写成 123456，其中 6 为校验码。

2）几何级数法

原代码　　　　1　　2　　3　　4　　5
各自权因子　　32　16　8　　4　　2
乘积之和　　　32　32　24　16　10=114

以 11 为模数去除乘积之和，将余数作为检验码：114/11=10 余 4，则此代码写成 123454。

其中 4 为校验码。

3）质数法

原代码	1	2	3	4	5
各自权因子	17	13	7	5	3
乘积之和	17	26	21	20	15=99

以 11 为模数去除乘积之和，将余数作为检验码：99/11=9 余 0，则此代码写成 123450。其中 0 为校验码。

（2）输入、输出详细设计

进一步研究和设计输入数据以什么样的形式记录在介质上，以及输入数据的校验，输出信息的输出方式、内容和输出格式的设计。另外，还有人机对话的设计等。

（3）数据存储详细设计

对文件（或数据库）的设计，也就是对文件记录的格式、文件容量、物理空间的分配、文件的生成、维护及管理等的设计。

（4）处理过程设计

对系统中各功能模块进行具体的物理设计，包括处理过程的描述，绘制处理流程图，与处理流程图相对应的输入、输出、文件的设计。

（5）编制程序设计说明书

程序设计说明书是程序员编写程序的依据，应当简明扼要，准确、规范化地表达处理过程的内容和要求。

系统设计阶段的主要成果就是物流信息系统设计说明书，它描述了要开发的物流信息系统的物理模型。

5.5　物流信息系统的实施

系统实施就是把系统设计阶段设计的成果——系统设计说明书，即物流信息系统的物理模型，转化成投入运行的实际系统。

5.5.1　系统实施的主要内容

1．拟订系统实验方案

系统实施阶段的工作量大、任务复杂，而且涉及面广，包括软硬件的配置等。因此，要进行全面规划，确定实施的方法、步骤和所需的时间、费用。

2．设备安装调试

根据系统设计阶段提出的设备配置方案，购置物流作业工具，如 GPS 终端、POS 设备等，安装好物理层面的计算机网络系统，进行计算机机房设计施工、计算机系统及各种设备的安装、调试等。

3．程序编码

根据程序设计说明书，进行相关物流各功能模块程序流程的设计和程序的编制。

4. 程序调试和系统测试

在进行程序调试和系统测试前,应从多方面予以考虑,准备好调试和测试所需的数据。程序调试分为程序单调、模块分调、子系统调试和系统联调。经过调试成功的系统,在正式运行前,还要进行软硬件各种设备的联合系统测试。所谓系统测试,就是试运行,用以检验系统运行的正确性、可靠性和效率。

5. 系统转换

系统转换就是用新系统代替旧系统。

6. 用户培训

用户培训包括事务管理人员的培训、系统操作员的培训和系统维护人员的培训。

系统实施阶段的主要成果就是物流信息系统的具体物理实现,以及相关系统使用说明书的编制。

5.5.2 系统测试

测试是为了发现程序和系统中的错误而运行和执行程度的过程。对系统进行测试是保证系统质量的关键步骤。

1. 系统测试的原则

系统测试应遵循的原则如表 5-8 所示。

表 5-8 系统测试应遵循的原则

原　　则	说　　明
应避免测试自己设计的程序	自己测试自己设计的程序往往不容易发现其中存在的错误和问题
测试用例应考虑输入、输出	测试用例的设计应该由"确定的输入数据"和"预期的输出结果"组成
测试数据的选取应考虑各种情况	测试时用不合理的或错误的输入数据,往往比用合理的或正确的输入数据能发现更多的错误
检查程序是否执行了规定外的操作	除了要检查程序是否做了它应做的工作之外,还应检查程序是否做了它不应做的事情
对每一个测试结果做全面检查	有些错误的征兆在输出实测结果时未明显出现,如果不仔细全面地检查测试结果,就会使这些错误遗漏
妥善保存测试用例	保留全部测试用例,并将其作为管理信息系统软件组成部分之一,以便在以后的系统维护时查阅

2. 系统测试的内容

1)功能测试。功能测试是指对系统中的功能进行测试,确定其是否具备所规定的功能。功能测试主要注意边界条件、覆盖条件,以及出错处理是否有效等问题。

2)性能测试。性能测试主要是指对程序和系统数据的精确性、时间特性、适应能力是否能满足实际要求进行测试，如运行环境、接口、系统处理时间、响应时间、数据转换时间等。

3）可靠性与安全性测试。可靠性与安全性测试是指在可靠性和安全性方面进行的测试，如加密效果、授权的有效性和可靠性、系统的容错能力等。

3．系统测试常用的方法

1）黑箱测试（Black Box Testing）。黑箱测试是指不管程序内部是如何编制的，只是依据外部结构和软件功能对模块进行测试。

2）数据测试（Data Testing）。数据测试即用大量实际数据进行测试。数据类型要齐备，各种"边值"、"端点"都应该调试到。

3）穷举测试（Exhaustive Testing）。穷举测试又称完全测试（Complete Testing），即程序运行的各个分支都应该调试到。

4）操作测试（Operating Testing）。操作测试即从操作到各种显示、输出做全面检查，看是否与设计要求相一致。

5）模型测试（Model Testing）。模型测试即核算所有计算结果。

4．系统测试的主要步骤

（1）模块测试

模块测试是对单个模块进行的测试，目的是保证每个模块作为一个单元能够正确运行。通常情况下，模块测试方案设计比较容易，发现的错误主要是编码和详细设计方面的错误。模块测试比系统测试更容易发现错误，能更有效地进行排错处理，是系统测试的基础。

（2）子系统测试

子系统测试是在模块测试的基础上，将测试过的模块组合起来形成一个子系统进行测试。子系统测试主要解决模块间的相互调用、通信问题，所以测试重点在接口方面。子系统测试通常采用自顶向下和自底向上两种测试方法。

（3）系统测试

在所用子系统都成功测试之后，将它们组合起来进行的测试就是系统测试。系统测试主要解决的是各子系统之间的数据通信、数据共享问题，测试系统是否满足用户要求。系统测试的依据是系统分析报告，要全面考察系统是否达到了设计目标。系统测试可以发现系统分析遗留的未解决问题。

（4）验收测试

在系统测试完成后，要进行用户的验收测试。验收测试是把系统作为单一的实体进行测试，是用户在实际应用环境中所进行的真实数据测试。与系统测试的内容基本一致，测试要使用手工系统所用过的历史数据，将运行结果与手工所得数据相核对，考察系统的可靠性和运行效率。

5.5.3 系统转换

系统转换通常有三种方式。

1. 直接转换

直接转换就是用新系统直接取代旧系统，中间没有过渡阶段，如图5-8（a）所示。

这种方式最简单，也最省钱，但风险性很大。由于新系统没有试用过，没有真正担负过实际工作，因此，在转换过程中很可能出现事先预想不到的问题。通常一些比较重要的大型系统不宜采用这种转换方式。

图 5-8（a） 直接转换

2. 平行转换

平行转换就是新、旧系统同时并行工作一段时间（一般为3～5个月），先以旧系统为作业系统，新系统的处理用以进行校核；过一定阶段后，再以新系统作为作业系统，而以旧系统的处理作校核；最后，用新系统取代旧系统，如图5-8（b）所示。

图 5-8（b） 平行转换

平行转换方式的主要问题是费用太高，这是因为在并存期间新、旧系统的工作人员也要并存，需要双倍的费用。

3. 逐步转换

逐步转换就是分阶段，一部分、一部分地以新系统取代旧系统，如图5-8（c）所示。

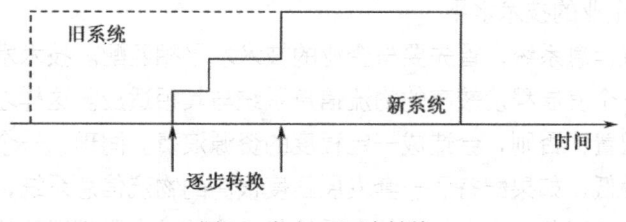

图 5-8（c） 逐步转换

逐步转换方式的特点是先把系统的部分工作交给新系统处理，经过一段运行确认系统稳定后，再把另一部分工作换下来，这样逐步把整个系统换成新系统。逐步转换方式既避免了直接转换方式的风险性，又避免了平行方式消耗的双倍费用。

逐步转换方式的最大问题表现在接口的增加上，系统各部分之间往往是相互联系的，当旧系统的某些部分切换给新系统去执行时，其余部分仍然由旧系统去完成，于是在已切换部分和未切换部分之间就出现了如何衔接的问题，这类接口是十分复杂的。

> **思考题**
> 在新系统取代旧系统时，应如何选择转换方式？
>
> **提示**
> 在实际中，通常采用平行切换方式。这样做既安全，技术上也简单。当然，三种转换方式各有利弊，在实际的转换工作中往往是配合使用或根据业务性质的特点加以选择，以便系统的顺利转换。

5.6 物流信息系统的维护与评价

在物流信息系统运行过程中，为了适应系统环境的变化，需要不断地对系统进行维护，同时还要定期对系统的运行状况进行审核和评价。

1. 系统维护

系统维护就是在开发的新系统运行和交付使用后，保持系统能正常工作并达到预期的目标而采取的一切活动，包括系统功能的改进，以及解决系统运行期间发生的一切问题和错误。详细内容见第7章，此处不再赘述。

2. 系统评价

一个新的物流信息系统建立以后，需要对其运行情况进行检查、测试、估计、分析和评审，包括系统目标实现的程度及各种实际指标与计划指标的比较，这就是系统评价。

> **资料卡片**
>
> **企业物流信息系统评价的基本原则**
>
> 1. 必须适应企业的技术水平
>
> 一个好的物流信息系统，首先要与企业的技术水平相匹配。技术水平先进、自动化程度高，就要求一个发展程度较高的物流信息系统与其相适应。这样才能使企业的设备和人员得到有效配置；否则，会造成一定程度的资源浪费。同理，一个企业的技术水平不高、自动化程度低，如果配备了一套发展程度很高的物流信息系统，也会造成资金投入过多、功能浪费的现象。企业物流信息系统与生产技术水平相匹配的原则要求，发展程度处于高级的物流信息系统与先进生产技术水平相匹配；发展程度处于中等的物流信

息系统与中等的生产技术水平相匹配；发展程度处于初级的物流信息系统与低的生产技术水平相匹配。

2．与当前竞争环境相适应

一个好的物流信息系统除了要与企业的技术水平相匹配，还要求能够适应当前的竞争环境。如果某一企业虽然做到了物流信息系统发展程度与技术水平相匹配，但无论是物流信息系统发展程度，还是技术水平都处于低级阶段，而同行业其他企业都处于中级阶段，那么这样的物流信息系统也不是一个好的物流信息系统，不能够保证企业在激烈的竞争环境中处于优势地位。

3．与企业未来发展相适应

一个好的企业物流信息系统，同时还要求与企业未来发展相适应。一个能够与未来发展相适应的物流信息系统，就要求把握好企业的未来发展方向，积极发展企业的现代物流，从供应链的高度整合企业内外部资源，以增强企业的国际竞争能力。企业在运用这个原则的时候，也应该从自己的战略高度出发，找到适合自己的评价原则和方法。

系统评价主要包括系统性能评价和经济效果评价两部分内容。

（1）系统性能评价

系统性能评价就是评价新系统是否达到了系统分析阶段所提出的系统目标和各种功能。具体内容如表 5-9 所示。

表 5-9 系统性能评价的主要内容

主要指标	说　明
信息系统的总体技术水平	包括系统的总体结构与规模、地域、所采用技术的先进性与实用性，系统的开放性与集成程度等
系统功能范围与层次	包括功能的难易程度和对应管理层次的高低等
信息资源开发与利用的范围与深度	主要指通过信息集成和功能集成实现业务流程优化，提高人、财、物等资源的合理使用水平
系统的质量	主要包括系统的可使用性、可扩展性、通用性、正确性和可维护性等
系统的安全和保密性	主要指业务数据是否会被破坏或修改，数据使用权限是否得到保证
系统文档的完整性	系统文档是否齐全、完整

（2）经济效果评价

经济效果评价的内容主要是系统的效果和效益，包括直接经济效益和间接经济效益两个方面。

直接经济效益的常用评价指标如表 5-10 所示。

表 5-10　直接经济效益的常用评价指标

主要指标	说　　明
一次性投资	包括系统硬件、软件的购置与安装，信息系统的开发费用及企业内部投入的人力和材料费用
系统运行费用	包括消耗性材料费用（如打印纸、磁盘等）、系统投资折旧费、硬件日常维护费、人工费用等保证新的信息系统得到正常运行的费用
系统运行新增加的效益	主要反映在人工费的减少、库存量得到压缩、减少流动资金的占用、使流动资金周转加快、提高劳动生产率、缩短供货时间、使销售收入和利润增加。该指标准确计算较困难
投资回收期	指通过信息系统运行新增加的效益，逐步收回投入的资金所需要的时间。该指标反映应用信息系统运行新增加的效益的好坏程度

间接经济效益指标主要表现在企业管理水平和管理效益的提高等方面。系统评价结束后，应形成书面文件及系统评价报告。

自测题

一、不定项选择题

1. 物流信息系统开发的方法有生命周期法、面向对象方法和（　　）等。
　　A. 自顶向下法　　B. 原型法　　C. 自底向上法　　D. 面向过程法
2. （　　）最适用于用户事先难以说明需求的较小的应用系统。
　　A. 原型法　　　　　　　　　　B. 结构化系统开发方法
　　C. 系统分析法　　　　　　　　D. 系统设计法
3. 在代码设计中，若原代码为12345，各自权因子为17，13，7，5，3，则以11为模数确定的校验码为（　　）。
　　A. 7　　　　　B. 8　　　　　C. 0　　　　　D. 9
4. 新系统取代旧系统的转换采用的方法包括（　　）。
　　A. 平行转换法　　B. 逐步转换法　　C. 系统转换法
　　D. 直接转换法　　E. 分层转换法
5. 物流信息系统开发中可行性研究主要包括（　　）。
　　A. 目标和方案的可行性　　　　B. 技术方面的可行性
　　C. 经济方面的可行性　　　　　D. 行政方面的可行性
　　E. 社会方面的可行性
6. 结构化系统开发方法的优点不包括（　　）。
　　A. 强调系统开发过程的整体性和全局性
　　B. 强调以整体优化为前提

C. 按自顶向下的观点考虑具体的分析设计问题
D. 开发的周期短，方便随时进行调整
7. 下列不属于系统分析的任务的是（　　）。
   A. 对现行系统进行详细调查　　B. 分析业务流程
   C. 分析数据与数据流程　　　　D. 进行输出设计
8. U/C矩阵表的主要作用是（　　）。
   A. 确定子系统　　　　　　　　B. 确定系统边界
   C. 确定功能类　　　　　　　　D. 确定数据类
9. 物流信息系统的开发方式包括（　　）。
   A. 委托开发　　B. 独立开发　　C. 联合开发
   D. 迭代式开发　E. 购买现成软件与二次开发
10. 系统测试的内容主要有（　　）。
    A. 功能测试　　B. 穷举测试　　C. 性能测试
    D. 可靠性测试　E. 安全性测试

二、简答题

1. 物流信息系统的开发应遵循哪些原则？
2. 举例说明企业应如何选择物流信息系统的开发方法及开发方式。
3. 如何进行物流信息系统开发的可行性分析？
4. 系统测试的原则及内容主要有哪些？
5. 系统转换的主要方式有哪些？各有何优缺点？

三、论述题

1. 论述结构化系统开发中，各阶段的主要内容。
2. 结合实际说明对物流信息系统的评价应如何进行？

案例分析

鼎铭集装箱储运成功转向物流信息化系统

上海鼎铭集装箱储运有限公司（以下简称鼎铭）是一家新型的集装箱物流服务商，也是极少数经国家批准并核发具有化学危险品（含剧毒品）运输、仓储资质的专业资产型第三方危险品物流供应商。

作为专业物流企业，鼎铭致力高效专业的集装箱物流服务和化工危险货物的第三方物流服务，同时提供专业的海运整箱、拼箱、大宗散货、空运、联运、配送、仓储、清关咨询等服务。经过多年的积累发展，鼎铭实现了所有危险货物在任何方式下科学的、点到点的移动。

1. 鼎铭物流业务协同问题

1）现有的信息系统应用范围狭窄。随着公司的运作流程与模式日趋成熟，进出货量日益增多，集装箱运输业务日益复杂多样化，简单的费用管理系统无法再精确针对第三方物流的特点，结合集装箱运输、供应商管理库存（VMI）、货物结转等操作模式，满足公司具体的业务需求。

2）现有的物流信息化系统不能满足客户的需求。第三方物流市场由于其先进的物流服务和巨大的发展潜力而迅速膨胀，服务于不同领域的新公司正纷纷进入物流行业，与传统运输企业和仓储公司争夺市场，业界的竞争日益白热化，客户的需求也日益精细化，信息化技术的缺陷甚至使鼎铭痛失了不少要求苛刻的大客户。

3）现有的信息化管理系统不能满足日益发展的业务的需要。随着鼎铭业务的逐步扩大，国内货物配送、国际采购等专业物流信息服务需求逐渐增加，需要一个能在现有模块的基础上扩展、衍生和逐步完善的先进的信息化管理系统。鼎铭的管理层已经明确感受到系统的滞后对新业务开拓及既有客户关系维护的消极影响。

2. 转向信息化系统

解决问题的途径，一方面在于加大规范、灵活的管理工作力度，另一方面引入更为先进的物流信息化管理系统，是鼎铭内部公认的当务之急。

博科资讯物流信息化专家团队对鼎铭进行了详细的实地调研，梳理整合所有业务流程，分析鼎铭众多客户的通用需求及个性需求，帮助鼎铭在管理上优化整体物流运作流程。

博科资讯物流管理软件研发中心专门针对第三方成长型物流企业的管理需求研发而成的信息化系统，帮助订单多元化作业的企业及时判断每一笔订单的成本、收益、可执行度、风险值等，解决部门间协作混乱、信息失真、沟通不及时等问题。

3. 应用价值及效果

1）优化了对物流作业的控制能力。借助物流资源一体化控制系统，鼎铭的整体物流运作流程得到优化，仓储、运输、货代等主流业务实现了完美协同，物流资源利用率从以前的 82%提高到现在的 94%，从成本减耗和收益提升两方面，极大地增强了其在同行业中的竞争力。

2）完善了仓储管理体系。MyLRP 系统对入库、出库两端业务进行了严格的控制，在基本实现货物按订单入库及出库功能的基础上，无订单入库情况可以暂存或盲收，无订单出库情况可以盲出，既规范了入库及出库流程，又具备一定的灵活性，极大地提高了货物进出库效率，缓解了仓库存储空间紧张的情况。系统及时记录每笔货物进出库及在库情况，做到实物和账物日清月结，保证系统即时库存的准确性。

3）提高了运输作业的效率。由于集装箱危险品物流运输作业的多变性及不易控制性，一直以来，鼎铭对运输的在途控制比较薄弱。MyLRP 系统中的运输管理模块不但能明确记录全国各省市的区域资料和驾驶员的证件、驾驶信息，以及集装箱的基本数据和保险、维修、保养费用状况，还能根据运力资源的即时信息进行跟踪回单和实时调度，优化运输路径，全程监控在途运输状况，并及时反馈客户收货信息。

4）降低了库存资金的占用。随着 MyLRP 系统的上线使用，鼎铭的仓储作业效率不断提高，库存周转率大大提高，库存账目日渐精确，存货核算的效率和准确性也相应提高，大大降低了库存资金的占用率。

5）推动了物流费用的科学核算管理。MyLRP 的计费引擎支持 1 000 多种不同计费协议下的计费规则计算，可以对物流作业中产生的所有费用进行记录与分析，并针对客户及物流公司计费结算的个性化需求，计算、统计每一票或每一段业务的费用收支情况。在 MyLRP 计费管理系统的支持下，鼎铭的整个物流作业管理更具科学性，相关作业人员能快速计算出每票物流业务或每段物流作业的费用状况，大大提高了工作效率，半年内节省人力成本近 100 万元。

6）促进了部门间的协同作业。通过权限设置功能，博科资讯 MyLRP 系统中各个功能模块的基础资料、订单信息、作业处理执行等状况，都可以实现在部门内的信息共享，以及横跨 10 多个部门的数据互访，下游作业部门可跟踪上游部门作业执行情况预先安排作业，而系统中多维度的预警功能，可用包括短信、邮件在内的多种方式提醒操作者及时处理相关作业，帮助鼎铭各部门员工实现工作的无缝协同。

讨论分析题

1. 分析鼎铭实施物流管理信息系统的背景及主要过程。
2. 讨论该系统在实施过程中有哪些特点？

实训题　企业物流信息系统的开发流程

1. 实训目的
通过实训使学生理解在开发物流信息系统时，对不同类型的企业、在不同环境下通常采用的开发方法、开发方式及开发流程，进一步加深学生对本章知识的理解和把握。

2. 实训内容
（1）生产企业、物流企业（尤其是第三方物流企业）、商业企业（尤其是连锁超市）在物流信息系统开发过程中重点关注的内容有何不同。
（2）上述各类企业在开发物流信息系统时，主要采用哪些开发方式及开发方法，这些方法是在什么情况下考虑采用的。
（3）重点分析上述各类企业物流信息系统的开发流程。

3. 实训组织
（1）将全班同学分成若干小组开展。
（2）选取有代表性的几家企业，应包括各类企业，如生产企业、物流企业和商业企业等，同时同类企业尽量选取规模不同的 2~3 家进行实地调研，以使学生对企业物流信息系统的开发有一个全面的了解。

（3）在调研前，每组应先制订具体的调研计划及分工方案。

（4）每组的具体任务：通过组内成员的不同分工，收集所调查企业物流信息系统的开发背景、开发方式、所采用的开发方法及具体的开发过程。要求成员之间要有团队合作精神，加强交流与合作。

（5）调研结束后，每组应根据调研情况，整理并写出相应的书面报告。

（6）相互交流（最好通过课堂组织），总结此次实训的收获及不足。

注：在实训时，根据每班学生的具体数量及条件，也可选取某一类企业进行重点调研，分析这类企业在不同环境下物流信息系统开发存在的异同。

第 6 章

物流业务管理信息系统

学习目标

- 了解不同类型的企业物流业务管理信息系统。
- 重点掌握库存管理信息系统。
- 重点掌握运输管理信息系统。

引导案例

KWE 物流信息系统

KWE 是全球 20 强物流企业,在全球 50 个国家共 120 个城市设有 176 家办事机构。1996 年进入中国,在全国设有 40 多家分公司,主要为 Epson、Toshiba、Canon、SHARP、ISUZU 等日系客户和 Intel、HP 等高科技企业提供全国范围的仓储和运输配送服务。为了加速国内物流的发展,为客户提供更好的服务,KWE 从 2004 年年初启动了其全国各物流中心的 WMS/TMS 系统推广计划,并在企业总部建立了集成的物流管理平台、信息门户和 EDI 中心,FLUX 作为供应商全面负责了整套物流信息系统的建设,总部管理平台、信息门户和 EDI 中心已经建设完成,WMS/TMS 已经在全国 17 个物流中心实施和推广。

KWE 在实施 FLUX 系统前的业务运作状况:

1)需要建立统一、规范的业务操作流程,作业单据不统一。

2)客户花费大量的时间进行业务数据在 Excel 中的处理,操作效率低下,数据准确性难以保证。

3)库存准确率难以保证,由于 SKU 数量超过了 10 000 种,每次库存盘点都有较大偏差。

4)上架作业和拣货作业依靠现场管理人员的经验,作业效率难以得到提升。

5)仓库和总部管理人员无法实时了解库存动态和运输动态。

6)提供给客户的报表各式各样,由各客户担当手工编制。

7)与客户在费用和核算上完全依靠手工编制的报表,给总部客服人员造成较大压力。

8）每次与客户进行 EDI 接口都需要 IT 部门大量的开发工作。

FLUX 在实施过程中解决的关键问题包括：

1）流程重组：系统的成功实施有赖于建立一套标准规范的作业流程。在实施过程中，实施团队通过对仓库各类产品作业特点的认真分析，结合系统制定了统一的操作流程，并通过管理人员强有力的推进使流程得以贯彻实施。

2）队伍建设：系统不但要成功上线，更重要的是要保证长久稳定的运行，为此需要一个拥有专业技能的实施和支持团队。实施过程中分别针对系统管理员、QA、系统操作员和现场操作人员进行了严格和持续的培训。

3）人员效率：实施系统的一个重要价值在于对于人员效率的提升。通过流程优化、数据自动处理、单据合理化设计，系统人性化设计等措施，使管理人员从简单重复的劳动中解放出来，可以将更多精力放在加强管理和提升服务上。通过成功实施完整的物流信息系统为 KWE 创造了可观的价值：

1）由于错发订单而导致的客户投诉率低于 0.1%。

2）通过作业路径、作业方法的指导和优化，降低物流作业成本 40%。

3）信息系统的有力支持降低对作业人员的经验要求，劳动力成本可节约 20%。

4）库存准确率高达 99.5%以上。

5）充分利用仓库内的有效空间，空间利用率提高 20%。

6）库存动态和订单交付情况在线查询，改善企业形象和客户满意度，提高客户忠诚度。

思考题

通过该案例，谈谈你对使用物流信息系统的心得体会。

提示

作为大型实时性强的物流信息系统的成功设计，必须贯彻系统规划、统筹兼顾、强本简末、量力而行、重点突破、流程再造、科学选比、整体推进、早见成效的原则。物流信息系统的建设通常以业务流程优化为前提，物流信息系统要达到固化流程的作用。实施中不但领导对系统开发工作的绝对支持，团队还必须遵循科学整合、深入实际、打破常规、集中力量、集中时间、划小单元、分兵拓展、交叉作业的方略。在物流信息系统建设中，还要通过团队的携手并肩努力，提高物流运输效率，规范操作标准，使物流业务更准确，失误率低，收付款更清晰，有效提升客户服务价值。

6.1 物流管理信息系统的结构

6.1.1 物流管理信息系统的层次

由于一般企业组织管理是分层次的，所以按所提供的物流信息特点、属性及对管理层次的辅助作用，可将物流管理信息系统结构分为相应的四个层次，如图 6-1 所示。

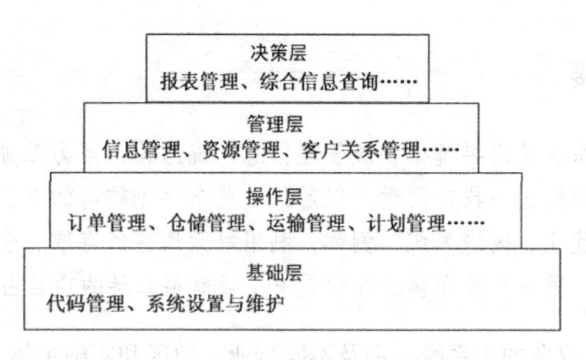

```
              决策层
       报表管理、综合信息查询……
             管理层
   信息管理、资源管理、客户关系管理……
            操作层
  订单管理、仓储管理、运输管理、计划管理……
           基础层
        代码管理、系统设置与维护
```

图 6-1　物流管理信息系统的层次结构

1．基础层

基础层主要设计系统的代码管理及参数的设置与维护等。实体代码化是信息系统的基础，代码设计与管理是信息系统的一个重要组成部分，设计一个好的代码方案对于系统的开发和使用都极为有利。

2．操作层

操作层用于指导物流作业，记录、更新物流各作业环节的作业信息。

3．管理层

管理层用于制订作业计划，平衡、控制、协调客户需求与资源能力，以及各作业环节的均衡平衡。

4．决策层

决策层主要是根据企业运转的各种综合信息或报告，收集环境信息，制定企业的中长期工作计划及战略目标，并根据自下而上的信息反馈，不断调整修正各项目标计划。

> **思考题**
>
> 物流业务管理系统是否是物流管理的全部？
>
> **提示**
>
> 物流业务管理系统不等于物流管理的全部。但业务管理系统是物流管理信息系统的基础和切入点，加之中小企业的信息化需求增长很快，需要一批容易入门和升级的产品。如果引导得好，系统的整合可能会比高端市场更容易一些。
>
> 切记：业务管理切入时要关注物流管理全程，即用信息化去反映先进的物流管理理念，体现先进的运作流程，而不是用信息化去维持现有物流业务流程甚至落后的流程。

6.1.2　物流业务管理系统的作用

物流业务操作层直接面向日常的事务处理和交易作业，所以物流业务管理系统要求及时地处理每天的订货作业、合同作业、运输作业、客服作业、采购作业、库存作业、结算作业等。了解物流业务管理系统是掌握物流信息系统的基础，也是企业信息化的基础。

> **相关链接**
>
> 物流业务管理系统建设要遵循物流管理信息系统结构，因为基础信息化之后就会产生第二层的需求，即经过一段时间运行以后，一些条件比较好的企业，将利用积累的数据开始进一步考虑优化、改进系统，例如，利用每天库存的存取、仓储运输的调度信息来进行日常的优化，进一步提高物流管理效率（目前第二层的项目占15%~20%）。

物流系统是一个复杂的大系统，涉及不同行业、地区和实施主体。实施主体的情况不同，企业物流业务管理系统也存在着差别：一个典型的第三方物流公司物流业务管理系统包括库存管理系统、运输管理系统、配送管理系统等；而生产与制造领域的企业包含采购管理系统、生产与物料管理系统等；大型零售商物流系统包括POS终端系统、配送系统等。不论哪类企业，其物流业务管理系统主要有库存管理信息系统、采购管理信息系统、运输管理信息系统、配送管理信息系统、销售时点信息系统（POS）。

目前，我国物流业整体信息化水平仍非常落后，在相当长一个时期内，企业的需求仍然以规范流程为主，实现信息的采集、传输、存储、共享，然后提供决策，我国物流信息化项目的大多数还属于物流业务管理层次，在物流业务管理系统模块中较重视库存管理和分销、配送管理，如图6-2所示。为此我们将重点分析这几个部分。

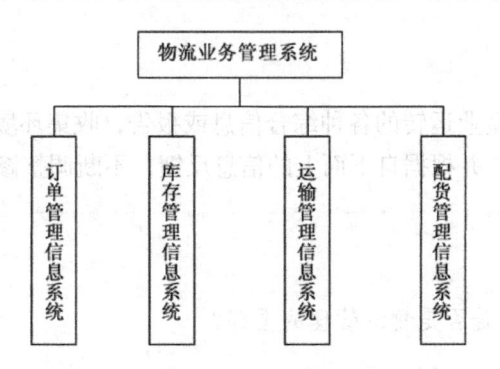

图6-2 物流业务管理系统的主要模块

6.2 订单管理信息系统

> **资料卡片**
>
> **订单活动**
>
> 订单活动是物流活动的起点，在该环节，客户与企业双方通过离线（人员洽谈）或在线（电子商务）等多种方式完成物流服务委托，是企业各客户提供配货、运输、货代等服务的前提。

相关链接

随着市场竞争的日趋激烈和客户个性化需求的发展，大规模定制生产已成为21世纪现代化制造企业发展的重要模式。对于中小型企业而言，原先对订单的管理方式已经无法适应市场快速变化的需要，所以急需一种新的管理方式。在这个信息时代，现有的订单管理信息系统已无法满足这种需要，很多中小型企业已认识到管理信息系统的重要性，希望通过订单管理信息系统对订单进行管理。

6.2.1 业务需求

订单管理要求为企业提供一个展示服务项目的平台，以供客户浏览和选择，例如，某家具订单管理业务流程如图 6-3 所示。客户对感兴趣的服务项目进一步查看服务类别、价格等详细信息，确定委托后，向企业下订单。企业要求确定了的订单快速、准确地传输到销售部门，并同时传输给存货部门、运输部门、流通加工部门、财务部门等；将订单的需求分解到具体物流服务活动，如存货核对、运输、流通加工等，同时需要生成相应的一系列物流服务单据，如拣货单、订车单、加工单等，供相关人员共享，进入相应的工作流程，及时提供物流服务。订单管理业务流程如图 6-4 所示。

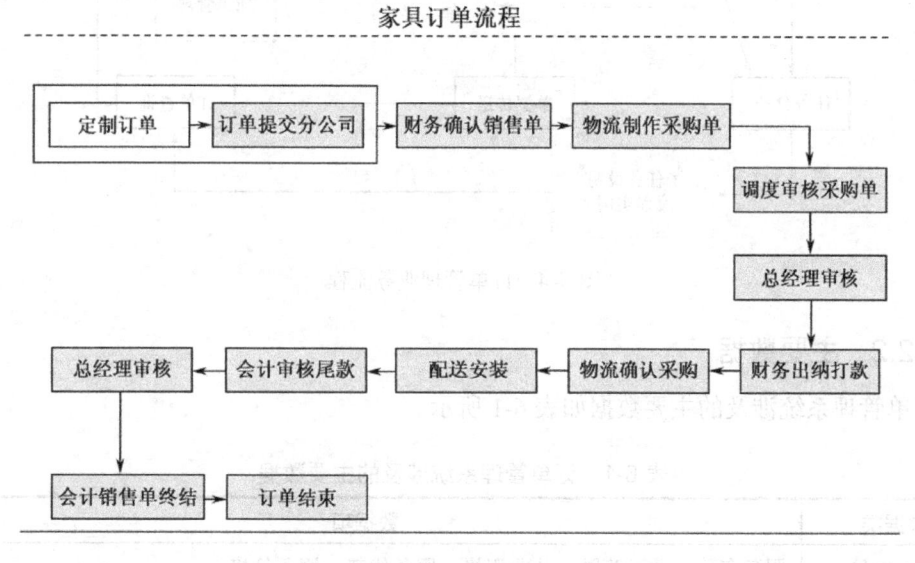

家具订单流程

定制订单 → 订单提交分公司 → 财务确认销售单 → 物流制作采购单 → 调度审核采购单 → 总经理审核 → 财务出纳打款 → 物流确认采购 → 配送安装 → 会计审核尾款 → 总经理审核 → 会计销售单终结 → 订单结束

图 6-3 某家具订单管理业务流程

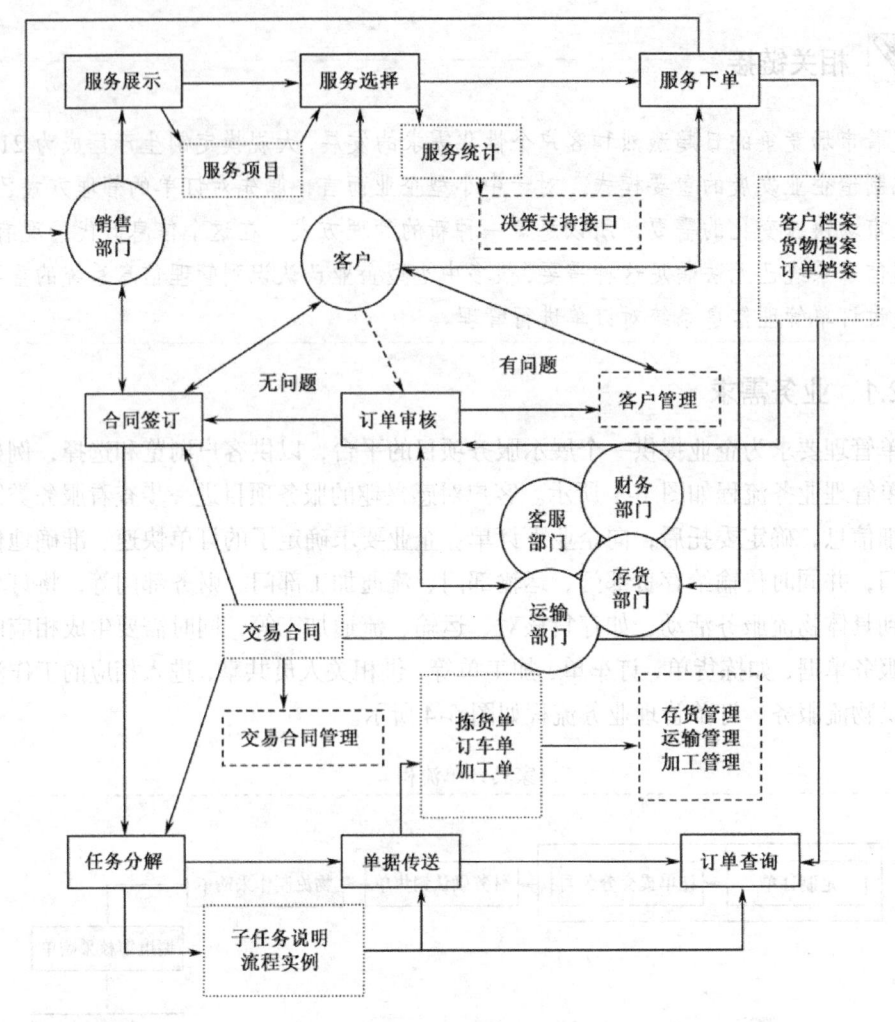

图 6-4 订单管理业务流程

6.2.2 主要数据

订单管理系统涉及的主要数据如表 6-1 所示。

表 6-1 订单管理系统涉及的主要数据

数据类	数据项
服务项目	服务名称，业务范围，从业资格，服务优势，服务价格……
服务记录	服务名称，浏览日期，是否下单，访问者 IP，停留时间……
订单档案	订单编号，客户名称，下单时间，服务名称，金额，备注……
交易合同	合同编号，签约客户，签约日期，合同条款，合同状态……
子任务说明	任务编号，所属合同，所属类别，任务要求，完成时间……
流程实例	流程编号，流程路径，流程状态……

6.2.3 协同数据

在业务管理子系统中，订单管理的主要协同数据如表 6-2 所示。

表 6-2 订单管理的主要协同数据

数据类	所属功能	协同说明
订单档案	订单管理	提供给其他功能共享
客户档案	客户管理	共享客户信息
货物档案	存货管理	共享存货信息
拣货单	存货管理	共享订单中的存货要求，触发货物核对服务同步进行
订车单	运输管理	共享订单中的运输要求，触发运输服务同步进行
加工单	流通加工管理	共享订单中的流通加工要求，触发流通加工服务同步进行

6.2.4 功能描述

订单管理系统的功能如图 6-5 所示。

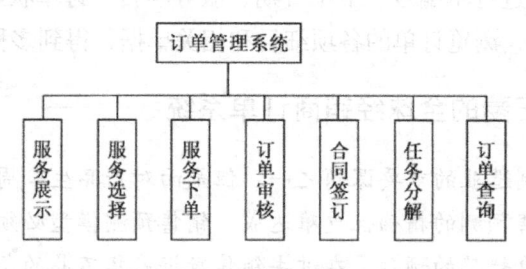

图 6-5 订单管理系统的功能

1．服务展示

企业将可提供的服务项目、服务内容发布到网络平台供客户浏览和选择，企业还可对已发布的项目和内容进行后期的修改和维护。

2．服务选择

客户可能浏览企业的一种或几种服务。系统描述相应的服务的资格、资源、人才、监管等优势，详细说明业务范围，客户如果满意服务则选择下单。系统还能对各个服务项目被浏览和被下单情况进行统计，供企业决策参考。

3．服务下单

系统根据客户所选择的服务种类提供相应的电子表格，其中的必要信息包括客户资料、货物信息，以及所选服务的相关信息、支付信息等。客户填完后提交订单，等待企业确认和签订正式合同。

4．订单审核

客户填写的订单由销售部门接收，建立客户档案和订单档案；同时，客户服务部门、配货部门、运输、流通加工、财务部门也收到订单，分别对资料的真实性、技术可行性与财务信用度等方面给出审核意见，如客户身份的合法性和特殊性、客户资信情况、特殊的委托要求等。遇到信息不完全、情况不明或委托难以完成的情况，将把疑问转到客户管理由客服部门与客户进行协商，协商结果由客户进入该功能修正订单，继续接受审核。

5. 合同签订

审核通过以后，销售部门代表企业以电子数据的方式与客户签订合同。得到客户认可的合同通过网络传送回来，即时开始为客户提供物流服务。对需要的预收费用，生成报账单传送到结算管理功能模块。此后关于合同的变更、中止、完结等问题，则由企业管理子系统的交易合同特定功能模块负责。

6. 任务分解

系统获取正式合同后，对其中的服务条款进行识别和面向具体作业环节的任务分解，如分解为配货子任务、运输子任务、流通加工子任务等。然后为其选配相应的工作流程，生产一系列的服务起始单据。

7. 订单查询

企业和客户可以通过订单编号、下单日期、服务项目、订单状态、货物名称、交易金额等方式查询已签订单，浏览订单的各项细目和相关单据，得到多种汇总信息。

实例 三菱的全球经销商订单系统

销售预测一直是制造业的重要课题之一，但是面对产品生命周期缩短、客户需求多样化的外在环境，销售预测的精确性更难达成。销售预测模型必须不断地接收实际销售资料的回馈，才能做更精确的预测。在过去销售数据采集不易的年代，通用汽车在史隆的领导下，就与其广大的经销商建立起完整的销售资料回馈系统，充分运用庞大的销售资料，造就了通用的辉煌时期。在国际因特网和Web普及应用的今天，销售资料的回馈更为实时、容易、低成本，如能将所获得的销售资料做适当的应用，以及将处理结果与ERP系统整合，将能提升公司快速反应的能力。

三菱汽车美国业务公司的需求计划系统，依照市场需求趋势、目前库存状况与汽车生命周期等变动因素，建立未来的销售预测模型，并可依据三菱汽车分布在美国的500家独立经销商的实际销售资料回馈修正其销售预测的模型。此系统能实时协调工厂生产计划，并自动产生订单建议，因此可协助经销商在正确的时间、正确的地点、获得正确的车款，以增加销售竞争力。

三菱有日本、澳洲与北美的伊利诺伊三个汽车生产中心，其全球经销商订单系统运用manugistics的生产计划模块、物料计划模块与负责最佳化仿真的限制性主计划模块，来协调工厂生产计划，控制采购与原物料库存成本。此系统每年可为三菱汽车缩减1亿美元的库存成本，并将过去耗时90天的订单交货期缩短至30天。

6.3 库存管理信息系统

6.3.1 库存管理的概念

1. 库存的概念

根据《中华人民共和国国家标准物流术语》，库存的定义是："库存是处于储存状态的物品。"

在现代企业中，库存意味着资金的积压，而且要占用仓库进行存放，还要花费人力、物力、财力进行保管，这些都要增加费用、增加成本。所以在理论和实践上，各企业管理者都希望加强库存控制，即将库存保持一个最佳的库存水平，既能够满意地满足物资需求，保障供应，又可以使库存总成本最节省。

> **相关链接　对库存认识的变化**
>
> 1)"视库存为企业财产"时期：商品缺乏时，库存便是财产。
> 2)"视库存为企业坟墓"时期：大量库存的企业由于销售不佳，因库存冻结而破产。
> 3)"认识适当库存的需要，而进行科学化库存管理"时期：科学化库存管理，进行了经济化购入量的研究。
> 4)"计数上的适当量"时期：用各种统计理论及方略、自动控制理论、线性规划理论研究库存。
> 5)"借助计算机的综合性库存管理"时期：增加了不同管理领域的有机性联系，视库存管理为销售、生产、库存等"总体系"中的一环。

2. 库存管理

库存管理是指在物流过程中商品数量的管理。它包括首先使客户需求得到满足，合理确定库存补充的提前期，科学计划存储量及存储的产品种类，降低库存总成本（购入成本、订购/生产准备成本、存储成本/持有成本、缺货成本），以实现储存和保管、调节供需、调节货物运输的功能。库存管理的内容有系统的布局设计、库存最优控制、仓储作业操作。

6.3.2 库存管理系统

库存与库存管理越来越被企业经营者特别是物流的管理者所重视。库存管理的最终目的是要确定一个最优的物资储备量，使库存系统在保证生产消费的同时获得最佳的经济效益。企业通常必须根据自身的战略来考虑和制定库存管理系统，有效的库存管理系统能为库存管理的自动调节创造条件。通常库存管理系统有如下几类。

1. 定量订货管理系统

定量订货管理系统要保持存货数量的记录，并在存货量降至一定水准时进行补充供应。它以经济订货量（EOQ）和订货点的原理为基础。每当物品自仓库发出时，对出库量要记录在案，并将存货余额同订货点进行比较，若存货余额等于或低于订货点，便要按物品的 EOQ 进行订货。定量订货库存原理如图 6-6 所示。

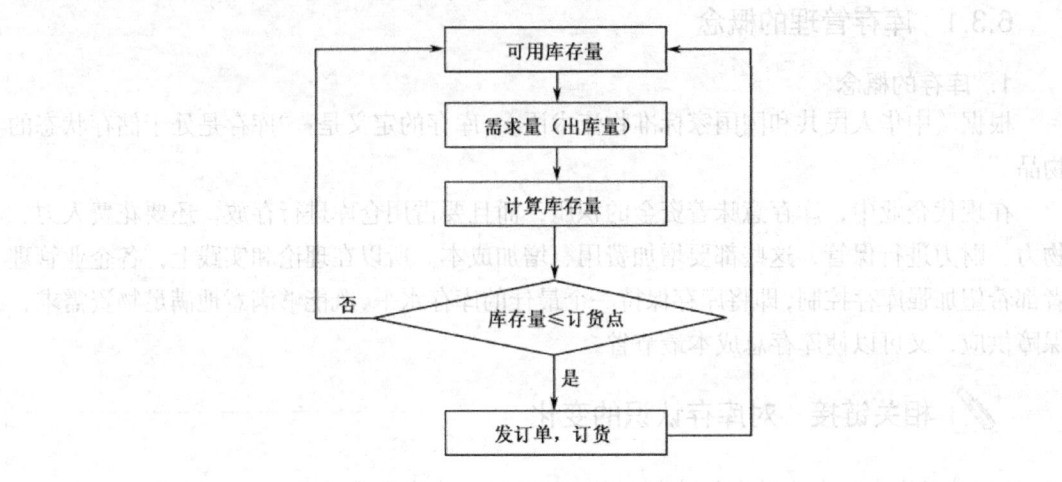

图 6-6 定量订货库存原理

2. 定期订货管理系统

在这个系统下，不使用 EOQ 值，而是按固定的订货间隔期订货。每当物品出库时并不检查库存物品的数量。它通常都是在检查日通过实际盘点来计算在库物品的数量。订货量每期都不同，取决于在库的物品数量、需求量和最高库存量。定期订货库存原理如图 6-7 所示。

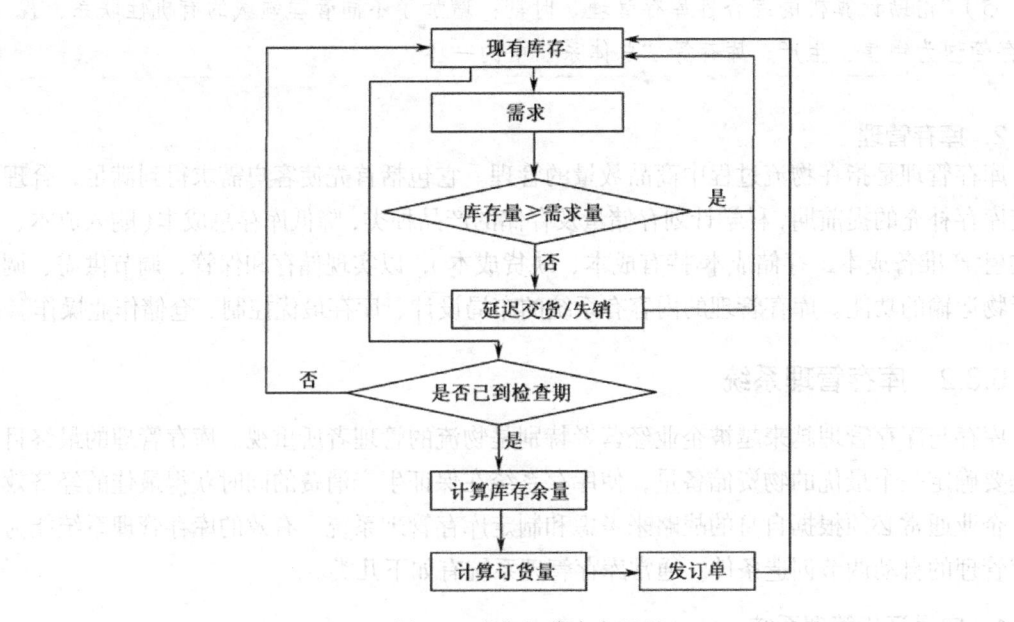

图 6-7 定期订货库存原理

3．非强制补充供货管理系统

非强制补充供货管理系统也称最小—最大系统，是定量订货管理系统和定期订货管理系统的混合形式。库存水准均按固定的间隔期进行检查，但订货要在库存余额已经降至预订的订货点时才进行。当日库存余额等于或低于订货点时进行订货。订货数量等于最高库存水准减去在检查期间的库存水准。

4．JTT 库存管理系统

JTT 系统的基本思想是后一道工序决定前一道工序的内容，供应商应按照厂商的日程表按期准时给其送货。该系统与 EOQ 模型有联系，它假定订货费用可忽略不计，因此，企业可以经常订货，以减少库存费用。

5．MRP 库存管理系统

MRP 库存管理系统是依据市场需求预测和客户订单制订产品生产计划，然后基于产品生产计划，组成产品的物料结构表和库存状况，通过计算机计算出所需物料的需求量和需求期间，从而确定物料的加工进度和订货日程。MRP 与生产进度安排和库存控制两者密切相关。

6．MRPⅡ库存管理系统

MRPⅡ库存管理系统与 MRP 相比扩展了生产资源计划范围，根据市场需求预测和客户订单及营销、财务、制造能力确定主生产计划，然后对产品进行分解，列出物料清单，再按物料独立与相关需求理论，决定基本零部件和原材料的不同需求，从而确定物料的采购品种、数量和时间。

7．DRP 库存管理系统

DRP 库存管理系统联系着物料配送和制造规划及控制系统，阐明了现有的存货状况，并且预测配送系统对于制造生产计划和物料规划的需求。在逻辑上它是制造需求计划的扩展，是在一种独立的环境下运作，是由客户需求引导的，因此企业无法加以控制。

8．ERP 库存管理系统

ERP 库存管理系统是在 MRPⅡ的基础上通过前馈的物流和反馈的信息流和资金流，把客户需求和企业内部的生产活动，以及供应商的制造资源整合在一起，体现完全按用户需求制造的一种供应链管理思想的功能网链结构模式。

> **提示**
>
> 上文所述前五种是业务处理层面的库存管理系统，而后三种则是管理控制层次的库存管理系统。
>
> 一种类型的仓库业务相对比较简单，它是通过分散的计算机信息系统在处理所属仓库单一业务的基础上，建立的高效率信息系统。而在支持多种类型仓库业务的情况下，最好分开建立中央计算机信息系统和分散计算机信息系统，中央计算机信息系统承担将

订单信息转换成物流信息,向各个不同仓库,标准化地传送物流信息到分散信息系统,给不同类型的仓库提供物流信息。

实例　仓储管理系统的应用实践

四川储备物资管理局四三七处(以下简称四三七处)作为国家储备基地和物流基地,除承担国家战略物资的储备任务外,还要面向社会从事生产资料,特别是国民经济建设与发展所需要物资的仓储物流管理。基于四三七处对仓储信息化建设的需求,四三七处与重庆亘古计算机技术开发有限公司合作,在其亘古仓储管理系统(Warehouse Management System,WMS)的基础上构建仓储信息化系统。

亘古WMS在多年实践的基础上,从仓储企业货权管理与实物管理之间,在彼此关联的同时又存在着许多的差异点出发,对仓储管理工作做出了进一步专业化细分,提出并成功实现了货权与实物分离管理模式。货权管理以仓储客户为管理对象,负责仓储物资货权的管理,定位为服务客户的窗口,以客户为关注焦点,着力提供更优质、更便捷的业务受理服务。实物管理则以库存实际产品为管理对象,负责仓储实物管理,专注于如何保证物资验收的质清、量准;物资发放的准确、及时;仓储物资的保质、安全;合理有效地利用有限的仓储空间,提升物资的仓储、吞吐能力。在系统内将货权与实物分离管理,实现数据共享、动态跟踪、实时对比、及时纠错,形成货权管理系统和实物管理系统平行运行,相辅相成,共同服务于一个仓储管理体系,使仓储管理更专业、更科学。

亘古WMS改变大部分仓储软件记账式管理的系统运行模式为货权与实物分离管理的系统运行模式,实现了仓储账务过程控制管理和仓储实物过程控制管理,它结合现代条码、射频识别技术,极大地提高了实物管理过程的可控制性和可查性。

亘古WMS从操作业务上来划分,包括接运管理、货权管理、实物管理、信息管理、加工管理等。业务系统主要采用C/S结构进行设计,数据集中式管理。亘古WMS具有如下特点:

1)构建了货权与实物分离管理的系统运行模式,实现了实物统一管理与专项管理并行管理。

2)实现了对业务操作过程的流程控制。系统运行由传统书面纸质文件(业务单据)传递模式,转化成生产作业推动模式。

3)采用了先进的识别技术。包括对业务方式、业务过程、业务对象以及参与生产作业的设备、人员、物资的识别。

4)实现了实时自动的数据采集。结合条码、射频识别技术实现对货物标识信息自动采集及计量仪器计量数据的自动采集。

5)实现了仓储的无线管理。将射频识别技术、条码技术和无线计算机网络技术相结合,把仓储信息管理直接延伸到了操作现场。

6）严密的防伪功能。通过客户提货样单图形验证、纸质提单与电子加密提单与二代身份证识别相结合，通过条码识别技术对提货车辆的跟踪和管理，保障了客户仓储货物的安全。

7）有效的纠错、防错功能。在操作过程中，系统实时将作业过程中获取的实际作业信息与作业指令信息进行对比监控。

8）多层次物资监控跟踪功能。系统可跟踪实物到最小单位、最精确的物理位置（库区、库房、货位、垛位、层序）。系统同时支持银行、电子交易平台对专管物资实行总金额、总量控制的监管管理模式。

9）科学的仓储数字化生产调度系统。数字化仓储生产调度系统使企业仓储物资和整个仓库的作业点得到科学合理的安排，使每台设备能力得到最大限度地发挥，最大限度地提高了仓库单位时间内的作业量。

随着亘古 WMS 的成功应用，WMS 为仓库提供了最佳货物仓储处理手段。通过 WMS 对有关数据进行采集和处理，一方面实现了货权管理与实物管理分离，消除了管理中重复管理和交叉管理，实现了仓储物流管理的过程控制，大大提高了仓库的利用率，可以说为仓储管理带来革命性的创新。另一方面代替原来人工记录信息的操作，避免了由于重复、烦琐的人工操作所造成的信息错录，减少人工核对环节，提高了工作效率，保障了信息采集的准确性，使之能准确、及时地采集到过程信息，极大地提高了生产作业效率和管理水平。

6.3.3 库存管理系统的功能和结构模型

1. 业务需求

库存管理的主要流程与活动是围绕货物进行的，包括存货登记、仓位分配、出仓选货、存货检查、订货计算、成本核算等。如果货物储存于外部的仓储资源，存货管理还包括租仓管理的功能。当接到拣货单后，需要查对当前存货能否满足订单需求，若有货，则生成选货单并传给配货管理，若缺货，则生成采购通知单传送到采购管理。

企业接收到货物后，首先为其编制、粘贴条形码，并查询是否有相同的存货，若有则增加存货数量，若无则在系统中补充此存货信息。接着进行验货，如有损毁则进行登记。此后，为此货物联系存放的仓库，再后的入仓、仓位分配、货物上架、拣选货物、出仓等操作，虽然由存放仓库进行操作和管理，但整个过程都需要条形码技术的支持。

仓库管理需要大量的查询支持。拣货通知到达后，操作人员需要及时掌握货物的数量及存放的库区、仓位信息。此外，还要定期进行货物统计查询，包括库存报表、仓库租赁情况查询、保质期查询等。

仓库管理的业务流程如图 6-8 所示。

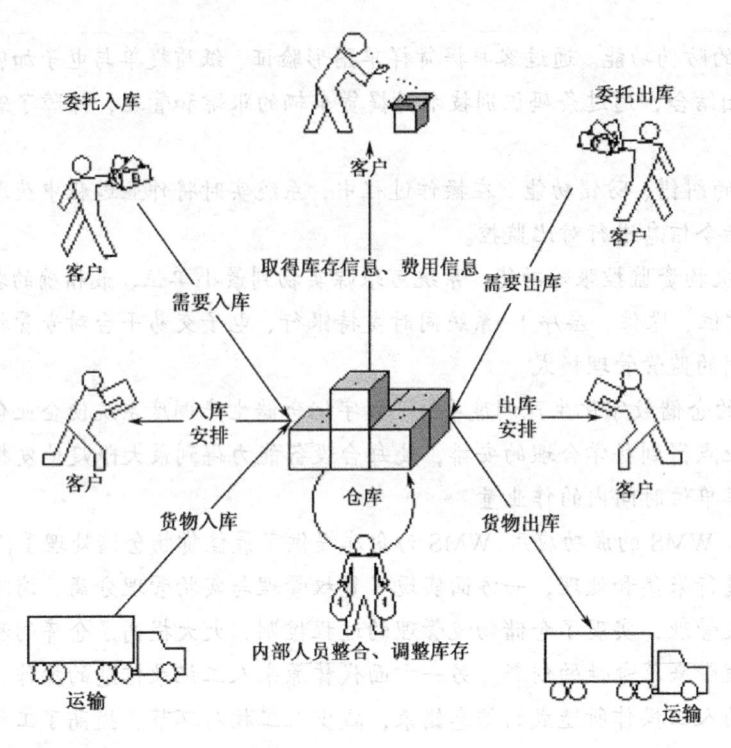

图 6-8　仓库管理的业务流程

2．主要数据和协同数据

库存管理系统的主要数据类如表 6-3 所示。

表 6-3　库存管理系统的主要数据类

数据类	数据项
货物档案	货物名称，存货数量，所在仓库，货物类别，货物属性，包装……
仓库档案	仓库名称，仓库地址，租赁日期，租赁时限……
拣货单	拣货单号，所属订单，货物名称，数量，所在仓库，送达目的地……

主要单据描述如下：

1）收货单，ID 单（Inbound Delivery）：由客户录入，单据中的货物将要入库。

2）发货单，OD 单（Outbound Delivery）：由客户录入，单据中的货物将要从仓库发送到客户处。

3）拣货安排单，Wave 单（Wave）：由多张发货单生成，多张发货单作为一批，生成 TO 单，同时拣货。

4）移库单：由于某种需求，商品需要从一个仓库转移到另一个仓库，这个业务用移库单来发出指令，然后移库。移库指令使用 TO 单。

5）库存转移安排单，TO 单（Transfer Order）：包括入库、出库和移库，确认 TO 单改变库存。TO 单可以通过以下方式产生：

- 由收货单生成。一般用来指示货物从收货区转移到货位，同时确认入库单，修改库存，一旦货物到达货位，入库单关闭。
- 由发货单或 Wave 单生成。一般用来指示货物从货位转移到拣货区，一旦货物到达拣货区，出库单关闭。
- 直接录入。仓库内部移库，直接录入 TO 单，实现仓库内部移库。
- 由 Wave 单生成。一般用来指示货物从货位转移到拣货区，一旦货物到达拣货区，出库单关闭。

6）入库安排单（ASN）：由收货单生成，相当于收货运输单，包含车辆信息、路线信息和时间信息。

7）出库安排单（ASN）：由发货单生成，相当于发货运输单，包含车辆信息、路线信息和时间信息。

库存管理系统的主要协同数据如表 6-4 所示。

表 6-4 库存管理系统的主要协同数据

数据类	所属功能	协同说明
货物档案	存货管理	提供给其他功能共享
仓库档案	存货管理	提供给其他功能共享
拣货单	存货管理	提供给其他功能触发本功能服务同步进行
订单档案	订单管理	共享订单信息
选货单	配货管理	触发选货、配货服务同步进行
采购通知单	采购管理	触发采购服务同步进行

3．库存管理系统的基本功能

库存管理系统的基本功能如图 6-9 所示。库存管理系统功能详图如图 6-10 所示。

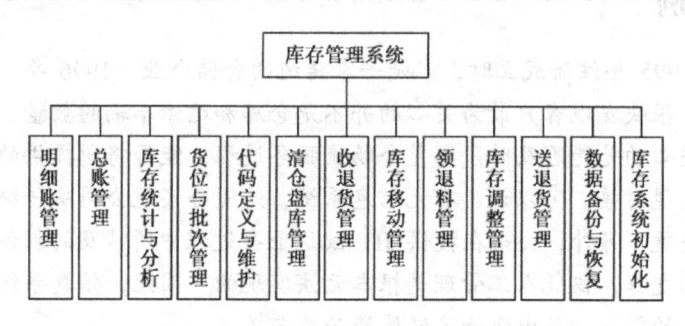

图 6-9 库存管理系统的基本功能

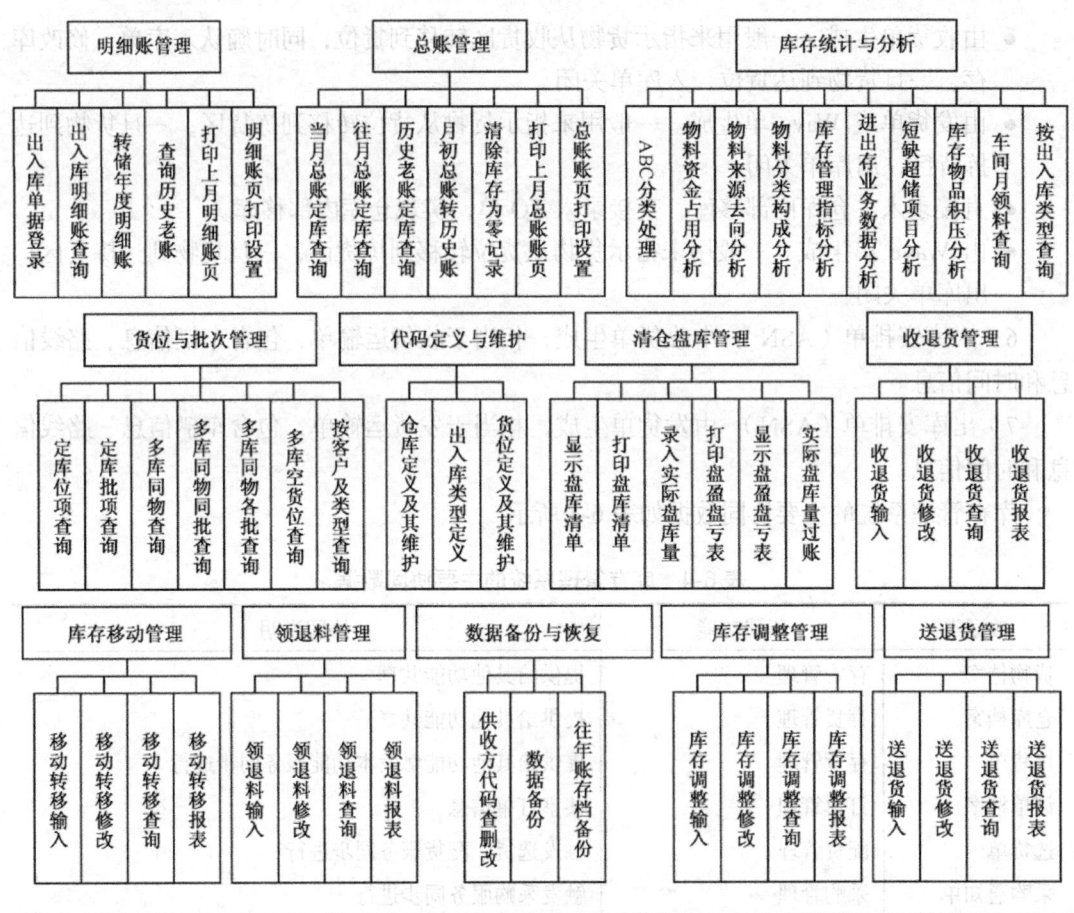

图 6-10 库存管理系统功能详图

实例

中海物流 1995 年注册成立时，只是一家传统的仓储企业。1996 年，公司尝试着向配送业务转型，很快发现客户最为关心的并不是仓库和运输车辆的数量，而是了解其物流管理系统，关心的是能否及时了解整个物流服务过程，能否将所提供的信息与客户自身的信息系统实现对接。可以说，有无信息系统，是能否实现公司从传统物流向现代物流成功转型的关键。另外，公司在提供 JIT 配送业务过程中所涉及的料件已达上万种，没有信息系统的支撑，仅凭人工管理是根本无法实现的。因此，信息系统的实施成为中海物流业务运作的需要，是中海物流发展的必然选择。

2015 年 1 月 1 日起，中海集团国际贸易有限公司整体并入中海物流，进一步完善了公司的服务资质和服务能力。目前，中海物流下设北方、华北、山东、华东、华南五大区域公司以及一家专业供应链管理公司，在香港设有中海物流（香港）有限公司，覆盖中国沿海各口岸和内陆中心城市的 183 个服务网点，形成了从南到北、从沿海到内陆纵横交叉的立体服务网络体系，并通过中国海运优质的全球航运资源，将业务拓展到中东、非洲、欧洲和美洲等国家和地区。

中海物流信息系统的实施经历了三个阶段：第一阶段为1996—1997年实施的电子配送程序，以实现配送电子化为目标，功能比较单一；第二阶段为1998—1999年实施的C/S结构的物流管理系统，实现了公司仓储、运输、配送等物流业务的网络化；第三阶段始于2000年，以基于Internet结构的物流电子商务化为目标，开发出了目前正在运行的中海物流管理信息系统，并专门成立了中海资讯科技公司进行该系统的商品化工作。

中海物流管理信息系统具有以下特点：集成化设计、流程化管理、组件式开发、数据库重构、跨平台运行、多币种结算、多语言查询、多技术集成（如条形码技术、GIS技术、GPS技术、动态规划技术、RF技术、自动补货技术、电子商务技术等）、多种方式的数据安全控制（身份识别、权限控制、数据库操作权限控制、建立在Java安全体系结构上的加密技术、认证和授权技术以及SSL技术）。

通过信息化的实施，中海物流在管理、业务范围、经营规模、服务能力、服务效率、经济效率等各方面均发生了巨大的变化，目前信息系统已成为中海物流的核心竞争力，对公司物流业务的发展起着支柱作用。

6.4 运输管理信息系统

6.4.1 概述

运输是实现物品空间位移的手段，也是物流活动的核心环节。无论是物流企业，还是企业物流中，对运输组织管理应贯彻以下基本原则：及时原则、准确原则、经济原则（选择运输方式和路线，合理运用运输工具和设备，运用经济规模原理等）、安全原则。

运输有水路、公路、铁路、航空、管道运输五种方式，每种运输方式的作业流程和信息系统有较大的差别。但是，总体来看，对于水路、公路、铁路、航空四种运输方式，运输作业可分为集货承运、运送、送达交付三个环节，运输信息是指在运输业务三个环节所发生的信息，主要的基础信息是产生并证明运输活动发生、完成的各种单据。运输信息的主要数据和协同数据如表6-5和表6-6所示。

表6-5 运输管理的主要数据

数据类	数据项
订车单	所属订单，订车车型，运输路线要求，要求到达时间，收货地点，货物名称，件数，体积，重量……
运输资源	车牌，类型，状态，总载重，总容积，当前剩余载重，当前剩余容积，当前所在地点……
车辆信息	车牌，执行订车单，当前所在地点……
交通状况	地区，城市，街区，通行状态，拥塞程度……

143

续表

数据类	数据项
关键点信息	关键点名称，考察订车单，当前车辆距离，预计到达时间，实际到达时间，离开时间，间距路程费用，关键点费用……
客户托运单	客户名称，目的地……
推荐路线	地点，后续路径……
配载方案	货物名称，货箱坐标……

表 6-6 运输管理的协同数据

数据类	所属功能	协同说明
关键点信息	运输管理	提供给其他功能共享
订车单	运输管理	提供给其他功能触发本功能服务同步进行
货箱清单	配货管理	共享货箱及内装货物信息
地图信息	GPS/GIS	共享地图信息
交通状况	交通系统	共享交通信息
分店信息	分店管理	共享分店信息
提货单	库存管理	触发出货服务同步进行
加工单	流通加工管理	触发流通加工服务同步进行

（1）运输信息管理的重要性

作为物流成本中的费用大头，运输的有效运作能为客户节约大量的成本，同时也会为物流企业带来丰厚的利润。因此，通过信息技术进行高效、可靠、安全的现代物流运输管理显得十分重要。

（2）运输信息管理的内容

运输信息管理的内容涉及工具、运送人员、货物及运输过程各业务环节的信息管理。

6.4.2 运输管理信息系统的功能

1. 业务需求

运输部门需要对所有的运输工具，包括自有车辆、协作车辆及实行实时调度管理的临时车辆，提供对货物的分析、配载的计算，以及最佳运输路线的选择。通过 GPS 与 GIS 实现车辆的运行监控、车辆调度、成本控制和单车核算，并能提供网上车辆及货物的跟踪查询。

2. 运输管理信息系统的基本功能

运输管理信息系统的基本功能如图 6-11 所示。

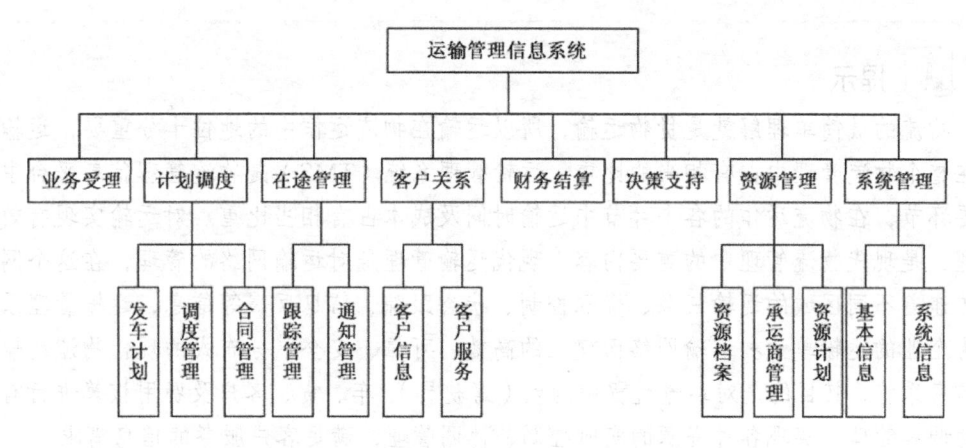

图 6-11 运输管理信息系统的基本功能

6.4.3 运输管理信息系统的业务流程分析

第三方物流公司接到订单后，进行以下工作：检查订单是否全部有效；确认订单是否完全；收货受理；车辆调度；运输管理；入库管理；仓储管理及配送；财务结算。其具体的业务流程如图 6-12 所示，该图显示了典型的第三方物流公司的业务流程，扣除仓储模块及配送模块，其余部分则属于运输管理信息系统的范围。第三方物流运输作业的全过程一般分为三个阶段，即业务受理、调度、过程管理/查询。这三个阶段又分为七个环节：业务受理、车辆调度、资源管理、运输过程管理、客户服务、财务结算及决策支持。

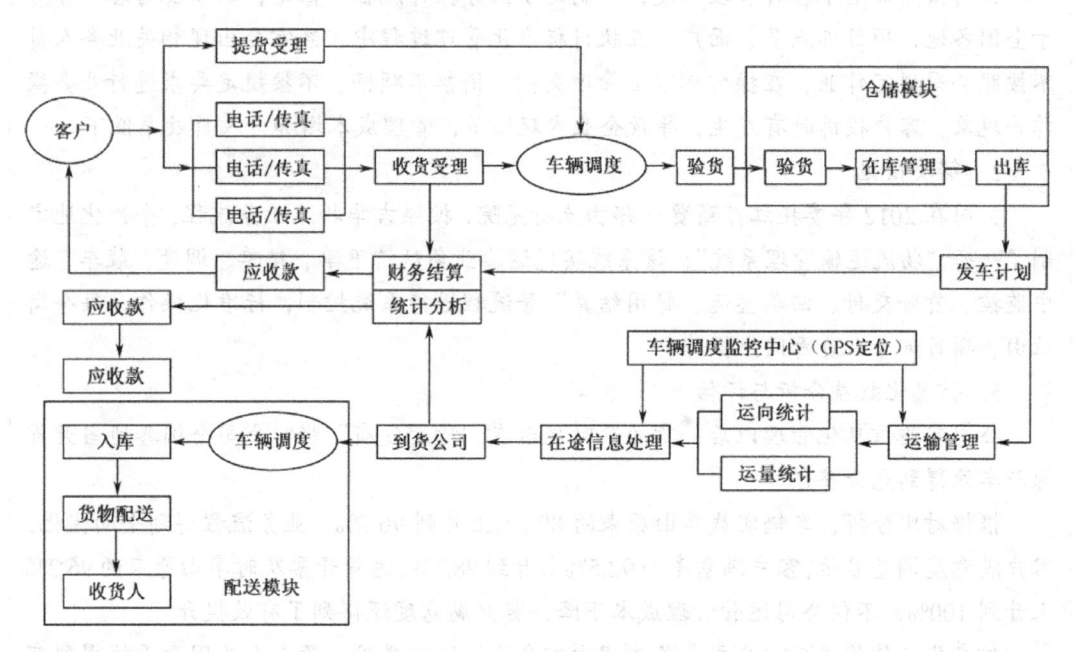

图 6-12 第三方物流运输基本业务流程

> **提示**
>
> 物流的最简单理解就是货物运输,所以运输在物流运作中的地位十分重要,运输管理在整个物流管理中占有相当的比重。运输管理系统(TMS)是物流管理信息平台中的重要环节,在物流运作的各个环节中运输时间及成本占有相当比重。对运输实现有效的管理,是现代物流管理中的重要内容。现代运输管理是对运输网络的管理,在这个网络中传递着不同区域的运输任务、资源控制、状态跟踪、信息反馈等信息,运输管理系统是为企业的运输单元和运输网络而建立的高效、可靠、安全、分布式的现代物流运输管理信息系统,其目的是对运输过程中的人(驾驶员)、车、货、客户及费用核算进行有效的协调和管理,实现各种资源的实时控制、协调管理,满足客户服务的信息需求。

实例　南通吉华物流有限公司:物流运输管理系统

南通吉华物流有限公司注册资本 3 600 万元人民币,是一家集仓储、配送、运输、装卸及货运代理为一体的现代物流企业。公司实行以项目部为基础的运营管理模式,按照区域划分设置项目部,负责客户业务操作与客户管理。由于客户遍布全国各地,项目部分布点多、面广。

1. 实施信息化之前存在的问题

公司虽然健全了各种管理制度,并制定了业务操作流程。但是,由于公司客户分布于全国各地,项目部点多、面广,在执行标准化管理过程中,经常会出现相关业务人员不按照公司规定作业,在操作环节上管理失控、衔接不顺畅、不按规定要求进行业务操作等现象,客户投诉时有发生,导致企业内耗增多,管理成本增加,人员效率低下。

2. 解决措施

公司在 2012 年委托江苏商贸通邦物流研究院,按照吉华物流业务流程,个性化地定制了一套"物流运输管理系统",该系统实现运输业务从"下单、接单、调度、装车、途中监控、货物交付、回单签返、费用结算"等流程进行系统控制,标准化操作,每个岗位由各项目部专人负责网上操作。

3. 信息化效益分析与评估

公司实施信息化管理以后,货源及时显示在"货运发布"栏,公司全国各地当天货源与车源得到充分整合。

根据对比分析,车辆实载率由原来的 89.2%上升到 96.7%,业务流程得到全面优化,客户满意度调查显示,客户满意率由 92.5%上升到 98.3%,运费开票及时率由原来的 96.2%上升到 100%,不仅公司运营管理成本下降,客户满意度还得到了有效提升。

信息化工作推进后,公司业务流程由信息系统进行操控,原来人为因素干扰得到有效遏制,业务流程真正实现了标准化管理,各业务岗位之间信息沟通也由原来人工传递变为计算机系统传递,信息变得及时、不重复、不遗漏,工作效率大大提升。

6.5 配货管理信息系统

6.5.1 配货管理的概念

配送是整个物流业务的核心活动，企业 90%以上的客户业务单据由配送部门接收、处理，并将信息通过网络传输到相关的业务部门，如运输、流通加工等。一般而言，配货活动是配送业务的起点，此后继续进行运输、流通加工等活动。现代配货管理大量使用条形码技术，依靠信息流来控制物流，真正实现精确、快捷、高效、灵活的配货管理，从而提高配送管理的水平。

> **提示**
>
> 配货作业的准确率和效率与商品的保管方式、区域设置、作业指示方法、作业通道设计、配货数量等要素密切相关。

6.5.2 业务需求

配送物流活动要求：在接到系统的选货后，分批发出印有条形码的拣货标签；分拣人员根据计算机打印出的选货单，在仓库中进行拣选，并在商品上贴上拣货标签；将拣出的货物运到自动分类机，检验拣货有无差错，货物即分岔流向按分店分类的滑槽中；然后将不同分店的货物装入不同的货箱中，并在货箱上贴上印有条形码的送货地址卡，输送到不同的发货区。当发现拣货有错时，商品流入特定的滑槽内。条形码配合计算机应用于作业流程管理，使系统即时获得各个操作的信息。配货管理的业务流程如图 6-13 所示。

6.5.3 主要数据

配货管理的主要数据如表 6-7 所示。

表 6-7 配货管理的主要数据

数据类	数据项
选货单	选货单号，所属订单，货物名称，数量，存入货址，送达目的地，货箱编号……
分店信息	分店名称，分店地址……
货箱清单	货箱编号，所属分店，分店地址，货物数量……
拣货标签	所属拣货单号，送达目的地，所属分店……
货箱标签	货箱编号，所属分店，分店地址，货物数量……

6.5.4 协同数据

在业务管理子系统中，配货管理的主要协同数据如表 6-8 所示。

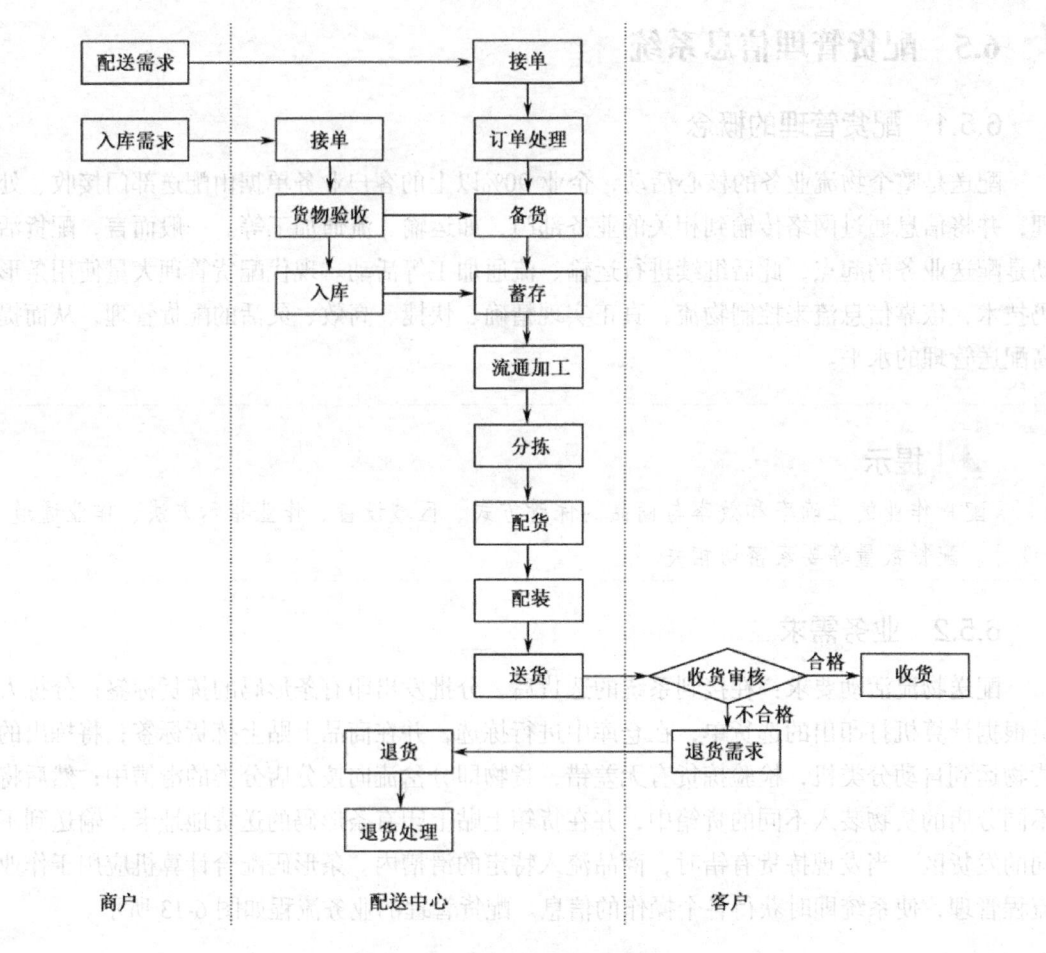

图 6-13 配货管理的业务流程

表 6-8 配货管理的主要协同数据

数据类	所属功能	协同说明
货箱清单	配货管理	提供给其他功能共享
进货单	配货管理	提供给其他功能触发本功能服务同步进行
货物档案	存货管理	共享存货信息
仓库档案	存货管理	共享仓库信息
分店信息	分店管理	共享分店信息
订车单	运输管理	触发运输服务同步进行

6.5.5 功能描述

配货管理信息系统的功能如图 6-14 所示。

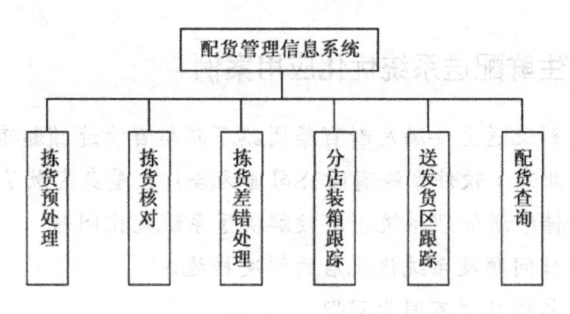

图 6-14 配货管理信息系统的功能

1. 拣货预处理

操作员对照选货单，操作系统生成包含货址、发送地等条形码信息的拣货标签，打印出来供操作员进行作业。同时，选货单流转到仓储管理，形成出仓请求。

2. 拣货核对

拣货出仓结束后，系统首先根据拣货条形码查询出相应的需求货物，再与自动分类机扫描获得的货物信息进行核对，检查货物拣货是否正确，并将核对结果传输到自动分类机进行相应的操作。拣选正确的货物，直接进入分店装箱；拣货错误的货物，形成拣货错误通知单，流转到拣货差错处理模块。

3. 拣货差错处理

系统查询错误货物的货址和所需货物的货址，重新生成拣货标签并打印出来，流转到仓储管理功能模块，形成出仓请求和选错货物重新入仓要求。

4. 分店装箱跟踪

系统为货物对应的选货单记录货箱编号，为装好的货箱生成包含分店地址、货物件数等条码信息的货箱标签，打印出来供操作员进行作业。同时生成货箱清单和订车单传送到运输管理功能模块，形成运输请求。

5. 送发货区跟踪

系统扫描进入相应发货区的货箱标签，对相关的选货单记录并进行核对。对配货各环节发生的费用，分摊到各客户，并形成报账单传送到结算管理功能模块。

6. 配货查询

对配货查询，客户和企业可根据"合同—子任务—工作"流程的层次关系定位到需要查看的配货流程，也可以选择按执行时间、货物名称、流程状态、交易金额、分店查询配货流程。所得的查询结果是关于工作流程的进展报告，包括工作流程的路径全貌，各环节的名称、状态、操作时间和关键结论。

企业还可以进一步检索和查看订车单、货箱清单等内部信息，对其进行跟踪、监督、管理和控制。同时，也可以帮助企业了解配货业务的频度、自有资源的使用率和效率，便于进行资源管理和调配，以及为运营决策提供辅助信息。

实例　生鲜配送系统优化应用案例

新百现代物流生鲜配送主要满足新百集团旗下新华百货连锁超市 200 余家门店的配送，目前与思爱普（北京）软件系统有限公司通力合作，量身定做了 SAP 扩展仓储管理解决方案即 EWM 仓储配送管理系统，有效解决了系统优化问题。

系统优化前的运作问题及系统优化后的解决措施。

（1）解决商品流与信息流不同步问题

系统优化前：超市各门店通过设计好的 Excel 电子档进行下单，物流汇总各店电子档发采购订单，物流手工纸单据收货，商品到店后，门店手工纸单据签收验货。纸质签字单据返回物流后，物流信息人员补开进、销、存的一系列系统账务处理。

系统优化后：商品流与信息流同步进行。

（2）优化内控环节，解决各环节内控不严密，排除运作风险

系统优化前：向供应商订货和门店向物流订货均为"物流续订员"操作，且商品价格的维护也是"物流续订员"，流程缺乏对这个岗位的有效监控；供应商入库系统过账和物流系统拣配、发货过账全部由"物流信息员"完成。账务处理前后环节只有两个岗位人员进行，无法形成各环节互相制约互相监控作用，存在运作风险。

系统优化后：通过系统将各环节操作权限分布到各运作部门，环环相扣，形成有效的内控检核监督机制。

（3）解决门店下单问题，提高商品准确性及运作效率

系统优化前：门店 LCC 汇总 Excel 电子档需求并通过网络传给物流信息员，物流信息员汇总各店订货需求 Excel 电子档，通过网络发给生鲜采购安排向供应商订货。因手工操作将各表转换汇总，容易出现商品数量输错或串行，且环节流转缓慢，运作时间长。

系统优化后：门店在系统内进行订货需求下单操作，物流信息员在系统中自动汇总各店订单并生成向供应商的采购订单，供应商通过供应商登录网站截取并打印订单，安排送货。

（4）系统优化前后，现场运作模式改变，解决一系列运作难题

系统优化前：生鲜库房手工单据进行收货、分播、QC、合板、发货。供应商送货无严格标准，现场差错率高，对库房人员技能要求高，手工单据填写问题多。

系统优化后：供应商必须按规格包装送货，现场使用 RF 手持终端收货播种，同时配合多种属具作为商品载体，RF 手持终端进行商品 QC 检核（商品多货、少货、残损、日期问题等监控检核）并进行系统数量组盘，相应由第三方承包商负责商品合板。

生鲜配送库规划的下一步改进优化目标方案：

1）配合生鲜商品销售增长需进行系统及设备全面升级。
2）继续系统优化生鲜库其他环节的流程。
3）实现 SAP-EWM 系统托盘码与商品追溯系统对接功能。
4）GPS 覆盖及热点追踪分析。

自测题

一、不定项选择题

1. 物流信息化建设战略应该是局部的、分阶段的、循序渐进的，物流信息系统建设应该先以在国际先进物流管理理念指导下开发出来的简单的、经济的、实用的、功能较为专一的（　　）为主。
   A. 业务管理系统　B. 客户关系管理　C. 运输管理　　D. 仓储管理

2. "应当由信息化去反映先进的物流管理理念，体现先进的运作流程，而不是用信息化去维持现有物流业务流程甚至落后的流程"的观点是（　　）的。
   A. 不正确　　　　B. 正确　　　　C. 片面　　　　D. 有一定道理

3. 了解物流业务管理系统是掌握物流信息系统的（　　）。
   A. 核心　　　　　B. 关键　　　　C. 基础　　　　D. 主要内容

4. 订单管理要求为企业提供一个展示（　　）的平台，以供客户浏览和选择。
   A. 工作内容　　　B. 服务项目　　　C. 业务　　　　D. 产品

5. 视库存管理为销售、生产、库存等"总体系"的一环是（　　）对库存的认识。
   A. "视库存为企业财产"时期　　　　B. "借助计算机的综合性库存管理"时期
   C. "计数上的适当量"时期　　　　　D. "科学化库存管理"时期

6. 运输信息管理的内容涉及（　　）的信息管理。
   A. 工具　　　　　B. 货物　　　　C. 运送人员　　　D. 运输过程各业务环节

7. 现代配货管理大量使用（　　），依靠信息流来控制物流，真正实现精确、快捷、高效、灵活的配货管理，从而提高配送管理的水平。
   A. 条形码技术　　　　　　　　　　B. GPS
   C. 物流现代化设备　　　　　　　　D. JIT

8. 综合物流管理信息系统的功能/层次矩阵分为（　　）层次。
   A. 三个　　　　　B. 四个　　　　C. 二个　　　　D. 五个

9. 运输管理信息系统的基本功能主要有（　　）。
   A. 计划调度　　　B. 在途管理　　　C. 客户关系　　　D. 资源管理

10. 库存管理系统的基本功能主要有（　　）。
    A. 库存移动管理　　　　　　　　　B. 领退料管理
    C. 货位与批次管理　　　　　　　　D. 收退货管理

二、简答题

1. 什么是综合物流管理信息系统的功能/层次矩阵？
2. 库存管理的内容是什么？
3. 常见的库存管理系统有几类？

三、论述题

1. 库存管理系统的基本功能有哪些？
2. 运输管理信息系统的基本功能有哪些？
3. 订单管理信息系统的基本功能有哪些？

案例分析

顺丰的快递业信息化管理

1993年，顺丰诞生于广东顺德。自成立以来，顺丰始终专注于服务质量的提升、持续加强基础建设、积极研发和引进具有高科技含量的信息技术与设备，不断提升作业自动化水平，实现了对快件产品流转全过程、全环节的信息监控、跟踪、查询及资源调度工作，确保了服务质量的稳步提升。截至2015年年底，顺丰已拥有约1.5万台营运车辆，以及遍布中国大陆的近1.3万个营业网点。此外，公司目前拥有30架自有全货机，搭建了以深圳、杭州为双枢纽，辐射全国的航线网络。与此同时，顺丰积极拓展国际件服务，目前已开通美国、日本、韩国、新加坡、马来西亚、泰国、越南、澳大利亚、蒙古国等国家的快递服务。

1. 信息化综合集成应用全面

顺丰坚持以科技提升服务，大力进行科技投入。顺丰投入巨资以项目形式开展，由公司内部营运与IT共同组成团队进行研发，陆续实施上线了HHT手持终端、全/半自动分拣系统、呼叫中心、营运核心平台系统、客户关系管理系统、GPS全球定位系统和航空管理系统等先进的软硬件设施设备，率先在国内实现了对货物从下单到派送的全程监控、跟踪及查询，并全部采用全自动与半自动机械化操作，优化快件的操作流程。

通过运用手持式数据终端、全球卫星定位、全自动分拣等高科技手段，顺丰整合了包括航空货运、公路运输、铁路运输等多种运输方式，在不同运输方式的衔接环节保持运作调度、信息流转和操作标准的高度融合和协调一致，从而确保快件安全、快速地送达客户手中。同时，通过整合，使单位能耗逐步降低，为节能减排做出企业应有的贡献。充分应用计算机技术、网络技术及相关的关系型数据库、条形码技术、EDI等技术，高度集成物流系统的各个环节，借助信息技术对生产过程进行运筹和决策，集中反映应用现代信息技术改造传统物流业的方法和趋势，通过物流信息化水平的提升推动物流业务的发展。

物流全过程业务信息系统包括对客户下单、上门收件、运输调度、储存保管、转运分拨、快件集散、流通加工、信息服务等诸多物流功能要素的数据收集与监管，且和项目实施方所处行业的运作体制、标准化、电子化及自动化等基础环境高度匹配。其中业务核心系统、客户核心系统、财务等信息系统均实现底层数据无缝对接，客户服务实现对客户管理系统的动态资源管理；收派服务环节应用GPRS通用无线分组业务；运输调度通过后台指挥中心实现对车辆全程车载监控、GPS定位功能；转运分拨实现全自动分拣和半自动分拣方式，并在实体到达之前对运单信息分析，提前知晓快件流向；派件采用电子签收、MSG服务。

2. 全生命周期管理效益显著

在信息化综合集成的基础上，顺丰根据物流快递的行业特性，提出了快件全生命周期的概念，据此进行信息化的模式创新。快件生命周期包括5个组成部分：客户环节、收派环节、仓储环节、运输环节、报关环节。目前，各个环节的信息化应用已经取得显著成效。

在客户环节，呼叫中心已经能够做到每一通呼叫都可记录对应的通话原因，每个客户投诉都有完整的处理流程。通过呼叫中心系统数据记录统计，已整理100个左右的解决方案，普通坐席人员可以很有信心地处理90%的客户来话，从而降低了呼叫中心员工的工作压力，帮助员工提高了工作绩效，也为优秀员工提供了职业发展的空间。

在收派环节，手持终端程序的最大优势就是减少人工操作中的差错和提高操作人员的工作效率，目前顺丰使用的第四代手持终端系统，使收派员的工作效率提高了20%以上。

在仓储环节，顺丰的全自动分拣系统能连续、大批量地分拣货物并不受气候、时间、人的体力等的限制，可以连续运行。同时由于自动分拣系统单位时间分拣件数多，因此自动分拣系统每小时可分拣7 000件包装商品，如用人工则每小时只能分拣150件左右，同时分拣人员也不能在这种劳动强度下连续工作8小时。而且，自动分拣系统的分拣误差率极低，自动分拣系统的分拣误差率大小，主要取决于所输入分拣信息的准确性，顺丰的全自动分拣系统采用条形码扫描输入，除非条形码的印刷本身有差错或损坏，否则不会出错，系统识别准确率高达99%。

在运输环节，GPS对车辆的动态控制功用，完成了运输过程的透明化管理，可以对运输方案、车辆配置及时中止或优化，运输成本综合降低25%。

另外，在为电子商务客户服务方面，顺丰通过信息化与电子商务客户之间的系统实现对接，同时以安全、快速的客户体验赢得了电子商务企业与个人客户的逐步信赖，深刻地改变着网购快递的使用习惯。仅近期，顺丰网购收入增长率就超过70%。

讨论分析题

1. 顺丰公司的信息系统包括哪些内容？
2. 顺丰公司的信息化有何特点？
3. 你认为顺丰公司的信息化建设对其他企业有何借鉴意义？

实训题　库存管理信息系统的分析

1. 实训目的

通过实训使学生掌握使用信息系统分析、设计的基本方法，提高解决实际管理问题、开发信息系统的实践能力。同时体现"教师指导下的以学生为中心"的教学模式，以学生为认知主体，充分调动学生的积极性和能动性。

2．实训内容

选用适当的信息系统开发工具，开发库存管理信息系统，重点训练系统分析能力。

（1）根据课程时间选择适当设计内容，根据合理的进度安排，按照系统开发的流程及方法，踏实地开展课程设计活动。

（2）根据所选的具体需求，在开发的前两个环节中撰写相关的技术文档。

3．实训组织

（1）将全班同学分成若干小组开展。
（2）根据所给资料，选取类似企业进行实地调研。
（3）在调研前，每组应先制订具体的调研计划。
（4）调研结束后，每组应根据调研情况，整理并写出相应的书面报告。
（5）相互交流（最好通过课堂组织），根据资料完成下列任务：
1）画出组织机构图。
2）对库存管理职能进行分析，并画出管理职能分析图。
3）画出库存管理系统的业务流程图。
4）画出库存管理系统的顶层、第二层数据流程图。

附：企业资料

某厂是我国东北地区一家生产照明灯的老企业，每年工业产值在 4 000 万元左右。该厂目前生产的产品如表 6-9 所示。

表 6-9　某厂产品品种规格、单价及定额储备

产品名称	规　　格	不变价（元）	现行价（元）	最高储备额（只）	最低储备额（只）
灯泡	220 V—15 W	0.80	1.00	60 000	600
灯泡	220 V—45 W	1.00	1.20	60 000	600
灯泡	220 V—60 W	1.20	1.40	60 000	600
灯泡	220 V—100 W	1.50	1.80	40 000	500
灯泡	220 V—150 W	1.80	2.00	40 000	400
灯泡	220 V—200 W	2.00	2.20	30 000	300
灯泡	220 V—300 W	2.80	3.00	20 000	200
节能灯	220 V—4 W	6.00	8.00	10 000	1 000
节能灯	220 V—8 W	8.00	10.00	10 000	1 000
节能灯	220 V—16 W	12.00	15.00	10 000	1 000
日光灯	220 V—8 W	6.00	7.00	10 000	1 000
日光灯	220 V—20 W	7.00	8.00	10 000	1 000
日光灯	220 V—30 W	8.00	9.00	10 000	1 000
日光灯	220 V—40 W	10.00	11.00	10 000	1 000

工厂的产品仓库管理组隶属于销售科，由 7 名职工组成，主要负责产品的出入库管理、库存账务管理和统计报表，并且应当随时向上级部门和领导提供库存查询信息。为了防止超储造成产品库存积压，同时也为了避免产品库存数量不足而影响市场需求，库存管理组还应该经常提供库存报警数据（与储备定额相比较的超储数量或不足数量）。

产品入库管理的过程：各生产车间随时将制造出来的产品连同填写好的入库单（入库小票）一起送至仓库；仓库人员首先进行检验，一是抽检产品的质量是否合格，二是核对产品的实物数量和规格等是否与入库单上的数据相符，当然还要校核入库单上的产品代码；检验合格的产品立即进行产品入库处理，同时登记产品入库流水账，检验不合格的产品要及时退回车间。

产品出库管理的过程：仓库保管员根据销售科开出的有效产品出库单（出库小票）及时付货，并判明是零售出库还是成批销售出库，以便及时登记相应的产品出库流水账。

平均来看，仓库每天要核收 30 笔入库处理，而各种出库处理约 50 笔。每天出入库处理结束后，记账员就根据入库流水账和出库流水账按产品及规格分别进行累计，以便将本日内发生的累计数填入库存台账。

产品入库单如表 6-10 所示，出库单如表 6-11 所示，入库流水账如表 6-12 所示，出库流水账如表 6-13 和表 6-14 所示，而库存台账账页如表 6-15 所示。

产品库存的收发存月报表是根据库存台账制作的。产品库存查询是通过翻阅几本账之后实现的。目前库存报警功能尚未实现。

表 6-10　产品入库单　　　　　　　　　　　　　　　　　　　　第　册　号

日　期	产品代码	产品名称	单　位	规　格	入库数量	备　注

生产车间	填制人

表 6-11　产品出库单　　　　　　　　　　　　　　　　　　　　第　册　号

日　期	产品名称	规　格	入库数量	备　注
				批发[　]　　零售[　]

填制人

注：批发出库时在备注栏的批发[　]处画"√"，否则在零售[　]处画"√"。

表 6-12　产品入库流水账　　　　　　　　　　　　　　　　　　　　　　　　　页

日　期	产品代码	产品名称	单　位	规　格	入库数量	备　注

155

表 6-13　产品零售出库流水账　　　　　　　　　　　　　页

日　期	产品代码	产品名称	单　位	规　格	零售出库数量	备　注

表 6-14　产品批发出库流水账　　　　　　　　　　　　　页

日　期	产品代码	产品名称	单　位	规　格	批发出库数量	备　注

表 6-15　某厂产品库存台账（当日合计数）　　　　　　No.

产品代码：		规格：	不变价（元）：	
产品名称：		单位：	现行价（元）：	
日　期	入库数量	零售出库量	批发出库量	结　余

第 7 章

企业物流信息系统分析

学 习 目 标

- 重点掌握生产制造企业、商品流通企业和物流企业物流信息系统体系及其功能。
- 一般掌握生产制造企业、商品流通企业和物流企业物流系统的特点。

引导案例

上海铁联储运物流信息化历程

上海铁联国际储运有限公司是由上海外高桥保税区三联发展有限公司和上海铁路局合资组建而成的,如今,企业已在服务实践中逐渐成长为以仓储业务为龙头,以运输、货代为翼的国际性物流企业经营格局。

作为上海外高桥保税区内最大的物流企业之一,上海铁联国际储运有限公司在发展过程中为何不在原领域纵深推进而向国际型物流企业转轨,揭开上海铁联国际储运公司的物流信息化面纱,上海铁联的成功转型或许会给更多徘徊在物流信息边缘的物流企业以更多的启示。

上海铁联的企业领导认为:"我国保税区国际物流的发展趋势是,不仅需要依托保税区其他各项主体功能的发展,更要依托高水平的物流运作来促进保税区其他各项主体功能的深化,使保税区各种功能形成协调互动的发展格局。作为保税区内的企业,就必须实现物流流程的合理化和物流服务的规范化,提高自身的经营管理水平和物流服务质量,从而使企业真正具有独特的市场竞争能力。"

如何实现物流管理的规范化呢?信息技术成为上海铁联从一般意义上的物流公司转型为国际型物流公司的锦囊妙计。上海铁联选择物流管理软件的理念是能否与企业发展方向所吻合,技术力量是否雄厚,咨询团队是否专业,实施方法是否合理,厂商是否具有一定知名度等综合因素,都作为选择合作伙伴的必要条件。

面对这些急需解决的问题,博科资讯提出了一套包括集中处理、进出货作业、报关业务、库存管理、物流计费、运输管理的良好的物流信息系统。这套系统首先解决了上海铁联人工管理物流信息无法量化的问题,建立了货主及货主的客户档案资料,可对货主或货主客户提供满足货主要求的服务,为货主提供进出、存精细化管理,可对货物进出库和库存情况进行实时查询和跟踪。对不同的货主可设定不同的物流计费策略,提供各种物流作业计费的设定功能,从而进行物流自动计费。在物流计费模块中增加了应收应付功能,可对货主的代垫费用进行记录和管理,并将相关数据传输至财务系统,从而大大提高了财务人员的工作效率。使用运输管理模块后,通过设置车辆的基本资料、记录车辆的业务情况和运行中发生的各种费用,从而实现对车辆的有序管理,减少了流转过程、提高营运效率、紧缩人员编制、降低营运成本。

思考题

上海铁联储运的信息化对其他企业有何借鉴之处?

提示

物流信息系统的建设要根据企业所属类型、行业特点、业务需求进行规划、分析、设计,在此基础上,通过科学制定企业物流信息化目标,合理选用物流信息技术,构建物流信息系统结构,设置合适的功能模块,真正发挥物流信息系统的价值和作用,提升企业竞争力。

7.1 制造企业物流信息系统

思考题

制造企业在何时愿意为物流信息系统建设投入?一般在什么样的条件下,建设一个什么层次、什么功能的物流信息系统?

7.1.1 制造企业物流的概念及特点

1. 制造企业物流的概念

在制造企业中,物流管理贯穿整个企业的生产活动。一方面,它是制造企业赖以生存和发展的重要条件,企业的正常运转要按生产计划和生产节拍提供各种原材料、能源甚至信息等,同时要将产品不断送出企业,推向市场。另一方面,物流是制造企业本身所必须从事的重要活动。

企业系统活动的基本结构是投入—转换—产出,对于生产类型的企业来讲,是原材料、燃料、人力、资本等的投入,经过制造或加工使之转换为产品或服务。物流活动便是伴随着企业的投入—转换—产出而发生的。企业生产过程的连续性和衔接性,必须依靠生产过程中不断的物流活动来进行，有时生产过程本身便和物流活动结合在一起。

如果把制造企业物流看作一个微观物流系统，这个系统还可以进一步划分为若干物流子系统，如供应物流子系统、生产物流子系统、销售物流子系统及废弃物物流子系统。

2．制造企业物流的特点

制造企业物流现代化的基础是，首先采取快速高效自动化的物流设备；其次是与现代化生产制造相适应的物流系统。其中，制造企业物流系统一般都具有结构复杂、物流节奏快、物流路线复杂、信息量大、实时性要求高等特点，所以现代化的制造企业物流系统往往采用计算机进行动态的现代化管理。制造企业物流有以下几个重要特点。

（1）制造企业物流是生产工艺的一个组成部分

物流过程和生产工艺过程几乎是密不可分的，它们之间的关系有许多种，有的是在物流过程中实现生产工艺所要求的加工和制造，有的是在加工制造过程中同时完成物流，有的是通过物流对不同的加工制造环节进行链接。它们之间有非常强的一体化特点，几乎不可能出现"商物分离"那样的物流活动完全独立分离和运行的状况。

（2）制造企业物流有非常强的"成本中心"的作用

在生产中，物流对资源的占用和消耗是生产成本的一个重要组成部分，并且由于在生产中物流活动频繁，所以对成本的影响很大，因此工厂物流的观念主要是一个成本观念。

（3）制造企业物流是专业化很强的"定制"物流

制造企业物流必须完全适应生产专业化的要求，面对特定的物流需求，而不是面对社会上的、普遍的物流需求，因此，工厂生产物流具有专门的适应性而不是普遍实用性，可以通过"定制"取得很高的效率。

（4）制造企业物流是小规模的精益物流

生产物流的规模由于只面对特定对象，因此，物流规模取决于生产企业的规模，这和社会上千百家企业所形成的物流规模的集约比较起来，相差甚远。由于规模有限并且在一定时间内其规模固定不变，这就可以实行准确、精密的策划，可以运用资源管理系统等有效的手段，使生产过程中的物流"无缝衔接"，实现物流的精益化。

> **相关链接　制造商供应链信息化提升工程**
>
> 这个工程的重点在于选择有影响力的主制造商，以点带面，联动产业链的上下游，提升供应链物流信息化发展水平，优化产品从研发设计、采购供应、生产制造、分销配送、售后服务、再制造直至报废回收整个周期的管理水平，缩短物流相应时间，提高企业资金周转率，降低平均库存水平和物流总成本，提高客户满意度和供应链的整体竞争能力，这主要聚焦在原材料、装备、消费品、电子和国防工业等行业。

7.1.2　生产制造企业物流信息分析

1．企业产品生产信息流程

集生产、销售于一体的大型制造企业，一般拥有一套从原料进厂到工厂下线到送达客户，贯穿采购、生产、销售过程的一体化物流服务平台，系统的作业流程从经销商、客户的订单处理开始，包括客户订单的管理、订单执行（原材料采购、产品生产）、针对客户订单的运输管理和仓库管理，以及由此产生的财务数据。制造企业系统流程如图 7-1 所示。

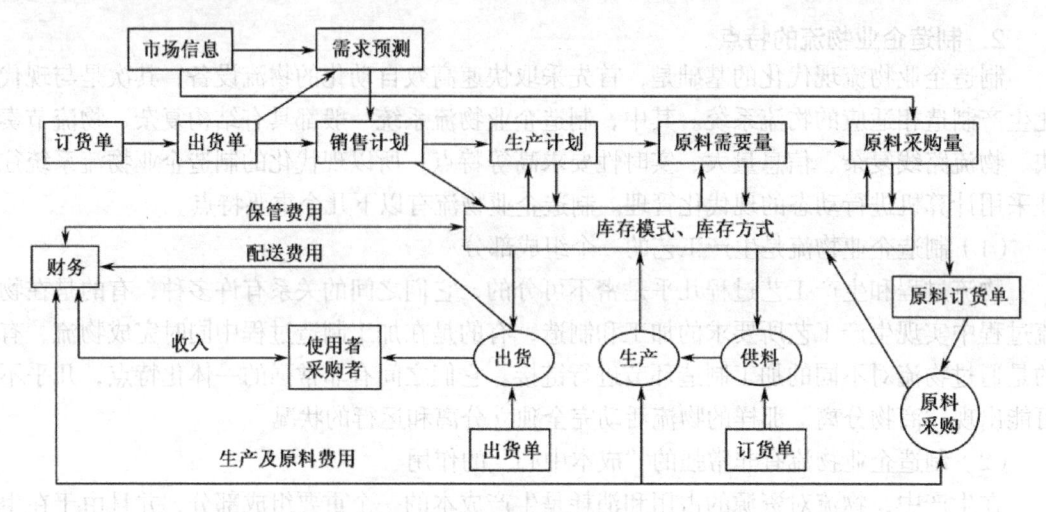

图 7-1 制造企业系统流程

2. 企业物流管理业务

生产制造的物流信息通常主要在采购部门、销售部门、制造部门、库存部门、财务部门。

现代生产物流管理业务由管理层、控制层和执行层三大部分组成，其结构如图 7-2 所示。

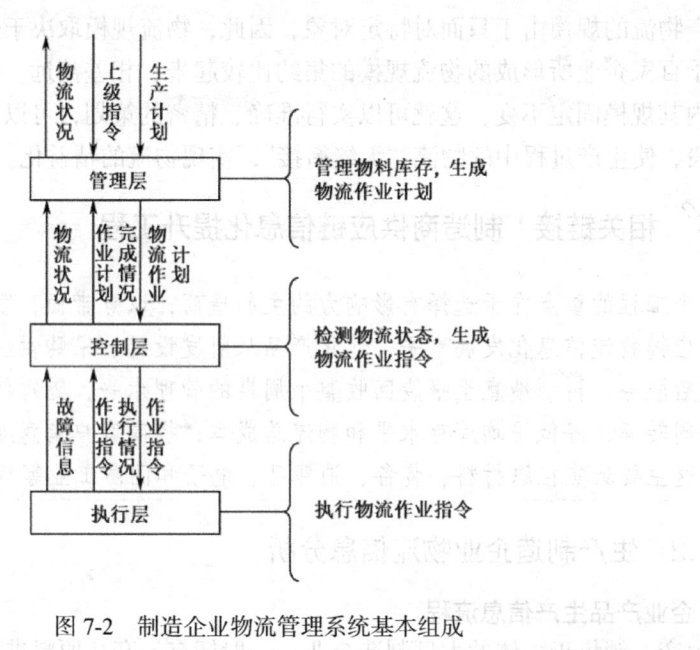

图 7-2 制造企业物流管理系统基本组成

管理层是一个计算机物流管理软件系统，是物流系统的中枢。它主要完成 5 项功能：①接收上级系统的指令并将此计划下发；②调度运输作业；③管理主体仓库库存；④统计分析系统的运行情况；⑤处理物流系统信息等任务。

控制层是物流系统的重要组成部分，它接受来自管理层的指令，控制物流机械完成指令所规定的任务，并实施实时监控物流系统的状态。

执行层由自动化的物流机械组成，包括：①自动存储/提取系统，即 AS/RS（Automated Storage & Retrieval Systems）；②输送车辆；③各种缓冲站。

物流设备的控制器接受控制层的指令，控制设备执行各种操作。由于分工不同，各层次的要求也是不同的。对管理层要求有较高的职能；对控制层要求有较高的实时性；对执行层则要求较高的可靠性。

3. 制造企业物流信息的内容

根据企业性质的不同，物流信息的具体内容也不尽相同。物流信息的内容总是与企业物流的各个子系统对信息的需求相一致。一般的制造企业物流系统子系统有原材料或零部件供应物流子系统、生产产品物流子系统、库存和运输物流子系统和销售产品物流子系统。

原材料或零部件供应物流子系统中常见的物流信息包括：原材料或零部件，如名称、相关物理属性、数量、计量单位、价格、质量要求、存储要求等；供应商的信息，如名称、地址、邮政编码、电子信箱、电话、传真、规模、信誉度等；供应商交货的信息，如交货时间、交货数量、提货方式、支付方式、纠纷处理等；供应商接收的信息，如接货人工号、质量检验、合格情况等。

生产产品物流子系统中常见的物流信息包括：零部件的信息，如名称、相关物理属性、数量、计量单位、价格、质量要求、存储要求等；产品的信息，如名称、相关物理属性、数量、计量单位、价格、质量要求、存储要求、包装要求等；生产的信息，如生产工人工号、车间号、机器号、运行时间、机器状态、机器维修记录、机器折旧等；检验的信息，如检验员工号、质量要求、合格情况、合格率等；废料或回收物的信息，如名称、相关物理属性、处理要求、处理结果、处理费用、法规标准等。

库存和运输物流子系统中常见的物流信息包括：库存物品的信息，如名称、相关物理属性、数量、入库时间、出库时间、存储要求、存储单位、状态等；库存水平的信息，如库存容量、库位编号、库位状态、库存成本、安全库存、自然损耗等；运输物品的信息，如名称、相关物理属性、数量、目的地、搬运要求等；运输时间的信息，如发货时间、发货地点、到货时间、到货地点、运输工具、运输成本。

销售产品物流子系统中常见的物流信息包括：客户的信息，如名称、地址、邮政编码、电子信箱、电话、传真、规模、信誉度等；货物的信息，如名称、相关物理属性、数量、计量单位、价格等；订货的信息，如订货方、所订货物编号、数量、交货时间、交货方式、支付方式、纠纷处理等。

7.1.3 生产制造企业物流信息系统

1. 生产制造企业物流信息系统的体系结构

物流信息系统是把各种功能的物流活动联系在一起的纽带，处于物流系统中不同层次上的物流部门或人员，需要不同类型的物流信息。图 7-3 说明了现代物流信息系统在各层次上的信息功能。

制定战略计划系统	制定物流战略目标 战略物流联盟形成 客户服务目标分析 能力和机会开发和锻炼	寻找机会
决策分析	物流网络规划流程 设施选址决策　　运输决策 采购和库存决策　　销售决策	
管理控制	运输管理　采购管理　销售管理 存储及库存管理　成本及服务管理	转化价值
业务处理	订单数据处理　物流作业程序选择 物品装卸及运输　打印和传送付款发票	提高效率

图 7-3　制造企业物流信息系统的层次和功能

2. 生产制造企业物流信息系统的功能

对制造企业而言，物流信息系统把从采购到生产直至销售等各个物流环节都联系起来，被看成一个物流大系统进行整体设计和管理，以最佳的结构、最好的配合，充分发挥其系统功能和效率，实现整体物流合理化。制造企业物流信息系统一般应实现下列功能：

1）商品计划管理，包括采购计划和销售计划，是对材料和产品的实物流动做出预先的规划，制定一定的目标。

2）仓储管理，包括成品或在制品入库、物料在库移动、物料在库保管、核查、出库等管理环节，在仓储管理中，可以根据物料出入库单数据，统计物料的使用率与在库量，可以实现对物料供应商的评定，传输给物料采购部门。

3）采购管理，包括订货、付款条件、交货时间、地点等。

4）生产与物料管理，在生产过程中，详细记录物料生产过程中在各道工序上使用状况，及时掌握物料的耗费，及时补充物料，保证生产的顺利进行，生产物流管理和企业的仓储、配送、回收等有着直接的数据处理关系。

5）物流作业管理，指企业内部包括出库单证的生成、配送部门记录、配送路线制定、车间货到签收等环节。

6）回收管理，在制造企业的生产过程中，由于生产加工工期的缩短和多品种小批量的生产，必然造成生产线上物料余料和在制品的积压，回收管理可以减少生产线上不必要的浪费，节约生产成本，统计企业的生产进度。

7）信息功能，包括进行与上述各项活动有关的计划、预测、动态信息及有关的费用信息、生产信息、商流信息等活动。

8）财务管理，涉及成本核算、运费计算、未收钱款管理、银行结算等部分。

在设计物流信息系统中，不必将系统中的模块和功能严格地一一对应，同样，每个部分中都应包含情报功能。当然，竞争性物流信息系统是建立在交易系统的基础上的，所以，还应包括管理控制、决策分析、制订战略计划等模块。随着模块的开发和提炼，以后的物流信息系统会把信息的可靠性、精确性、及时性、异常性、灵活性及适当的形式化等特点都结合在一起。

实例 武钢金属结构公司物流管理信息系统

武钢金属结构公司是国内生产钢结构产品的大型国有企业，年产钢结构的生产能力为 2 万吨，产值超过 1 亿元，主要产品有钢结构产品（轻钢、网架、重钢及超大超重钢结构）、非标设备、压力容器、B 级锅炉、钢模板等。其主要生产工艺流程如图 7-4 所示。

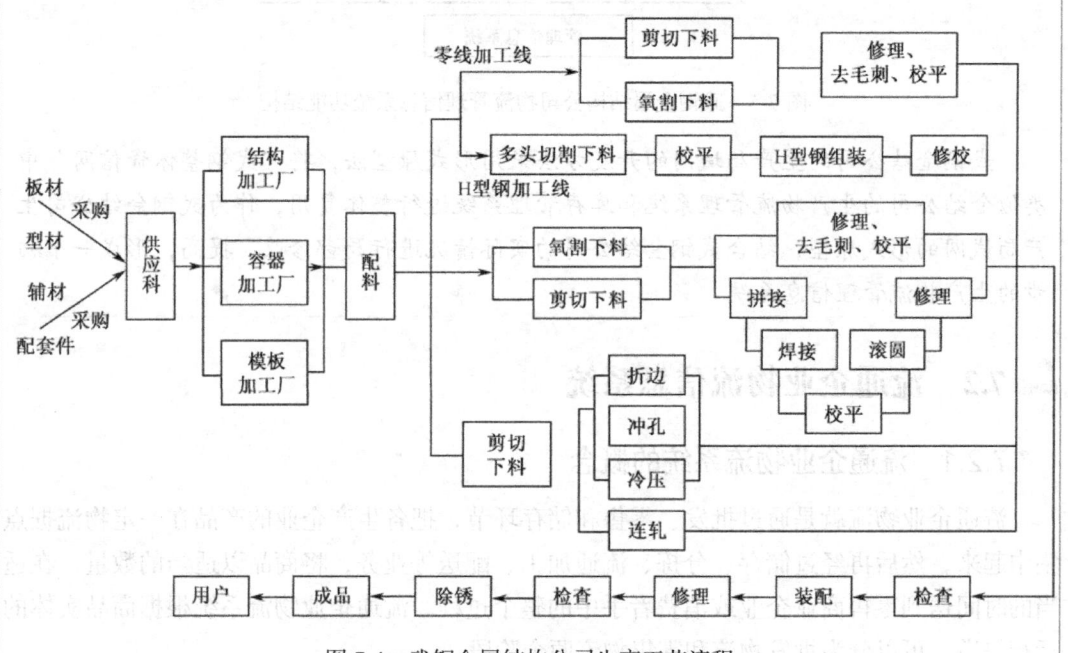

图 7-4 武钢金属结构公司生产工艺流程

整个系统根据职能阶梯管理的原则和各管理层有不同要求的特点，又分成 13 个子系统：高层管理控制子系统；物资供应子系统（包括库存管理子系统）；钢结构生产物流系统；非标设备及压力容器生产物流系统；机械零件加工及设备维护系统；市场经营计划系统；生产物流管理子系统；产品包装、储存、运输系统；销售管理系统；财务和会计子系统；人力资源子系统；信息收集、调查、处理、反馈子系统（包括 OAS）；系统扩容、维护、修改子系统。该物流管理信息系统功能结构如图 7-5 所示。

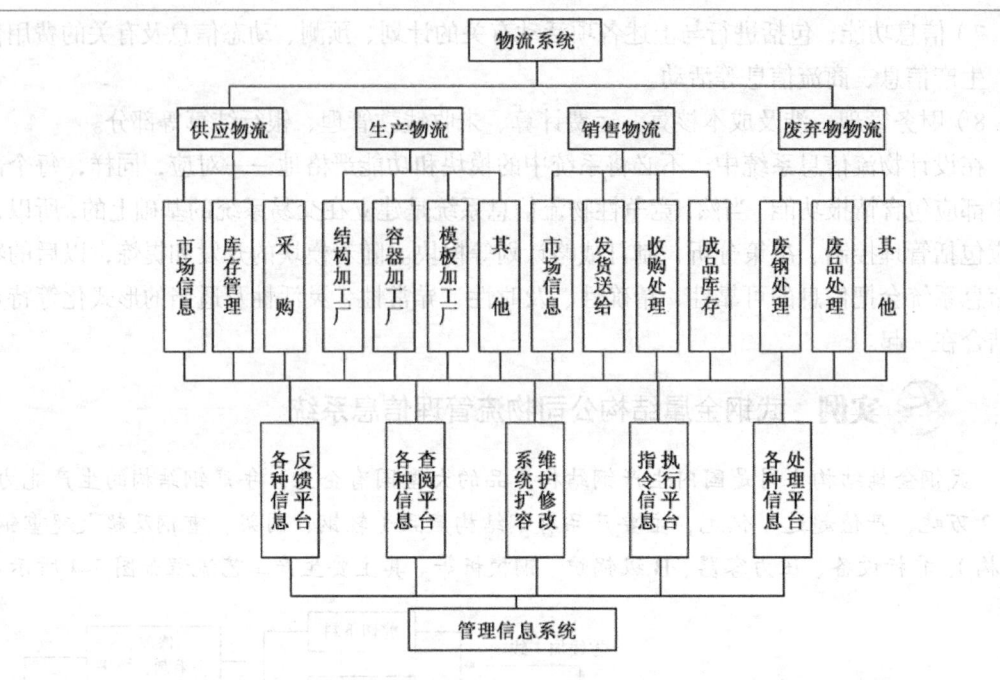

图 7-5　武钢金属结构公司物流管理信息系统功能结构

武钢金结公司的生产局域网的开发方法采用形式原型法，将"武钢整体资信网"中类似金结公司的生产物流管理系统和库存管理系统进行整体复用，作为武钢金结公司生产局域网的形式原型，结合武钢金结公司的实际情况进行局部修改、提高，形成一个初步的生产物流管理信息系统。

7.2 流通企业物流信息系统

7.2.1 流通企业物流系统的概念

流通企业物流就是通过批发、零售和储存环节，把各生产企业的产品在一定物流据点集中起来，然后再经过储存、分拣、流通加工、配送等业务，将商品以适当的数量，在适当的时间送到零售商业企业或消费者手中的整个过程。流通企业物流系统根据商品实体的运行渠道，可以分为批发物流和零售物流两个阶段。

1. 商业批发企业物流

批发企业是为进一步转销或加工大批商品而从事的业务经营机构。批发企业位于商品运动的始端和中间部位，其社会功能在于把分散在各地的生产企业的产品输入流通过程中，并完成商品在流通过程阶段移动的任务。因此，商业批发企业是生产过程和流通过程的衔接纽带。商品在流通过程的运动，有可能经过多次批发环节，把商品送到更远的地点，如我国的一级站、二级站和三级批发企业。商业部门的储运设施 90%在批发公司，但随着流通体制改革的深入，商品流通渠道发生了很大变化，各批发企业大多出现了萎缩。根据各

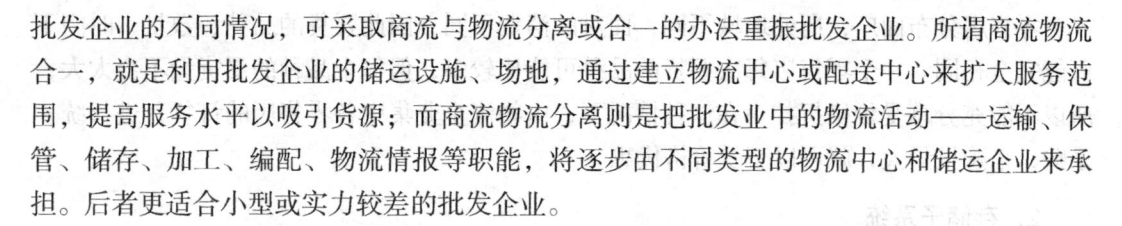

批发企业的不同情况，可采取商流与物流分离或合一的办法重振批发企业。所谓商流物流合一，就是利用批发企业的储运设施、场地，通过建立物流中心或配送中心来扩大服务范围，提高服务水平以吸引货源；而商流物流分离则是把批发业中的物流活动——运输、保管、储存、加工、编配、物流情报等职能，将逐步由不同类型的物流中心和储运企业来承担。后者更适合小型或实力较差的批发企业。

2．零售企业物流

零售企业是以直接供应消费者用作生活消费或供应给社会集团作为非生产性消费为基本任务的商业企业，也是直接向消费者提供商品服务的企业。零售企业的业务过程，就是商品从流通领域最终进入消费领域的过程。因而零售业是处于商品流通的最后阶段，是流通过程与消费领域的结合点，当商品经过零售送达消费者手中，商品运动也就最后终止。在商流与物流合一的条件下，我国的百货商店、专营店的物流活动——收货、检验、暂时保管、分类、发货等职能，均由零售企业承担。由于零售企业的物流设施极其分散并且条件简陋，这样使有限的物流设施得不到充分利用，形不成集合力。加之，批发网点的不尽合理和零售网点分布的分散性，势必造成城市内交通拥挤，加剧城市交通的紧张程度，直接影响为消费者提供方便的服务和所有权的顺利转手。而在商流与物流分离的情况下，百货商店、专营店的物流形态，有从工厂、批发企业等购进商品的采购物流，有将一些商品转运到分销店和门市部的供应物流，还有把商品发送到消费者手中的销售物流。为了提高百货商店和专营店的物流效率扩大其商品的市场占有率，并减缓城市交通的紧张程度，可在中心城市或交通枢纽地建立物流中心或配送中心，零售店的进货、送货均由物流中心或配送中心来完成，这样使零售业进一步专业化、细分化，销售部门将集中力量研究消费者的需求，搞好市场预测与决策，提高销售服务水平。配送中心则采取共同进货、共同送货的方法以减少不必要的流转环节，降低物流费用，进而达到提高物流管理水平，顺利完成商品使用价值运动过程的目的。

> **提示**
>
> 不管是批发企业的物流，还是零售企业的物流，其物流活动都要在物流据点中进行。这种物流据点，有的属于批发企业，有的属于零售企业，也有的属于物流企业。一般来说，一个物流据点的物流活动是由采购、储存、流通加工、配送和信息处理五个子系统构成的。这五个子系统相互影响，相互制约，对每一个子系统的改进需要考虑是否对其他子系统带来消极影响。因此，对商业物流系统的优化应本着"整体最优"的原则进行。

7.2.2　流通企业物流系统的结构与功能

1．采购子系统

采购子系统就是物流系统的输入。采购信息是多方面的，主要有货源信息（包括货源的分布、结构、供应能力）、流通渠道的变化和竞争信息、价格信息、运输信息、管理信息等。

零售店分布面广，所处地域不同，面对的消费不同，因此要货的品种、数量、时间不可能完全相同。一个零售店每次要货的品种可能比较多，但每个品种的要货量不会太大，所以不能充分享受价格折扣。在这种情况下，由物流企业集中各零售店的订货，进行统一采购，采购批量大，就可以享受价格优惠。

2．存储子系统

从商业物流企业来讲，存储子系统一是起集散商品作用，把商品从产地集中进来，形成规模，统一存储，然后根据需要，把商品分散送到零售店去。通过一集一散，衔接供应和销售，降低物流成本。二是起检验作用。在物流过程中，为了保障商品的数量和质量准确无误，分清事故责任，维护企业利益，必须对采购的商品在各方面进行严格的检验和核对，保证商品在品种、规格、品牌、质量、数量、包装等方面符合要求。商品检验在入库前进行。

零售店的主要任务是现场销售。在场地安排上，营业场所面积一般要占70%以上，而用于商品存储的场地不大。零售商店存储的商品在数量上仅保持在一个较短的时期内不缺货。这是和它们的销售功能相适应的，同时，为了加快零售店资金的周转，也不宜存储较多的商品。

3．流通加工子系统

流通企业所获得的利润，一般只能从生产企业的利润中转移过来。进行流通加工，流通企业不仅能获得从生产领域转移过来的一部分价值，而且能够创造新的价值，从而获得更大的利润。商业物流企业有能力从事流通加工活动。进行流通加工为商业企业带来的利益：一是由于商业物流企业开展流通加工，可以购进加工程度低的便宜商品，降低进货成本；二是商业物流企业对商品进行加工，可以使商品更适合销售特点。

商业物流企业所进行的流通加工作业有两种。

1）分装加工。许多商品零售起点小，而生产企业为了保证高效运输，出厂包装大。为便于销售，商品购进后要按所要求的零售起点进行重新包装，大包装改小包装，散包装改小包装，运输包装改销售包装。

2）分选加工。如果购进的农副产品质量规格参差不齐，把这样的商品卖出去，一是不受客户欢迎，二是销售价格低。如果按质量、规格用人工或机械方式进行分选，并分别包装，质优价优，质次价低，适合不同层次人们的需要，就可以提高商品的附加价值。

4．配送子系统

配送子系统是批发物流商业物流系统或零售物流系统对环境的输出，是商业物流系统服务水平优劣的显示器。配送工作做得好，说明商业物流各子系统运行状态的良好，子系统之间协调得好。配送工作做得不好，说明各子系统内部存在问题。如对各零售店的订货没有及时送到，那么商品既可停滞在配送阶段，也可停滞在加工阶段，加工中心加工不及时或没有及时向配送组送货；还可能停滞在仓库，保管人员没有及时将商品调出；也可能由于采购不及时，造成库存不足；最后，还可能由于信息不畅，造成物流各环节工作滞后。

5．信息处理子系统

信息处理子系统所具备的功能有：

1）即时或定时掌握物流状态。通过计算机网络或其他信息传递方式，即时或定时掌握物流系统内各子系统及分店的库存量、库存能力、配送能力等。

2）接受订货。接受各零售店的订货要求，进行综合处理后，制订供货计划。

3）指示发货。接受订货后，根据零售店的分布状况确定发货网点，通过计算机网络或其他方式向发货网点下达发货指令。

4）制订配送计划。发货网点根据发货指令，选定配送路线和配送车辆，制订最优配送计划并发出配送命令。

5）日常管理。计算订货、发货余额、库存水平等，以进行库存管理，订货、发货管理。

6）补充订货。根据营销决定部门的采购计划和零售店的前期订货情况，发出补充库存的指令。

7）与零售系统外衔接。掌握系统供应商的情况，向供应商发出通知，对系统外发出运输、存储要求并与系统外进行信息交换。

7.2.3 流通企业物流信息系统

以零售企业为例，零售企业物流信息系统大致可以分以下几种。

1．总店管理系统

总店管理系统主要负责供应商、商品、会员的引入和管理，商品的采购、促销以及从整个连锁企业的总体角度来发布商品的配送与调拨指令。在整个系统中，总部作为一个统一的管理平台，协调各个配送中心、各个门店之间的经营运作。

2．门店信息系统

门店作为零售终端，需要由一个相当完善的信息网络系统进行辅助决策支持。该系统运用商品条形码（UPC 码）进行管理，通过销售时点管理系统（POS）迅速掌握畅销商品与滞销商品的情况，以便迅速地替换滞销商品，及时补充畅销商品，实现小批量多频度的订货方式。同时应用电子订货（EOS）系统进行相关信息数据的交换，通过 EOS 系统可以掌握畅销商品、缩短到货周期、减少缺货、降低库存、防止断货，并能够灵活运用其他关联业务的数据。

3．配送中心系统

配送中心拥有与总部和门店联网的信息系统，主要是根据总部的指令进行商品的收发货、调拨、盘点等功能，体现商品的存储与运输职能，实现库存管理和配送管理。这个系统应用 EOS 方式处理来自门店的订货，订货数据可以准确、迅速地输入并指示商品出库，减少了计算机的输入量，省去了各类纸质票据的传输，当任何一种商品在配送中心生成订单，即将运往某个门店的同时，门店和总部能够即时获取该批货物的运送情况，适时做好接货准备。

4. 供应链系统

零售商通过与供应商之间基于 EDI 的电子订货，提高订货的精确度，减少验货成本，在接收到货时，根据订货明细数据与出库明细数据的核对，可以检验出货单不符之处，迅速对供货商做出反应。EDI 技术的应用可以分为利用增值网络（VAN）的 EDI 和利用因特网的 Web 技术实现与供应商的数据交换，后者由于不需要大量的系统投资，在零售业的应用不断扩大。

通过四种系统的协作，大型零售商将其在全球各地的配送中心、连锁店、仓储库房和货物运输车辆，以及合作伙伴进行系统、集中的管理，形成了一个灵活、高效的产品采购、配送和销售网络。

实例　河南思达连锁商业有限公司物流管理信息系统

河南思达连锁商业有限公司成立于 1995 年，注册资本 5 000 万元，是一家经营连锁超市的现代化股份制民营商业企业；2014 年中国前 100 位连锁超市，销售规模为 60 000 万元，门店总数 248 家。思达商业连锁超市的经营范围包括日用百货、食品、农副产品（洁净蔬菜、杂粮等）、海鲜及糖烟酒等百货商品。在经营模式上主要是以零售为主，涵盖标准超市、生鲜加强型超市和大卖场三大零售业最具有代表性的业态类型。思达连锁超市的总体业务流程如图 7-6 所示。

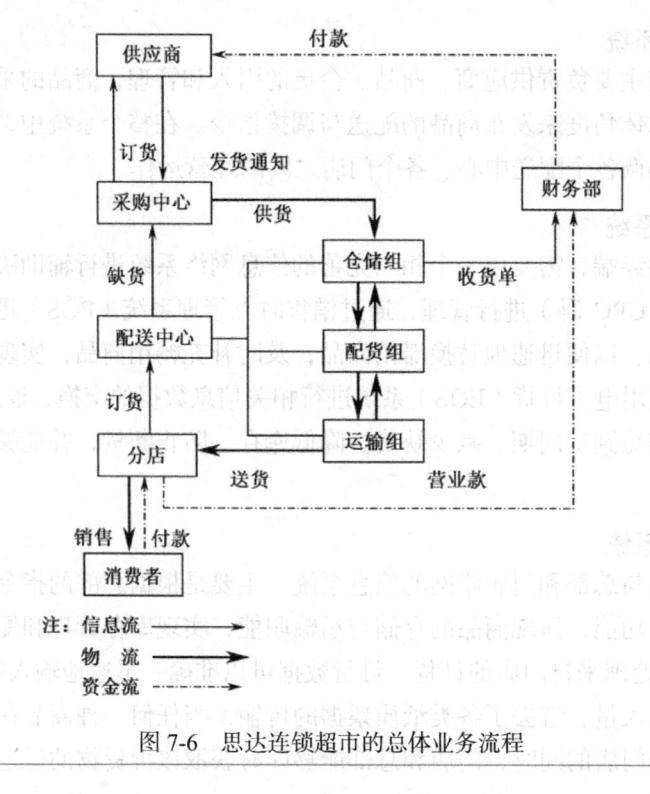

图 7-6　思达连锁超市的总体业务流程

第 7 章 企业物流信息系统分析

根据对思达连锁超市信息系统的分析，在物流管理中为了达到集中采购、集中储备和统一配送，使物流成本降低，增强企业竞争力的目标，对原有的系统进行了改造：改进了原有的网络设施，加强了总部、配送中心与各连锁分店的数据通信；完善了库存管理、采购管理子系统，增设了配送管理子系统和决策分析子系统。思达连锁超市物流管理信息系统的拓扑结构如图 7-7 所示。

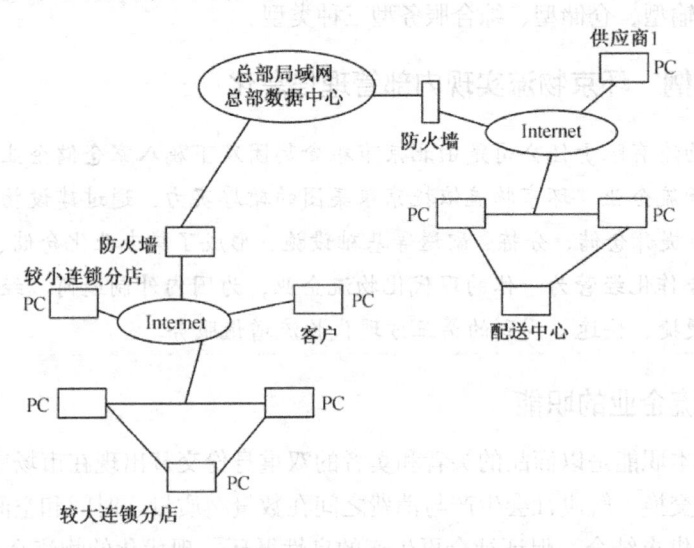

图 7-7 思达连锁超市物流管理信息系统的拓扑结构

根据需求分析，思达连锁超市物流管理信息系统的功能系统划分为五大子系统——采购管理子系统、库存管理子系统、配送管理子系统、销售管理子系统及决策分析支持系统，如图 7-8 所示。

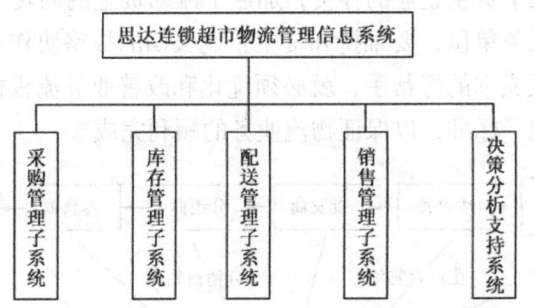

图 7-8 思达连锁超市物流管理信息系统总功能模块

提示

思达商业连锁超市物流管理信息系统在原有管理信息系统的基础上，重新构建基于现代物流的商业连锁企业的管理信息系统。在物流采购、库存管理、配送管理等环节加强了管理，克服了原有系统中存在的信息割裂的缺陷，实现了物流信息的高度共享，降低了物流成本，优化了资源配置，提高了企业的盈利能力和核心竞争力。

7.3 物流企业物流信息系统

物流企业是独立于生产领域之外，专门从事与商品流通有关的各种经济活动的企业。物流企业以物流为主体功能，同时伴随商流、资金流和信息流等辅助功能，包括仓储业、运输业、批发业、连锁商业和外贸等行业。按国家标准《物流企业分类与评估指标》将物流企业划分为运输型、仓储型、综合服务型三种类型。

> **实例** 环京物流实现内部管理信息化
>
> 北京环京物流有限责任公司是由北京市粮食集团及下属八家仓储企业共同出资组建的新型第三方物流企业。环京物流依托京粮集团的雄厚实力，通过建设物流信息系统管理平台，并改造提升仓储、分拣、配送等基础设施，形成了集专业化仓储、网络化配送、信息化管理、合作化经营为一体的现代化物流企业，为国内外制造商、经销商及消费者等提供安全、便捷、快速、周到的第三方现代物流增值服务。

7.3.1 物流企业的职能

物流企业基本职能是以商品的买者和卖者的双重身份交替出现在市场中，按照供求状况来完成物质的交换，解决社会生产与消费之间在数量、质量、时间和空间上的矛盾，实现生产和消费的供求结合，保证社会再生产的良性循环。现代化的物流企业通过 EDI 和 Internet，根据所要服务的行业特点建立服务平台，不仅可以实现物流业务的整合管理，而且能够借助信息网络技术的溢出效应，帮助货主企业在供应链的竞争中增加竞争优势和比货主企业更有效率和成本更低地完成物流业务。物流企业在不同程度上承担了货主企业原有的企业内物流，降低了货主企业的存货，加速了流动资金的周转，如图 7-9 所示。物流企业作为货主企业的服务单位，要维持和货主企业长期的战略协作关系，真正成为货主企业提高服务能力和降低成本的好帮手，就必须优化和改善业务流程模式使之同货主企业的业务流程相互兼容，统一标准，以保证物流业务的顺利完成。

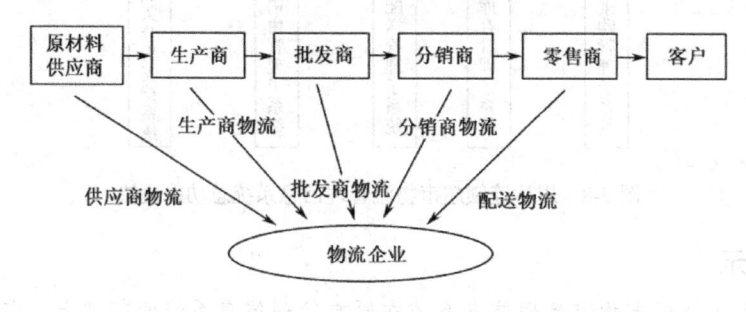

图 7-9 物流企业的职能

7.3.2 物流企业物流系统及信息需求

1. 物流企业物流系统

现代物流企业的物流系统可以划分为物流作业子系统和物流信息子系统。前者主要实现物流的七项作业,后者是实现物流全过程的高度信息化。物流企业整体业务流程如图 7-10 所示,物流企业子系统如表 7-1 所示。

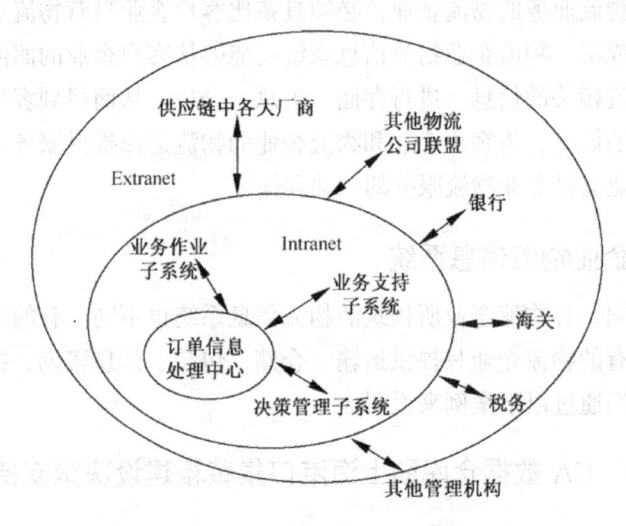

图 7-10 物流企业整体业务流程

表 7-1 物流企业子系统

子系统	内含二级子系统	管理层面	职 责	信息共享的权限级别
业务作业子系统	(1) 运输与调度子模块 (2) 采购管理子模块 (3) 存货管理子模块 (4) 配送管理子模块	作业层	发货,进货,运输,装卸,搬运,保管,流通加工等具体事务等	★(最低)
业务支持子系统	(1) 客户关系管理子模块 (2) 财务管理子模块	控制层	订货处理,客户服务,库存计划和控制,生产计划和控制,用料计划和采购等	★★(中等)
决策管理子系统	经营管理子模块	决策层	物流系统战略规划,系统控制和成绩评定	★★★(最高)

2. 物流企业物流信息需求分析

物流企业需要了解四类信息:

1) 服务请求类信息(客户所需服务类型、客户的货物信息、客户对服务时间的要求、价格要求和其他个性化要求等)。

2）服务能力类信息（企业设施、设备的规模和数量、人员的素质和数量、任务量的大小，以及企业拥有的其他相关资源的信息）。

3）客户分类信息（客户的基本信息、历史交易信息、信用度信息和客户评价信息）。

4）公共政策信息（相关的法律法规、物流行业政策、土地政策、道路交通法规和实际状况）。

作为专业从事物流业务的物流企业，必须具备比客户企业自营物流更高的效率、更高的准确性、更低的成本，物流企业物流信息系统要能够从客户企业的商流中和由商流引发的物流中提取与物流相关的信息，进行存储、汇总、分析，从而得到客户企业和物流企业所需要的、经提炼的信息，为客户企业和物流企业的物流运作提供服务。建设高效的物流信息系统是物流企业提供专业物流服务的基础和保证。

7.3.3 物流企业物流信息系统

行业和业态不同，各物流企业所构筑的物流信息系统也不同。有的物流企业可以提供综合物流服务，而有的物流企业只提供运输、仓储、包装、信息咨询、报关中的一项或几项单项的服务。我们通过以下案例来说明。

> **实例** CA 数据仓库助上海港口集装箱建设决策支持系统
>
> CA 提供了完整的一体化数据仓库解决方案，包括构造数据仓库整个过程中，从数据仓库模型的设计到构造数据仓库（包括数据抽取、映射和转换；数据仓库的前端展现），最后实现数据仓库的元数据管理的全线产品和咨询服务。
>
> 1. 背景分析
>
> 上海集装箱码头有限公司（简称 SCT）是由上海港集装箱股份有限公司与香港和记黄埔上海港口投资有限公司共同投资组建的，也是全国交通系统第一家合资企业。自营运以来，SCT 致力于上海国际航运中心的建设，集装箱吞吐量直线上升的同时，注重为客户提供全方位的码头服务。SCT 的发展目标是创建国际一流的集装箱码头，并获得了挪威船级社颁发的 ISO 9001：2000 服务质量保证体系认证书。
>
> 作为高速发展的产业，当代集装箱运输业要求码头不断提高装卸效率，采用计算机信息化管理，加快建设和实现集装箱装卸与传送的自动化，并加紧开展多式联运，才能得到更快发展，赢得市场。SCT 现拥有宝山、张华浜、军工路 3 个国际集装箱专用码头，为了进一步优化作业系统，提高工作效率和分析作业系统存在问题的能力，SCT 自行开发了公司码头营运系统（TOPS），它通过降低成本，完善作业流程，加强了信息流通和企业管理，使得 SCT 的管理水平始终居于国内港口的领先地位。
>
> 随着生产吞吐量的不断上升，SCT2000 年吞吐量达到 295 万标准箱，比上年增长 13.7%。SCT 计划在原有的作业系统，诸如桥吊、泊位等设施上提高使用效率和资源利用率，进一步发挥企业资源优势，实现更好的经济效益。所以，SCT 目前的策略目标是建立基于数据仓库技术（Data Warehouse）的决策支持系统（DSS），公司的决策层能够

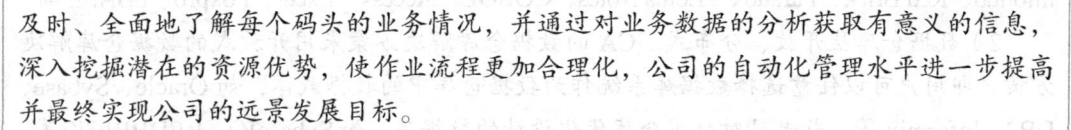

及时、全面地了解每个码头的业务情况,并通过对业务数据的分析获取有意义的信息,深入挖掘潜在的资源优势,使作业流程更加合理化,公司的自动化管理水平进一步提高并最终实现公司的远景发展目标。

2. 方案解析

(1)方案的组成

CA 通过对 SCT 经营业务的深入分析,认为其最主要的业务问题集中在吞吐量、船停时、泊位占用率、桥吊效率、桥吊待时、集疏运、堆场运用、道口流量、堆场集卡数等方面。只有通过对这些主要具体业务数据的掌握分析,才可以及时发现原来业务作业系统存在的弊端,调整流程,并实现最终的目标。

SCT 下属有张华浜等几个码头,拥有不同航线的货物装卸业务,而且每个码头的计算机应用环境也不完全相同。所以,最终的数据来自不同的地理位置,不同的数据库和操作系统平台也使数据结构十分复杂,数量也很庞大。所以,SCT 制定的选择产品的标准,首先要基于 ROLAP(联机分析处理)、保护现有的技术储备、开放、结构伸缩性好,还要基于 Internet/Intranet、Client 端界面友好、亲切。经过认真比较和筛选,SCT 采用了 CA 的数据仓库解决方案。

SCT 采用 CA 解决方案,充分利用 SCT 现有的各种数据源,对所有生产业务数据进行收集、抽取、变换等工作,将其转移到数据仓库中,然后对它们进行面向决策的数据重组,在该数据仓库的基础上建立面向最终用户的基于决策支持的统计分析应用系统。

(2)方案优势

CA 提供了完整的一体化数据仓库解决方案,包括构造数据仓库整个过程中,从数据仓库模型的设计到构造数据仓库(包括数据抽取、映射和转换,以及数据仓库的前端展现),最后实现数据仓库的元数据管理的全线产品和咨询服务。其主要工具如下:

- ERwin 数据库/数据仓库模型设计工具;
- DecisionBase 图形界面的元数据管理和数据转移工具;
- InfoPump 可编程控制的双向数据转移工具;
- InfoBeacon ROLAP 服务器;
- Forest&Trees DSS/EIS 开发工具;
- Repository 企业环境下元数据的集中管理工具;
- ProVision 数据库性能和操作系统性能管理工具。

该数据仓库采用的是可伸缩的体系结构,在此基础上,CA 建立的 SCT 数据仓库系统具有以下突出优势:

1)可从任何数据源获取数据。CA 提供的 InfoPump 工具帮助客户完成对多数据源各种类型数据的抽取、精炼、加工,并按照数据仓库的结构进行数据的转移。用 DecisionBase Transformer 来完成对多种数据源、各种类型数据的加工。DecisionBase Transformer 支持的数据源包括:SAP、Oracle、Sybase、Informix、SQL Server、DB2 UDB、DB2 AS400、

Infohub、Red Brick、Paradox、Lotus Notes、COBOL、Access、Excel、Foxpro、dBASE 等。

2）数据仓库呈开放、分布式。CA 的数据仓库解决方案采用开放式的数据仓库解决方案，即用户可以任意选择数据库系统作为数据仓库中的数据载体，如 Oracle、Sybase、DB2、Informix 等，或者针对数据仓库优化设计的数据库，如 SybaseIQ、REDBRICK 等。

3）数据仓库访问方式灵活。在 SCT 数据仓库的使用过程中，终端用户可使用通用的工具（如 InfoBeacon Client、Excel、Develop 2K、VB 等）直接针对数据仓库进行查询、分析；使用 CA 的商务智能工具对 Forest&Trees 和 InfoReports 数据仓库进行交互式数据分析和报表生成；使用 CA 的 ROLAP 工具——InfoBeacon，构造对数据仓库的分析模型，实现数据的多维分析；也可用通用的 WebBrowser 访问 InfoBeacon，支持基于 Internet/Intranet 的数据分析。

4）能力扩展和变化方便。SCT 在发展过程中，随时会有一些新的操作层应用，追加新 ROLAP 主题。CA 可伸缩的数据仓库解决方案，通过选用 InfoBeacon 等工具，可以实现数据仓库的良好扩展性。所以不论是数据量增大，还是最终用户增多，都可以通过简单增加 InfoBeacon 应用服务器来保证性能的稳定。另外，为了确保数据的方便追加，在数据仓库结构设计时，也会为暂时还不具备的数据预留出相应的接口，来保证其他业务数据向数据仓库的平滑过渡。

同时，针对 SCT 业务细分和业务拓展的需求，CA 采用 ODS（操作数据存储）技术，方便用户随时根据业务的变化情况添加新的功能模块，而不需要再从基础数据层读取原始数据。

3. 方案实施与效果

几乎所有行业都面临着激烈的竞争，正确及时的决策是企业生存与发展的重要环节。数据仓库正是以汇总这些信息为基础，进而支持数据发掘、多维数据分析等当今尖端技术和传统的查询及报表功能的。SCT 通过采用 CA 的数据仓库解决方案，已经完全实现了对所有生产业务数据的采集、管理工作，并通过深入分析挖掘潜在资源，为公司解决桥吊、泊位及道口等资源的合理应用问题提出了切实可行的建议。

在实施 CA 的数据仓库解决方案之前，当领导层需要某个业务问题的数据时，通常的做法是，首先向统计专业部门要，当统计部门没有该数据时，再把问题提交给 IT 部门，IT 部门根据需求定制应用，测试后一层层返回去。这种做法至少存在以下弊端：

- 周期太长，问题的提出者可能根本等不及；
- 问题在多层传递过程中产生偏差，结果应用不符合要求；
- 数据不一致；
- 重复应用开发，成本上升。

在实施该数据仓库解决方案后，比较成功地解决了以上四个问题。

自测题

一、不定项选择题

1. 在企业内部生产领域，能够独立运作的物流活动，主要是（　　）。
   A. 仓储活动　　B. 生产加工　　C. 运输　　D. 搬运
2. 现代化制造企业物流系统强调物流系统与生产制造系统（　　）。
   A. 分离　　B. 融为一体　　C. 独立　　D. 合并
3. 一般的制造企业物流系统子系统有（　　）。
   A. 原材料或零部件供应物流子系统　　B. 生产产品物流子系统
   C. 库存和运输物流子系统　　D. 销售产品物流子系统
4. 门店作为零售终端，需要由一个相当完善的信息网络系统进行辅助决策支持。该系统运用商品条形码进行管理，通过销售时点管理系统迅速掌握畅销商品与滞销商品的情况，以便迅速地替换滞销商品，及时地补充畅销商品，实现小批量多频度的订货方式。同时应用电子订货（　　）系统进行相关信息数据的交换。
   A. EBS　　B. EO　　C. EOS　　D. POS
5. 通过（　　）的协作，大型零售商将其在全球各地的配送中心、连锁店、仓储库房和货物运输车辆，以及合作伙伴进行系统、集中的管理，形成了一个灵活、高效的产品采购、配送和销售网络。
   A. 供应链系统　　B. 配送中心系统
   C. 门店信息系统　　D. 总店管理系统
6. 物流企业子系统内容包括（　　）。
   A. 业务作业子系统　　B. 业务支持子系统
   C. 决策管理子系统　　D. 财务管理子系统
7. 物流企业需要了解（　　）类信息。
   A. 服务请求　　B. 服务能力　　C. 客户分类　　D. 公共政策
8. 物流企业服务请求类信息包括（　　）。
   A. 客户所需服务类型　　B. 客户的货物信息
   C. 客户对服务时间的要求　　D. 价格要求和其他个性化要求

二、简答题

1. 制造企业物流的概念及特点是什么？
2. 生产制造企业的企业物流信息管理特点是什么？

三、论述题

1. 简述流通企业物流系统是什么，分为几个阶段。
2. 请举例说明物流企业物流信息系统的基本功能有哪些。

案例分析

为企业找发展突破口，白沙集团物流信息化之路

随着生产技术现代化程度的日益提高，管理现代化的需求日益突出。如何科学地进行管理，从而提高市场竞争力，已经成为公司高层迫切需要考虑的问题。通过引进博科先进的物流管理信息系统，"服务+管理+信息化"已成为湖南白沙物流有限公司的核心竞争力，不仅实现了企业的跨越式发展，还为白沙物流赢得了市场竞争中的绝对优势。

1. 物流信息化为企业发展找到突破口

湖南白沙运输有限公司是白沙集团与长沙市烟草公司共同投资兴建的一座现代化的综合性物流配送中心，以白沙集团"鹤舞白沙，我心飞翔"为共同理念，以"3A.HOT"为行动指南，立足集团内部，面向社会各界。其目标是提供物流配送服务，面向烟草行业，提供卷烟配送服务，为长沙地区卷烟零售商提供一级配送服务。经过几年发展，现资产总额达到1 200万元，营运业务在湖南省内覆盖14个地、市、县，湖南省外辐射华中、华东、华南、华北近20个省市自治区。与湖南省内10家专业运输单位结为战略合作伙伴，可供调动、控制的车辆达到200辆。

我国的物流产业随着社会分工的发展和社会产品总量的增长，特别是经济全球化和信息技术的发展而迅速成长起来，并已成为社会经济发展中非常重要的组成部分，将对传统的商业运作模式、商品流通模式及人们的生活方式产生广泛而深远的影响。信息化和网络化是现代物流企业的最显著特征，为了适应现代物流系统的变革，湖南白沙运输有限公司设计了未来业务模式的核心目标，目标之一就是，建立起一个支持白沙业务发展、适应多种业务类型和运作方式的一体化运输管理系统，实现物流信息的高效管理，重组业务流程，对运输过程中的人、车、货、客户进行有效的协调和管理，以提高白沙运输的经营管理水平，创造更好的效益与利润，增强白沙在市场竞争中的有利地位。

2. 翱翔的白沙，争做现代物流的巨人

依据白沙集团的企业信息化发展目标，博科资讯提出了一整套湖南白沙物流信息化系统项目战略规划，为白沙物流提升配送服务能力、完善配送服务体系、发展配送网络勾画出详细的发展蓝图。在具体物流业务方面，博科资讯针对白沙物流阶段性战略目标，开发了访销管理、仓储管理、运输管理、计费管理、代收款管理、业务绩效管理、质量管理、业务协同管理和总部管理等管理模块，实现了其物流业务的全面精细化管理。

博科资讯在对其进行长期全面调研之后提出，湖南白沙物流主要业务为仓储、运输、配送、信息加工、物流咨询和方案设计，在信息化管理系统中需具备完全支持卷烟配送服务，支持物流信息处理和广告宣传与品牌运作；支持同城配送阶段的物流服务，为烟草、日用消费品生产商或经销商提供仓储、配送、流通加工、物流信息处理等物流服务；在结构上支持烟草、日用消费品知名品牌企业、渠道零售商的物流服务，包括扩展物流业务范

围；在结构上支持白沙物流向第四方物流发展；支持卷烟配送所采用的立体仓库、件分拣设备、高速分拣设备、中速分拣设备、电子货架等以及相应的拣货策略；支持白沙物流分支机构在地域和功能上的发展，留有与 GPS-GIS 系统的接口。

湖南白沙运输有限公司由于采用博科资讯先进的物流信息化系统，实现了用于多种客户的物流管理模式——单物流中心、单物流中心多仓库结构、多层组织多物流中心结构，可管理多种形式的仓库（平面无托盘、平面有托盘、货架仓库）；实现了库位和货物的识别可条码化，可使用先进的无线通信技术（Radio Frequency）和激光识别条码技术，使仓库货物的进库、出库、装车、库存盘点、货物的库位调整、现场库位商品查询等数据实现实时双向传送，做到快速、准确、无纸化，大大提高了效率、降低了人为的出错率，从而降低了仓储成本；建立了货主及货主客户的档案资料，对货主或货主客户提供满足货主要求的服务，为货主提供相关的统计分析；实现了对需管控批号的商品的进出全过程进行批号跟踪，自动按出库商品的储位和存量进行拣货，可做人工调整；实现了支持改包装、贴标牌、组装（BOM 表）等流通加工的管理，对车辆的基本资料、使用情况、运行中发生的各种费用等进行全面的管理；实现了对空运、海运、铁路运输和公路运输的管理，在结构上支持多式联运；留有与 GPS-GIS 系统的接口。对不同的货主设定不同的物流计费策略。货主可通过 Internet 查询其托管货品的进、出、存数据和应付款数据；实现多种代收款方式（例如现金、银行代扣、银行卡等），可使用多种技术手段实现（例如无线 POS 等）。与账务系统集成，实现财务业务一体化，使用规则驱动的计费方法，解决国内复杂的计费方式。使用 ABC 方法计算物流中心的成本（包括仓储成本和运输成本），完全支持多种行业（例如卷烟配送、冷链/乳业、日化行业、药业、连锁零售、方便食品、休闲食品、企业原辅料成品仓储/运输）的物流；实现了对产品质量和物流服务质量进行管理，对物流中心的生产力进行全面量化评估，对物流中心使用的自动化设备提供全面支持；实现了所有模块全面整合，结构上支持物流资源整合；分布式的部署、构件化的设计使信息化系统具有良好的可扩展性，与上下游通过开放、灵活的数据接口进行互通互联，对物流资源的整合提供了良好信息化的基础。

为了保证项目的顺利实施，博科资讯组建了严密的项目实施队伍。整个队伍分两层，以白沙集团领导层和各部门经理为主的实施领导小组，主要负责项目的进展、人员的动员、协调等工作；下层为实施小组，负责系统实施的数据准备、人员培训、系统调试等工作，每个小组包括实施项目负责人、各部门的主要领导和业务骨干。这支强大的实施队伍，是项目得以成功的坚实保障。

业务流程的规范化，为系统的稳定运行、企业管理的细化提供了坚实的基础；白沙运输通过博科资讯物流信息系统的成功实施，实现了物流、资金流、信息流的集成，有效缩短了产品的开发周期，提高了质量控制水平、降低了成本、加强了生产计划控制、提高了资源利用效果和市场反应能力。不但给企业带来了巨大的经济效益，也极大地提升了企业的行业竞争力，为企业永立潮头提供了坚实的信息化基础。

在实施双方的密切配合下，企业自身的价值和博科商业智能的价值同时得到了提升。

白沙运输以博科物流信息技术平台为支撑，整合物流组织体系，再造产销业务流程，重构仓储管理模式。通过物流管理整合，有效地降低了运营成本，取得了明显的经济效益。

讨论分析题

1. 白沙集团进行信息化的背景是什么？
2. 白沙集团在信息化的道路上可能会遇到哪些问题？
3. 白沙集团的信息化之路对其他企业有什么借鉴？

实训题　不同类型企业物流信息系统分析

1. 实训目的

通过实训使学生理解不同类型企业物流信息系统的差异，不同类型企业物流信息需求特点，企业物流信息系统的功能及结构设计，进一步加深学生对本章知识的理解和把握。

2. 实训内容

（1）调查制造企业、流通企业、物流企业物流信息系统建设过程。

（2）上述各类企业在设计物流信息系统时，主要考虑哪些因素，其信息需求有何不同？

（3）重点分析上述各类企业物流业务需求特点，物流信息系统结构、功能设计等。

3. 实训组织

（1）将全班同学分成若干小组开展。

（2）选取制造企业、流通企业、物流企业三类企业，同类企业尽量选取规模不同的2~3家进行实地调研，以使学生对企业物流信息系统的建设有一个全面的了解。

（3）在调研前，每组应先制订具体的调研计划及分工方案。

（4）每组的具体任务：通过组内成员的不同分工，收集所调查企业物流业务需求、物流信息需求、物流信息系统结构、功能及建设的全过程。要求成员之间要有团队合作精神，加强交流与合作。

（5）调研结束后，每组应根据调研情况，整理并写出相应的书面报告。

（6）相互交流（最好通过课堂组织），总结此次实训的收获及不足。

第 8 章

物流信息系统的运行与安全管理

学 习 目 标

- 重点掌握影响物流信息系统安全的主要因素及物流信息系统的安全策略。
- 重点掌握物流信息系统维护的内容及过程。
- 一般掌握物流信息系统的运行管理内容。
- 理解物流信息系统的安全技术。

引导案例

全国信息网络安全状况调查

2015 年 6 月 16 日召开的 "2015 中国反病毒大会暨第十四次全国计算机病毒和移动终端病毒疫情调查发布会" 上发布了国家计算机病毒应急处理中心最新完成的一份调查报告。结果显示：无论是传统 PC 还是移动终端，安全事件和病毒感染率都呈现上升的态势。

国家计算机病毒应急处理中心 2 月 2 日至 28 日组织开展了 "第十四次全国信息网络安全状况暨计算机和移动终端病毒疫情调查活动"。

调查结果显示，2014 年，88.7%的被调查者发生过网络安全事件，与 2013 年相比增长了 37.5%；感染计算机病毒的比例为 63.7%，比 2013 年增长了 8.8%；移动终端的病毒感染比例为 31.5%，比 2013 年增长了 5.2%。

2014 年，对互联网影响重大的安全问题层出不穷，"心脏出血"（Heartbleed）漏洞影响了数以万计的服务器，敲诈者病毒、伪银行木马让上百万用户陷入困境，社交网络钓鱼真假难辨，网络安全状况日益严重，其中各种新型及变种的病毒、木马、恶意软件等发展形势依然严峻。垃圾邮件的数量近两年也持续攀升，电子邮件成为主要针对性攻击的入口，这些攻击的目的仍是窃取用户的商业和私密信息并用以进行网络攻击及非法的网络行为，最终获取更高的经济利益。

2014年钓鱼网站数量急速增加，调查显示，30.4%的用户遭遇过网络钓鱼/网络欺诈。攻击者通过制造恶意钓鱼地址诱骗用户点击，进而窃取访问者的个人敏感数据，网站仿冒成为网络安全的突出问题。网络欺诈形成了"网络+社交+电话"的复合模式。

2014年网络犯罪黑色产业链开始在各国之间泛滥，俄罗斯、中国、巴西的网络犯罪分子通过地下论坛等多种途径购买定制的黑客工具，竞争日益激烈的地下黑市导致黑客工具的价格十分诱人；类似的网络犯罪集团还在美国和加拿大制造多起大型数据外泄事件。预计2015年越南、英国和印度等国也将被黑客列为重点攻击目标，更多针对性来源和目标国家的名字，将会出现在2015年的盘点列表之上。国与国之间的通力合作，加大了共同打击网络犯罪的力度。

较之往年，2014年漏洞数量大幅增加，随着微软在2014年终止了对Windows XP系统的服务，相继爆出了针对此系统的"零日"（0-day）漏洞及其他诸多漏洞，同时利用漏洞的攻击也层出不穷，最典型的当属"心脏出血"（Heartbleed）漏洞和"破壳"（Shellshock）漏洞，它们的发现警示人们没有一个应用程序和操作系统是永不可摧的。

调查显示，移动互联网导致安全威胁叠加。2014年，31.3%的用户遭遇过个人信息泄露，移动端受攻击的概率大大高于传统PC。而大数据的发展降低削弱了个人信息的可控性，信息泄露事件频发。

手机支付类病毒呈现出一种融合化的发展动向。由于支付类病毒智能化程度提升，"仿冒"的银行APP、电商、支付类APP散布在各大中小型的电子市场，一旦点击下载，就会触发进入黑客操控的支付流程。手机支付类病毒正走向高危化、智能化，融合社会工程学等多种特征的发展趋势。

面对网络安全的严峻形势以及网络犯罪活动频发与升级，我国加速了信息安全法律法规的制定，同时也加大了对网络犯罪的打击力度，各部委联合组织了"净网2014"、"剑网2014"等专项行动，全面治理网络乱象，打击网络非法行为，净化网络环境；加强了国际合作。同时，党的十八届三中全会上也提出了"依法治网"的概念，标志着我国已全面深入地进行网络安全法制建设。

思考题

分析影响物流信息系统安全的主要因素有哪些？

提示

保证物流信息系统安全是物流信息系统成功运作的关键。但现实中，由于病毒、黑客、人为因素等多方面的影响，物流信息系统常常面临被攻击、被破坏的危险。本章将对物流信息系统运行的整个过程进行探讨，并重点分析物流信息系统的安全及维护问题。

8.1 物流信息系统的运行管理

所谓运行管理,就是对物流信息系统的运行进行监测和控制,记录其运行状态,对信息系统进行必要的完善、修改和补充,以使信息系统充分地发挥其功能。

物流信息系统运行管理的目标,就是对信息系统的运行进行实时控制,记录其运行状态,进行必要的修改与扩充,以便使信息系统真正符合管理决策的需要,为管理决策者服务。

8.1.1 信息系统运行管理的组织与人员配置

1. 信息系统运行的组织机构

有效地组织好信息系统运行对提高管理信息系统的运行效率是十分重要的。系统运行组织的建立是与信息系统在企业中的地位分不开的。目前,国内企业组织中负责系统运行的大多是信息中心、计算中心、信息处等信息管理职能部门。随着人们认识逐步提高,信息系统在企业中的地位也在逐步提高。目前,企业常见的信息系统运行组织机构主要有四种形式,如图 8-1 所示。

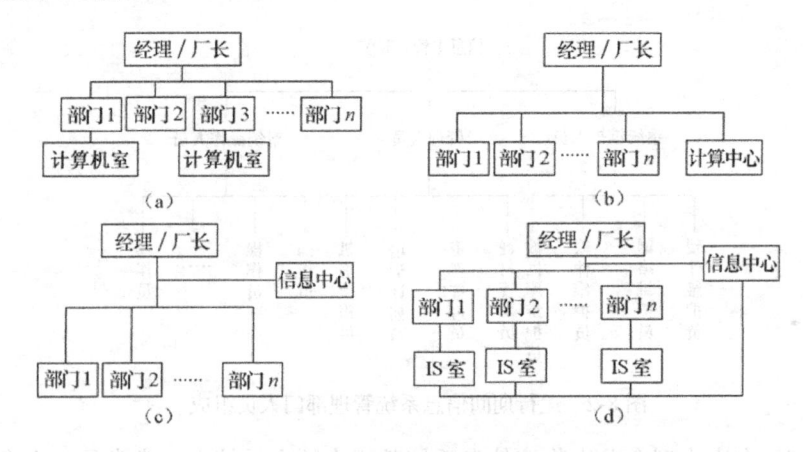

图 8-1 系统管理的组织形式

图 8-1(a)是一种较低级的方式,信息系统为部门独立所有,不能成为企业的共享资源。图 8-1(b)将信息系统的管理机构与企业内部的其他部门平行看待,享有同等的权力。图 8-1(c)是一种由最高层直接领导,系统作为企业的信息中心和参谋中心而存在。图 8-1(d)是第三种方式的改进。

> **相关链接　CIO 的职责**
>
> 由于信息系统在企业中的作用越来越大,越来越多的企业设立了首席信息官(或称信息主管,Chief Information Officer,CIO)一职。在国外,CIO 是一个职位,在我国不仅是这些,而更是一种思维,体现的是对信息资源、信息技术的重视。CIO 的职责主要

涉及四个层面。

1）战略层面。CIO的职责是挖掘企业的信息资源、制定企业信息化战略、为企业信息化合理布局、评估信息化对企业的价值等。

2）执行层面。CIO负责信息流、物流、资金流的整合，完成信息系统的选型实施，收集研究企业内外部的信息为决策提供依据。

3）变革层面。CIO协助企业完成业务流程重组，运用信息管理技术重建企业的决策体系和执行体系，同时要对信息编码和商务流程统一标准。

4）沟通层面。CIO安排企业信息化方面的培训，发现信息运用的瓶颈，观察研究企业运作中的信息流及其作用。

2. 人员配置

人员配置与管理好坏是信息系统发挥作用的关键，没有好的人员管理，信息系统就不能充分发挥其功效，这种人机系统的整体优化将是一句空话。运行期间的信息系统管理部门内部人员大致可以分为三大类，即系统维护人员、管理人员和系统操作人员，如图8-2所示。

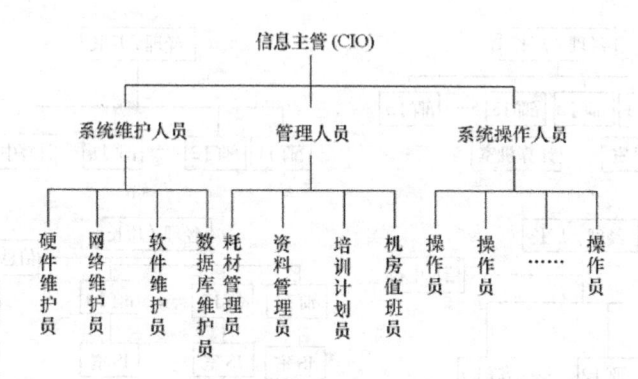

图8-2 运行期间信息系统管理部门人员组成

一般而言，在中小型企业中物流信息系统部门中的人员较少，常常是一人身兼数职，而在大型企业中的物流信息系统管理部门的构成比较复杂，人员较多，分工也较细，其人员究竟多少为好，还要根据管理需求和物流信息系统的规模而定。

人员的管理主要包括三个方面。

（1）明确地规定各类人员的任务及职权范围

尽可能确切地规定各类人员在各项业务活动中应负的责任，应做的事情，办事的方式，工作的次序。简单地说，要有明确的授权。

（2）定期检查、评价每个岗位的工作

具体做法：对每种工作建立相应的评价指标，这些指标应尽可能有定量的尺度，以便检查与比较。这些指标应该有一定的客观的衡量办法，并且要真正按这些标准去衡量各类工作人员的工作，即必须有检查和评价。

（3）对工作人员进行培训

对工作人员进行培训，以便使他们的工作能力不断提高，工作质量不断改善，从而提高整个系统的效率。

8.1.2 物流信息系统运行管理的内容

物流信息系统的运行管理工作是系统开发工作的继续，是系统能否达到预期目标的关键，主要包括日常运行的管理、运行情况的记录，以及对系统的运行情况进行检查与评价。

1. 物流信息系统日常运行的管理

信息系统投入使用后，日常运行的管理工作量非常大，通过信息系统必须完成数据的收集、例行的信息处理及服务工作、计算机本身的运行与维护、系统的安全管理四项任务，如表 8-1 所示。

表 8-1 物流信息系统日常运行管理的内容

管理内容	主要任务
数据的收集工作	一般包括数据收集、数据校验及数据录入等
信息处理及服务工作	包括例行的数据更新、统计分析、报表生成、数据的复制及保存、与外界的定期数据交流等
计算机本身的运行与维护	包括设备的使用管理、定期检修、备品配件的准备及使用、各种消耗性材料的使用及管理、电源及工作环境的管理等
系统的安全管理	信息系统的安全性体现在保密性、可控制性、可审查性、抗攻击性

> **提示**
>
> 信息系统的管理绝不只是对机器的管理，对机器的管理只是整个管理工作的一部分，更重要的是对人员、数据及软件的管理。

2. 物流信息系统运行情况的记录

系统的运行情况如何，对系统管理、评价是十分重要且十分宝贵的资料。而多数企业或单位却缺乏系统运行情况的基本数据，无法对系统运行情况进行科学分析和合理判断，难以进一步提高信息系统的工作水平。信息系统的主管人员应该从系统运行的一开始，就注意积累系统运行情况的详细材料。

在信息系统的运行过程中，需要收集和积累的主要资料如表 8-2 所示。

表 8-2　信息系统运行中需要收集和积累的主要资料

主要资料	说　明
系统的工作数量信息	反映系统的工作负担、所提供的信息服务的规模及计算机应用系统功能的最基本的数据
系统工作的效率	系统为了完成所规定的工作,占用了多少人力、物力及时间
系统提供的信息服务质量	系统所提供的信息应准确、及时、满足相应需求的情况
系统的维护修改情况	对维护工作的内容、情况、时间、执行人员进行记录
系统的故障情况	对故障的发生时间、故障的现象、故障发生时的工作环境、处理的方法、处理的结果、处理人员等进行记录

相关链接　如何使信息记载完整

为了使信息记载得完整准确,应注意:

1)强调在事情发生的当时当地、由当事人记录,绝不能代填或补填,避免事过境迁、信息记载失真。

2)尽量采用固定的表格或本册进行登记,而不要使用自然语言含糊地表达。

3)需要填写的内容应该含义明确,用词确切,并且尽可能给予定量描述。

3. 对物流信息系统运行情况的检查与评价

信息系统在其运行过程中除了不断进行大量的管理和维护工作外,还要在高层领导的直接领导,由系统分析员或专门的审计人员会同各类开发人员和业务部门经理共同参与下,定期对系统的运行状况进行审核和评价,为系统的改进和扩展提供依据。

对物流信息系统的评价一般从以下三个方面考虑:

- 系统是否达到预订目标,目标是否需要进行修改;
- 系统的适应性、安全性评价;
- 系统的社会经济效益评价。

思考题

对物流信息系统运行情况进行定期评价的主要目的是什么?

提示

对物流信息系统定期进行各方面的检查与评价,实际上是看系统是否仍处于有效适用状态。

检查结果及处理方法如下:

1)系统完全满足需要,继续使用。

2)系统基本适用,但需要做一些改进,则要做好系统的维护工作。

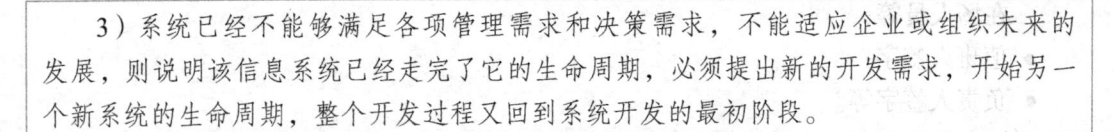

> 3）系统已经不能够满足各项管理需求和决策需求，不能适应企业或组织未来的发展，则说明该信息系统已经走完了它的生命周期，必须提出新的开发需求，开始另一个新系统的生命周期，整个开发过程又回到系统开发的最初阶段。

8.1.3 物流信息系统运行管理制度的建立与实施

企业启用新物流信息系统后，便进入长期的使用、运行和维护期。为保证系统运行期正常工作，就必须明确规定各类人员的职权范围和责任，建立和健全信息系统管理体制，保证系统的工作环境和系统的安全，为此要有效地利用运行日志等对运行的系统施进监督和控制，这也是系统正常运行的重要保证。

1. 信息系统运行的机房管理制度

一个较大的系统往往是一个网络系统，除中心机房（服务机房）外，工作站大多安装在业务人员的办公室，没有专门的机房。

专用机房要有一套严格的管理制度，正式行文并张贴在墙上。该制度一般包括以下内容：

- 操作人员的操作行为，如开机、关机、登记运行日记、异常情况处理等；
- 出入机房人员的规定；
- 机房的电力供应；
- 机房的温度、湿度、清洁度；
- 机房安全防火等；
- 严格禁止上网玩游戏和与外来盘互相复制，防止计算机病毒感染和传染；
- 不得在带电状态下拔/插机器部件和各电线、电缆；
- 专用机房要由专人管理。

2. 信息系统的运行管理制度

系统的运行是长期的，而不是突击性的，要使每一个操作计算机的人养成遵守管理制度的习惯。对运行中的异常情况要做好记录、及时报告，以便得到及时处理，否则可能酿成大问题，甚至出现灾难性故障。

系统中的数据是企业极其宝贵的资源，禁止以非正常方式修改系统中的任何数据。

数据备份是保证系统安全的一个重要措施，它能够保证在系统发生故障后恢复到最近的时间界面上。重要的数据必须每天备份，以便保证系统数据的绝对安全。

3. 信息系统的运行日记制度

运行日记的内容应当包括：

- 时间；
- 操作人；
- 运行情况；
- 异常情况，包括异常情况的发生时间、现象、处理人、处理过程、处理记录文件名、在场人员等；
- 值班人签字；
- 负责人签字等。

系统运行日记主要为系统的运行情况提供历史资料，也可为查找系统故障提供线索。因此运行日记应当认真填写、妥善保存。

综上所述，物流信息系统的运行管理制度主要内容如表 8-3 所示。

表 8-3 物流信息系统运行管理制度的主要内容

主要制度	机房管理制度	运行管理制度	运行日记制度
具体内容	操作人员的操作行为	操作规范	时间
	出入机房人员的规定	数据管理	操作人
	机房的电力供应	备份管理	运行情况
	机房的温度、湿度、清洁度	人员管理	异常情况
	机房安全防火等	组织管理	值班人签字
	严格禁止上网玩游戏和与外来盘互相复制		负责人签字
	不得带电拔/插机器部件		
	专用机房由专人管理		

8.1.4 物流信息系统运行的档案管理

物流信息系统文档是系统的重要组成部分，要做好分类、归档工作，进行妥善、长期保存。档案的借阅也必须建立严格的管理制度和必要的控制手段。

1. 信息系统文档的类型

信息系统文档按照不同的分类标准，可分为不同的类型，如表 8-4 所示。

表 8-4 信息系统文档的主要类型

分类标准	具体类型	解释说明
按照产生的频率分	一次性文档	是指在系统开发过程中产生一次的文档，如系统分析说明书、系统设计说明书等
	非一次性文档	是指在系统开发过程中产生多次的文档，如需求变更申请书、维护修改建议书、信息系统运行日志等
按照信息系统的生命周期分	系统规划阶段文档	如系统可行性分析报告、项目开发计划书等
	系统分析阶段文档	系统分析说明书等
	系统设计阶段文档	系统设计说明书、需求变更申请书等
	系统实施阶段文档	程序设计报告、系统测试报告、开发总结报告等
	系统运行与维护阶段文档	用户手册、操作手册、维护修改建议书等

续表

分类标准	具体类型	解释说明
按照文档服务目的分	用户文档	主要是为用户服务的,如用户手册、操作手册等
	开发文档	主要是为开发人员服务的,如系统分析说明书、系统设计说明书等
	管理文档	主要是为项目管理人员服务的,如项目可行性研究报告、项目开发计划等

2. 物流信息系统文档的管理

为了最终得到高质量的信息系统文档,在信息系统的建设过程中必须加强对文档的管理。文档管理应从以下几个方面着手进行。

(1) 文档管理的制度化、标准化

必须形成一整套的文档管理制度,其内容包括:
- 明确必须提供文档的种类、格式规范;
- 明确文档管理人员;
- 明确文档的制定、修改和审核的权限;
- 制定文档资料管理制度。

(2) 文档管理的人员保证

项目小组应设文档组或至少一位文档保管人员,负责集中保管本项目已有文档的两套主文本。两套文本内容应完全一致,其中的一套可按一定手续办理借阅。

(3) 维护文档的一致性

信息系统开发建设过程是一个不断变化的动态过程,一旦需要对某一文档进行修改时,要及时、准确地修改与之相关的文档,否则将会引起系统开发工作的混乱,而这一过程又必须有相应的制度来保证。

(4) 维护文档的可追踪性

由于信息系统开发的动态性,系统的某种修改是否最终有效,要经过一段时间的检验,因此文档要分版本来实现,而版本的出现时机及要求也要有相应的制度。

8.2 物流信息系统的维护

一个应用系统由于需求环境的变化及自身暴露的问题,在交付用户使用后,对它进行维护是不可避免的,许多大型软件公司为维护已有系统软件耗费了大量人力和财力。当然,对物流信息系统的维护也是如此。

> **相关链接**
>
> IT 运维是指为保障 IT 系统与业务正常、安全、有效运行而采取的活动,包括 IT 运

行和 IT 维护两大部分。按照 IT 运维的范围定义，可归纳为七个方面：桌面系统维护、网络系统维护、网络安全系统维护、服务器维护、软硬件系统维护、机房环境维护、IT 固定资产管理服务。

8.2.1　物流信息系统维护的目的与任务

系统维护就是在开发的新系统运行和交付使用后，保持系统能正常工作并达到预期的目标而采取的一切活动，包括系统功能的改进，以及解决系统运行期间发生的一切问题和错误。

系统维护的目的是保证信息系统正常而可靠地运行，并能使系统不断得到改善和提高，以充分发挥作用。

系统维护的任务是要有计划、有组织地对系统进行必要的改动，以保证系统中的各个要素不管环境如何变化始终是最新的。

8.2.2　物流信息系统维护的对象与类型

物流信息系统维护是物流信息系统生命周期的最后一个阶段，所有活动都发生在系统交付并投入运行之后。

1. 系统维护的对象

系统维护是面向系统中各种构成要素的，系统维护的对象包括四类。

（1）系统应用程序维护

在物流信息系统运行过程中，一旦业务处理过程或程序本身发生问题，就必然引起程序的修改和调整，因此系统维护的主要活动是对程序进行维护。

（2）代码维护

随着系统应用范围的变化，系统中的各种代码往往需要进行一定程度的增加、修改、删除或设置新的代码。

（3）数据维护

在物流信息系统中，有许多数据需要进行不定期的更新，或随环境和业务的变化而调整，数据的备份与恢复也是数据维护的工作内容。

（4）硬件设备维护

硬件设备维护主要是指对主机及外围设备的日常维护和管理，如机器部件的清洗、润滑，设备故障的检修，损坏部件的更换等。

2. 系统维护的类型

系统维护活动根据起因不同，可分为以下四种类型。

（1）正确性维护

正确性维护是为诊断和改正系统中潜藏的错误而进行的活动。系统测试不可能排除系统中所有的错误，系统交付之后，用户将成为新的测试人员，在使用过程中，一旦发现错误就会向开发人员报告并要求维护。

（2）适应性维护

适应性维护是为适应环境的变化而修改系统软件的活动。一般应用系统软件的使用寿命很容易超过10年，但其运行环境却更新得很快，硬件基本是一年半一代，操作系统不断地推出新版本，外部设备和其他系统元素也频繁地升级和变化，因此，对物流信息系统进行适应性维护是十分必要且经常发生的。

（3）完善性维护

完善性维护是根据用户在使用过程中提出的一些建设性意见而进行的维护活动。在物流信息系统成功运行期内，用户也可能请求增加新的功能，建议修改已有功能或提出某些改进意见。完善性维护通常占所有系统维护工作量的一半以上。

（4）预防性维护

预防性维护是为了进一步改善物流信息系统软件的可维护性和可靠性，并为以后的改进奠定基础。

思考题

什么是物流信息系统的可维护性？

提示

物流信息系统的可维护性是指对系统进行维护的难易程度的度量，影响系统可维护性的主要有以下3个因素。

1）可理解性。表现为理解系统的结构、接口、功能和内部过程的难易程度。

2）可测试性。表现为对系统进行测试和诊断的难易程度。

3）可修改性。表现为对系统各部分进行修改的难易程度。

根据对各种维护工作分布情况的统计结果得知，一般正确性维护占17%~21%，适应性维护占18%~25%，完善性维护达到50%~67%，而预防性维护及其他类型的维护仅占4%，如图8-4所示。

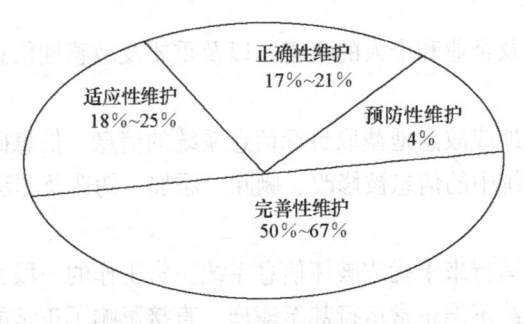

图8-4　各类维护工作所占软件维护工作的比率

8.2.3 物流信息系统维护的过程

物流信息系统维护的过程一般包括以下内容。

（1）确定维护目标，建立维护人员小组

维护人员小组首先应分析问题产生的原因及严重性，确定维护目标和维护时间。

（2）制订维护计划方案

维护工作应当有计划、有步骤地进行，维护计划应包括维护任务的范围、所需资源、维护费用、进度、验收标准等。

（3）修改程序及调试

在修改程序的过程中，维护人员往往只注意程序的修改，而忽略未改变的部分，这样产生潜在错误的可能性就会增加。因此，在程序修改完成后，维护人员还要对程序及系统的有关部分进行重新调试。

（4）修改文档

软件修改调试通过后，则可以修改相应文档并且结束本次维护过程。

总之，系统维护是物流信息系统运行阶段的重要工作内容，必须给予充分重视。维护工作做得越好，信息资源的作用越能得以充分发挥，信息系统的寿命也就越长。

8.3 物流信息系统的安全管理

8.3.1 物流信息系统攻击的类型

物流信息系统面临的安全威胁主要有四种。

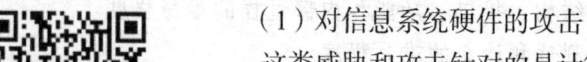

（1）对信息系统硬件的攻击

这类威胁和攻击针对的是计算机本身和外部设备乃至网络和通信线路，如各种自然灾害、人为破坏、操作失误、设备故障、电磁干扰、被盗，以及各种不同类型的不安全因素所导致的物质财产损失、数据资料损失等。主要表现在对计算机的硬件系统、计算机的外围设备、信息网络的线路等的攻击。

阅读资料

（2）对信息的攻击

这类威胁和攻击涉及企业和个人的机密，以及重要及敏感性信息。主要表现在信息泄露和信息破坏上。

信息泄露是指偶然地或故意地截取目标信息系统的信息。信息破坏是指由于偶然事故或人为破坏而使信息系统中的信息被修改、删除、添加、伪造及非法复制。

（3）计算机病毒

计算机病毒是通过运行来干扰或破坏信息系统正常工作的一段程序。由于病毒破坏经常导致企业物流信息系统不能正常运行甚至瘫痪，直接影响了正常的物流运作和正常的结算往来，危害极深，令人"谈毒色变"。

（4）计算机犯罪

计算机犯罪是指针对和利用物流信息系统，通过非法操作或以其他手段进行破坏、窃取，危害国家、社会和他人利益的不法行为。

8.3.2 影响物流信息系统安全的主要因素

造成信息系统和信息网络的不安全因素主要有以下几方面。

（1）黑客攻击

计算机黑客是人们对那些利用所掌握的技术未经授权而进入一个计算机信息网，以获取个人利益、故意捣乱或寻求刺激为目的的人的总称。目前，世界上有几十万个黑客网站，攻击的方法和手段有几千种。黑客可分为政治性黑客、技术性黑客和牟利性黑客三种。无论哪一种黑客，其对信息系统的破坏都是不可忽视的。

相关链接　2015年黑客事件

近年来黑客攻击事件越来越多，单单2014年一年，就有超过10份个人数据被非法窃取，涵盖用户的健康、财务、电子邮件、家庭住址，甚至社保号码、信用卡信息等敏感数据。而在2015年，黑客似乎变得更加猖獗，下面列举几例。

近年来，三星的日子并不好过，不仅出货量下滑，智能机销量第一的位置也被iPhone霸占。然而祸不单行，正处于"危急存亡之秋"的三星，又于2015年6月被爆出了高危的输入法漏洞。通过该漏洞，攻击者可以暗中监控用户的摄像头和麦克风、读取输入和传出的短信以及安装恶意应用程序，影响全球超过6亿的三星手机用户。

在万物互联时代，会出现漏洞的不只是电脑系统，还有在街上跑的汽车。继2014年特斯拉被发现漏洞、远程破解后，JEEP也在2015年遭到了美天才专家Charlie Miller和Chris Valasek的黑手——利用漏洞，黑客能够在JEEP的行驶过程中对其下达指令，使车辆偏离路面并栽入沟中。

卡巴斯基幸免于难，但名声受到冲击，连世界知名的杀毒软件厂商卡巴斯基也难逃黑客的毒手。2015年6月，该公司声称探测到一次针对其系统"隐蔽性极高"的黑客攻击，实施这次攻击的黑客很可能是策划2011年Duqu木马的幕后黑手。虽然这次攻击的力度并不大，但目标却直指卡巴斯基的系统和知识产权，可以说是非常大胆的。虽然这次黑客攻击并没有获取到任何信息，但现在黑客连卡巴斯基这样的公司也敢下手，可见现在的黑客有多猖狂。

（2）系统安全漏洞

系统安全漏洞是指可以用来对系统安全造成危害，系统本身具有的或设置上存在的缺陷。比如，在建立安全机制中规划上的缺陷、操作系统和其他软件编程中的错误，以及在使用该系统提供的安全机制时人为的配置错误等。

漏洞会影响很大范围的软硬件设备，包括系统本身及其支撑软件、网络客户和服务器软件、网络路由器和安全防火墙等。当这些漏洞被人发现并加以利用时，就会对系统安全造成危害，它们可能被用来发动攻击，也可能导致系统的崩溃。

（3）管理的欠缺

管理的欠缺主要还在于缺乏安全管理的观念，没有从管理制度、人员和技术上建立相应的安全防范机制。

（4）计算机商业间谍

信息化浪潮使得越来越多的公司、银行、企业等经济实体加入了上网的行列，它们把越来越多的秘密信息保存在计算机上，其中包括经营战略计划、销售数据甚至秘密的信件、备忘录等。这些信息对竞争对手来说是非常珍贵的。计算机商业间谍可以通过各种手段直接进入商家的计算机获得这些信息。它们的具体表现如表8-5所示。

表8-5 影响信息系统安全的主要因素

影响因素	具体表现
黑客	一些非法的网络用户利用所掌握的信息技术进入未经授权的信息系统
病毒	各种病毒程序越来越严重地威胁着信息系统
源程序	容易被修改和窃取，并且本身可能存在漏洞
应用软件	若软件的程序被修改或破坏，就会损坏系统的功能，进而导致系统瘫痪
操作系统	操作系统如遭到攻击和破坏，将造成系统运行的崩溃
数据库	数据库中存有大量数据资源，若遭到破坏，其损失难以估计
硬件	硬件本身可能被破坏或盗窃，组成计算机的电子设备和元件可能偶然发生故障
通信	信息和数据在通信过程中可能被窃听
数据输入	输入虚假数据或篡改数据，当然有时是误输入
数据输出	数据在输出过程中有泄露和被盗看的可能
软件的非法复制	会造成软件的失密
企业内部人员的因素	低水平的安全管理、偶然的操作失误或故意的犯罪行为等，都会影响系统安全
商业间谍	出于商业目的窃取竞争对手的机密数据

8.3.3 信息系统安全的含义

> **相关链接**
>
> 对企业而言，信息系统的安全至关重要。但当前整个网络信息系统安全性问题相当严峻。据统计，很多企业的信息系统都遭受过病毒、黑客攻击或人为破坏，有的甚至损失惨重。现实中企业往往热衷于管理信息的系统开发或购买，却忽视了贯穿在整个信息系统生命周期中的系统维护和系统安全管理工作，开发或购买调试工作完成后，开发队伍解散或撤走，信息系统开始运行后没有配置适当的系统维护人员，致使信息系统发生

> 问题或环境发生变化时，企业无力应对，有的企业甚至最后被迫放弃历尽千辛万苦所建立的管理信息系统。一般来讲，信息系统维护的费用占整个信息系统生命周期总费用的60%以上，业内常用"浮在海面的冰山"来比喻信息系统开发（或购买）与维护的关系，信息系统开发工作（或购买）如同冰山露出水面的部分，容易被看到而得到重视，而信息系统维护工作如同冰山浸在水下的部分，体积远比露出水面的部分大得多，但由于不易看到而遭到忽视。另外，由于信息系统维护工作重复性较大，很多技术人员觉得缺乏挑战和创新，因此更重视开发而轻视维护。但系统维护是信息系统可靠运行的重要技术保障，必须予以重视，企业在信息系统维护方面也应注意系统维护人员的稳定性。

目前，全球每天都在发生着 Internet 计算机入侵事件，在 Internet 上的网络防火墙 1/3 以上被突破。据不完全统计，每年因利用计算机系统进行犯罪所造成的经济损失高达上千亿美元。由此可见，信息系统对安全的要求越来越高，安全成为管理信息系统生存的关键和核心。

信息系统安全是指保障计算机及其相关的和配套的设备、设施（含网络）的安全及运行环境的安全，保障信息的安全，保障计算机功能的正常发挥，以维护计算机信息系统的安全运行。

信息系统的安全实际上包括以下四个方面。

（1）信息安全

信息安全是指保护信息资源，使其免遭偶然的和有意的泄露、删改、破坏和处理能力的丧失。

（2）计算机安全

计算机安全是指确保计算机处于稳定的状态，使计算机的数据和程序文件不被非法访问、获取和修改。

（3）网络安全

网络安全是指采取一系列措施确保网络的正常运行。信息网络安全的具体内容如表 8-6 所示。

表 8-6　信息网络安全的具体内容

内　容	说　明
保密性	保护个人信息，确保不被他人窃取和利用
认证性	确认通信双方的合法身份
完整性	保证所传输的信息不被篡改
可访问性	保证系统、数据和服务能由合法的人访问而不被拒绝
防御性	防止不合法用户和信息的访问
不可抵赖性	防止通信和交易双方对自己行为的否认

（4）通信安全

通信安全是指确保信息在网络传输中的完整性和保密性。

8.3.4 信息系统的安全体系制定的原则

在进行物流信息系统安全方案设计规划时，应遵循以下原则。

（1）系统性

应该避免安全设施、设备各自独立配置和管理的工作模式，以确保安全策略配置、实施的完整性、一致性和相容性。

（2）结构性

物流信息安全的设计应该依据相关应用的安全需求，在各个层面上采用相关安全机制来实现所需的安全服务，从而达到网络信息安全的目的。

（3）整体性

物流信息安全的规划应从完备性、先进性和易扩展性方面进行技术方案设计，并且根据相应的技术管理、业务管理等方面的要求设计安全管理方案，进而形成信息安全工程设计的整体解决方案。

（4）动态性

物流信息系统的建设和发展是逐步进行的，安全技术和产品也在不断地更新和完善，信息安全设计应该体现最新、最成熟的安全技术和产品来满足信息安全系统的安全目标。

阅读资料

8.3.5 物流信息系统的安全体系

为了保证物流信息系统的安全，应该从技术、管理、法律等诸多方面入手，建立相应的安全体系，本书中主要从以下几个方面来构建其安全体系。

1. 实体安全

这里所讲的实体不仅包括计算机系统实体和通信线路，还包括物流信息采集设备和一些物流设备所装的传感器。为保证实体安全，主要可采取以下措施。

（1）计算机系统的安全

为了保证计算机系统安全可靠地运行，保证计算机硬件及辅助设备不受人为或自然因素等危害，首先，应搞好机房设施的防火、防尘、防静电、防水，加强抗灾害能力；其次，应该建立严格的上机操作规程，制订应急方案，一旦硬件故障影响了操作，应通过增加外围设备、快速维修等方式对计算机系统进行快速恢复，以保证系统正常运行。

（2）实体信息设备的安全

对于网络链路和在物流作业现场的其他实体信息设备，因为其所处环境的复杂性，它们的安全性和可靠性更应引起注意。具体措施：应对所用设备的适用期登记在案，应坚决撤换掉老化的超期设备，并制订检测计划，每隔一段时间就要对设备进行全面的测试，以确保设备的可靠性。

（3）关键的实体设备的安全

对于关键的实体设备还应有备用件，当有突发事件时，可以确保系统的正常运行和数据的安全。

2．物流信息系统访问控制的安全性

访问控制是物流信息系统安全机制的核心，它包含三个方面内容：
- 保护被访问的客体；
- 对用户存取访问权限的确定、授予、实施；
- 在保证系统安全的前提下，最大限度地共享资源。

访问控制的本质是通过物流信息系统软件对用户进行系统功能授权，即系统每一功能，只有被授权的用户才能使用，未被授权的用户无法使用。

3．操作系统平台的安全

作为物流信息软件的支撑部分，操作系统安全的内容包括保密性、可靠性和抗干扰性等几方面内容。

鉴于操作系统的重要作用，要求开发人员在对操作系统进行选择时，既要考虑操作系统的实用性与可靠性，又要考虑操作系统的安全性。一般情况下，相应的操作系统安全应该包括对存储器的存取和对象（如文件、目录等）两方面提供有效的保护服务。

（1）对存储器的安全保护

对存储器的安全保护包括栅栏保护、再定位保护、基本界限保护、标志位保护、分段保护等方面的服务。

（2）对文件、目录的安全保护

对文件、目录的安全保护是为了杜绝伪造存取权现象的发生，不允许任何一般用户写文件和目录，应由操作系统统一保护所有的文件和目录。

另外，操作系统还应该安装防火墙及病毒查杀程序，以提高整个信息系统的可靠性与安全性。

4．数据安全

物流信息系统的数据安全性，除了一般由存和取的控制来保证外，还要加强对数据库的管理和对数据采取必要的加密等手段，以防止信息泄露。

（1）对输出数据的安全控制

对输出数据的形式、内容、周期和备份进行检查和记录，防止事故的发生和事故后对其进行评估和弥补。

（2）对输入数据的安全控制

对输入数据执行输入控制，验证输入数据的真伪性、完整性，对重要数据实行格式和逻辑检查，以使犯错误的概率降到最低。

（3）对数据库管理系统的安全防护

增强数据库管理系统的安全防护功能，防止软件非法对数据库管理系统进行修改和破坏，对数据库情况进行监督，对访问数据库者进行跟踪，对删除操作进行记录，并制订和实行数据库备份计划，严格建立数据字典，统一术语，以避免数据误差、误解和冗余。

（4）对数据进行加密

对数据库进行加密的手段有库内加密、整个数据库加密、硬件加密等。对网络数据加密主要有三种方式——链路加密、节点对节点加密、端对端加密。读者如有兴趣可查阅有关资料。

5. 管理制度的安全保护

管理制度的安全保护是指在开发人员和使用人员中建立完善的安全制度，并使其充分认识计算机系统安全的重要性，自觉执行安全制度，从而形成对物流信息系统的一个管理保护层。主要可从以下几方面入手。

1）在开发过程中，参加系统开发的人员应分工明确，各司其职，责任到人，充分认识物流信息系统安全的重要性。

2）根据物流活动的具体工作流程，应建立适应物流信息系统的组织机构和安全体系，也应明确各级人员的管理职责和权限，形成梯级控制。保证物流信息系统的技术专家对系统控制具有相当的权限。同时，他们也应当受到组织领导层的管理和制约，保证物流信息系统权限分配的合理性。

3）要保证安全管理制度的建立与实施，这是实现管理信息系统安全的重要保证。它应包括安全管理人员的教育培训、制度的落实、职责的检查等方面内容。

4）建立相应的监督机制。安全管理的制度要以国家有关信息安全方面的法律、法规和其他有关规定作为依据，并综合物流信息系统涉及的业务需要进行制定。为确保安全管理制度的有效实施，还要相应建立起配套的监督机制，层层监督，相互制约，以实现系统安全。

综上所述，要建立完善的、安全的物流信息系统，一个完整的解决方案必须从多层面着手，利用检测软件定期对信息系统进行扫描分析，找出安全隐患，安装防火墙，加强授权管理和认证，对于网络上传输的敏感信息进行加密，加强网络的整体防病毒措施，建立完备的安全审计日志，加强数据库的备份和故障恢复措施等。各种安全措施之间的相互协作，构成主动的信息网络安全防御体系。

> **相关链接　物流园区信息系统安全保障体系**
>
> 随着信息技术的不断发展，物流园区的信息化建设日益完善，而很多物流园区只强调信息化发展，却忽视了信息安全保障体系的建设。因此为了实现物流园区信息系统安全、稳定运行，需要对物流园区信息系统的安全保障体系进行研究，为物流园区信息系统安全护航。

第8章　物流信息系统的运行与安全管理

1．物流园区信息系统安全现状以及存在的安全问题

物流园区信息化安全手段较薄弱，主要安全现状如下：

1）IT 基础设施融合不够，尽管信息化建设比较完善，但是安全得不到保证，无法让企业IT真正发挥价值。

2）安全监控手段不完善，一旦物流园区网发生安全事件，无法及时定位。

3）防护手段比较单一，目前的防护手段是借助防火墙技术做了一些粗粒度的访问控制。

4）缺乏相关的管理手段、管理制度，如对新入园企业接入的服务器不能进行安全检查。

2．物流园区信息系统安全保障体系建设

为实现物流园区信息系统的总体目标，结合信息系统的实际情况和未来发展需求，安全保障体系的建设将贯彻几大原则：统筹规划，分步实施；统一协调，各负其责；综合防范，整体安全；分级保护，务求实效。

物流园区信息系统等级保护安全建设的思路，根据分区域的原则，按照"一个中心，二重防护"体系建设的思想，建设具有物流信息系统的深度防御体系，通过安全技术构建整体防护网。

（1）关于计算环境安全设计，应做到以下几个方面

1）用户身份鉴别。

2）自主访问控制。

3）程序可执行保护。

4）系统安全审计。

（2）关于人员安全管理

人员安全管理要求在人员的录用、离岗、考核、培训以及第三方人员管理上，都要考虑安全因素。

（3）安全管理体系设计

1）安全管理机构。

2）安全管理制度。

3）人员安全管理。

4）系统建设管理。

5）系统运维管理。

随着物流园区的发展，信息化系统需要支撑大量的业务，因此对物流园区信息系统安全保障体系的建设提出了更高的要求，安全保障体系的建设始终以业务安全为核心，并贯穿整个信息系统生命周期的各个阶段。大型物流园区应采取相应的安全技术和管理手段，综合利用安全防护、检测、响应、恢复以及其他辅助措施组成一个完整的、动态的安全保障体系，同时在整体安全策略的指导下保证物流园区信息系统的安全高效。

> **相关链接　谨防物流企业信息化的"陷阱"**
>
> 1．信息化建设不切实际
>
> 一些企业在对物流信息化的认识、对本企业信息化需求不明不白的情况下盲目地搞信息化建设最终导致失败。
>
> 2．盲目相信"熟人"
>
> 许多企业在选择软件开发商时，往往倾向于选择自己比较熟悉或由熟人推荐的开发商，而没有对开发商进行细致的观察、分析和比较，没有对其进行综合评价，造成信息化效果不尽如人意。
>
> 3．对信息化没有持久性
>
> 一些企业对物流信息化没有做必要的总体规划，造成系统缺乏延续性和扩展性。
>
> 4．由不懂信息化的人员领导
>
> 把企业的物流信息化工作交给了一个既不懂信息系统又不懂管理的主管人员负责实施，其后果是可想而知的。
>
> 组织企业进行物流信息化建设的领导要具有较高的素质，具体包括良好的计算机相关专业的教育与实践背景，较好的管理与组织能力，同时他还要十分熟悉所在物流企业的业务流程、经营模式和发展战略，并且能够对企业的经营发展需要什么样的信息系统有正确、全面的认识。
>
> 5．不接受合理的服务支出
>
> 许多企业经常把"软件就是服务"片面理解为：我一旦买了你的软件系统，你就应该为我提供免费的技术服务，任何服务性收费都是不合理的。事实上，这是一个认识上的误区。
>
> 在软件系统应用方面，软件开发商一般是在软件系统投入使用一年以后，对用户提供的常规技术服务才会收取一定的费用。对于正常维护的服务费用，一般会以年度为时间单位进行处理，费用的比例也会视软件开发规模、开发商的技术实力和开发商品牌等无形资产的不同而有所区别。
>
> 6．软件交付使用就万事大吉
>
> 一些企业在外包开发的物流软件系统交付使用后往往会犯这种错误，这种认识的误区与购买设备的心理颇为相似：在订购一些具有固定技术参数、功能指标的设备时，一般会仔细挑选并且综合评价，直到找出性能价格比较高的设备才会最终决定购买；但是物流软件系统的购买却并非如此，与购买设备相反，企业外包开发的软件系统在交付使用时，仅仅意味着企业与软件开发商重要合作的开始！

自测题

一、选择题

1. 协助企业完成业务流程重组，运用信息管理技术重建企业的决策体系和执行体系，同时要对信息编码和商务流程统一标准属于首席信息官（CIO）（　　）层面的职责。
   A. 战略层面　　B. 执行层面　　C. 变革层面　　D. 沟通层面
2. 运行期间的信息系统管理部门内部人员大致可以分为（　　）几类。
   A. 系统设计人员　　　　　　B. 系统维护人员
   C. 系统管理人员　　　　　　D. 系统操作人员
3. 按照文档服务目的划分，信息系统文档可以分为（　　）。
   A. 一次性文档　B. 用户文档　C. 非一次性文档
   D. 开发文档　　E. 管理文档
4. 物流信息系统维护的对象包括（　　）。
   A. 系统应用程序维护　　　　B. 代码维护
   C. 文档维护　　D. 数据维护　　E. 硬件设备维护
5. 影响系统可维护性的因素主要有（　　）。
   A. 可理解性　B. 可计算性　C. 可测试性　D. 可修改性
6. 在进行物流信息系统安全方案设计规划时，应遵循（　　）原则。
   A. 智能性　　　B. 系统性　　　C. 结构性
   D. 整体性　　　E. 动态性
7. 对网络的数据加密主要有（　　）。
   A. 链路加密　　　　　　　　B. 库内加密
   C. 节点对节点加密　　　　　D. 端对端加密
8. （　　）是为诊断和改正系统中潜藏的错误而进行的活动。
   A. 适应性维护　　　　　　　B. 正确性维护
   C. 完善性维护　　　　　　　D. 预防性维护
9. 数据的收集工作主要包括（　　）。
   A. 数据收集　B. 数据传输　C. 数据校验　D. 数据录入
10. 信息系统的安全性体现（　　）。
    A. 保密性　　　B. 可控制性　　C. 可审查性
    D. 只读性　　　E. 抗攻击性

二、简答题

1. 如何使信息记载完整？
2. 对物流信息系统的评价一般从哪些方面考虑？

3. 文档管理应从哪些方面着手进行？
4. 什么是管理制度的安全保护？
5. 什么是运行管理？
6. 什么是信息系统安全？

三、论述题
1. 试论述如何构建物流信息系统的安全体系。
2. 试论述物流信息系统面临的安全威胁。

案例分析

宅急送借信息系统提升物流配送服务水平

电子商务的整个运作过程是信息流、商流、资金流和物流的流动过程，其优势体现在信息资源的充分共享和运作方式的高效率上。几乎没有快递公司能逃过因货物丢失、损坏、送货慢而被客户埋怨的厄运。这是整个快递行业的问题，混乱的市场秩序使得快递行业的激烈竞争一度演变为价格战，低廉的价格导致了低服务水平和低准点率。

客户需要的是高质量的服务，单纯地依靠价格来取胜的可能性已经不大，所以实力强的快递公司已经在 IT 上加大投资，试图通过信息化手段来提升服务水平，进而增强企业的竞争力，顺丰速运、圆通快递、宅急送等企业都在这方面有所行动。

宅急送从 1999 年开始建设管理信息系统（MIS），并且一直不断地改进 MIS 的功能。2003 年，宅急送实现了对数据的统一管理，这对信息化来说是至关重要的。宅急送信息部数据中心主任郭迎贵向记者介绍说，目前一些快递公司的系统是分布式的，全国各地的数据不能实时共享，也不便于管理。在 2004 年，宅急送使用了条码采集器，2005 年自主开发了很多信息化系统，比如人资系统、资产系统、采购系统、路由系统、CRM、仓储管理系统、业务管理系统、OA、宅急送的商务网站、短信平台等。

宅急送目前的业务操作系统（BOS）是由原来的 MIS 发展而来的，功能非常强大，是实现宅急送业务的核心信息化系统。它包含受理、包装、调度、物流、进出港等子系统以及与业务相关的系统。

在受理的过程中，呼叫中心的工作人员将用户的需求信息录入系统，同时发送一条短信给相应的小件员，小件员根据地址去取件。在最短的时间内通知小件员需要处理的快件，便于小件员统筹自己的工作。

调度通过发送调度令，指挥司机去相应的地点取、送货。目前宅急送所有的物流都是由调度指挥完成的。

货物被司机取回后，被送到分拣中心，在分拣的过程中，工作人员通过数据采集器扫描快递单上的条码来做入库，由于该条码上储存了该货物的送达目的地、重量、包装、规格等信息，在出库时同样扫描该条码就能确定该货品要送到的目的地等信息，方便分配和运送，可以大大提高信息的采集、录入速度和准确性。

当司机取回客户委托的物品时，在入库之前，要核实司机手中的单据，并录入公司业务系统，这时就会产生瓶颈——入库补录。司机经常需要排队等待录入，这段时间虽然司机可能还有货物需要发送或者收取，但是他只能等待录入完成才能离开。这个问题已经通过信息手段解决了，宅急送早在2006年就采用了PDA和GPRS技术，使司机在运货的途中，利用手持终端PDA录入货物信息，并通过GPRS传到公司业务系统，完成专门的补录人员的录入工作。目前宅急送的部分司机和小件员随身携带PDA，大大方便了信息的录入和查询。而据近日的消息，宅急送在上海投入的400台PDA和300台POS机，分别在上海60余个网点中使用。

宅急送除了零散客户之外，还有一些合作伙伴，比如新蛋网等，如何对这些客户的订单做出快速反应？宅急送有一个COM系统，即客户对接系统，它把信息从宅急送的合作伙伴的系统里对接过来。当有客户在新蛋网上下了订单，需要宅急送运送商品时，客户的订单信息就会自动对接到COM系统里来。这大大简化了系统的流程，并且宅急送在最短的时间内接到客户的配送需求，提升了工作效率。

另外，宅急送的网站也是为客户提供方便的信息化系统之一，客户在网站上输入快递单的条码，就可以查询该快件的状态。有的客户希望看到对方的签字再付款，宅急送就把快递单的签字扫描放到宅急送的网站上，只要输入快递单号，就可以查询，目前大部分快递单的签字图片在宅急送的网上都能找到。

正因为领导很重视信息化建设，所以宅急送才有如此强大的信息化系统，对此，公司高层表示，快递公司最重要的是信息系统和车辆，如果系统不好，那么无法做好运输货物的工作。

为防止货物丢失，宅急送在干线上的运货车上都安装了全程监控设备，可以达到对车辆的实时跟踪定位，结合条形码技术的应用可以实现对车辆和货物的动态信息追踪和管理。这些信息被及时上传到互联网上，大大增加了公司业务的透明度，为客户提供更准确、更快速的信息服务。

讨论分析题

1. 物流信息系统的成功实施需要具备哪些基本条件？
2. 系统实施后，应如何对系统进行维护？
3. 为保证系统的安全运行，企业应如何建立安全体系？

实训题　企业物流信息系统的安全分析

1. 实训目的

目前我国企业物流信息系统在运行过程中存在很多问题，尤其是在安全方面，系统漏洞、病毒、黑客攻击、人为操作失误等对物流信息系统的安全带来较大隐患，通过实训进一步加深学生对本章知识的理解和把握。

2. 实训内容

（1）调查某城市（或地区）企业物流信息系统的应用情况。

（2）通过调查，分析企业物流信息系统的运行管理机制及其中存在的不合理方面。

（3）通过调查，了解目前企业物流信息系统的安全管理现状，并针对存在的安全问题提出相应的解决策略。

3. 实训组织与实施

（1）全班同学自由结合分成若干调研小组。

（2）在调研前，每组应先制订具体的调研计划及分工方案，并通过网络、报纸、杂志等收集相关的资料。

（3）选取生产企业、物流企业和商业企业中有代表性的几家企业进行实地调研，了解其物流信息系统的运行情况及采取的安全策略。

4. 实训结果与评价

（1）调研结束后，每组对调研情况进行总结、整理并写出相应的书面报告。

（2）相互交流（通过课堂组织），总结此次实训的收获及不足。

（3）根据学生实训的态度、付出的努力，以及实训结果的书面报告的具体情况给予评价。

第 9 章

电子商务物流与信息管理

学 习 目 标

- 掌握电子商务物流的概念及基本特点，以及所应用的主要技术。
- 掌握电子商务下主要的物流运作模式，并在实际中能进行合理的选择。
- 理解在电子商务和物流相互作用、相互影响下的物流发展以及物流对电子商务的促进作用。
- 了解电子商务物流的发展现状及发展趋势。

引导案例

联合国报告称中国已成为全球最大 B2C 市场

联合国贸易和发展会议（贸发会议）发布《2015 年信息经济报告》称，在全球 130 个经济体中，小型欧洲经济体在"企业对消费者（B2C）电子商务"领域最为发达，发展中经济体则在迅速迎头赶上，中国实际上已经成为全球最大的"企业对消费者电子商务"市场。

根据这份年度报告，"企业对消费者电子商务"指数排名前 10 位的经济体依次是卢森堡、挪威、芬兰、加拿大、瑞典、澳大利亚、丹麦、韩国、英国和以色列。在发展中经济体和新兴经济体中，排在前面的都在东亚，包括韩国和新加坡等，特别是中国，实际上已成为全球最大的"企业对消费者电子商务"市场。与此同时，就实际上网购买率而言，巴西、中国和俄罗斯本年度的表现均好于预期。

贸发会议称，目前全球"企业对消费者电子商务"交易总额每年在 1.2 万亿美元左右，比起"企业对企业（B2B）电子商务"每年高达 15 万亿美元的交易总额要小得多。但是，"企业对消费者电子商务"正迅速发展，尤其在亚洲和非洲。预计到 2018 年，发展中经济体和转型经济体将占全球"企业对消费者电子商务"交易额的 40%左右，而发达经济体的份额将从 70%降至 60%。

报告还分析了发展中经济体发展"企业对消费者电子商务"所面临的制约性

因素，例如在拉丁美洲和加勒比地区、亚洲和大西洋地区，邮政服务亟须延伸到千家万户；而在非洲，电子商务的发展受制于偏低的互联网接入率。

报告指出，随着发展中经济体进一步提高互联网接入率、创造新的电子商务软件平台及支付手段，并且使地方电子商务公司能够为当地市场提供适销对路的产品与服务等，这些经济体"企业对消费者电子商务"将会得到进一步扩展。

思考题

在电子商务迅速发展的今天，物流将如何与电子商务协同发展？

提示

在电子商务不断发展的同时，"物流成为电子商务发展的瓶颈"这一观点被广泛认同。电子商务的便捷、快速，对物流提出了更高的要求，这将带来物流的全面变革，并将会对电子商务的开展起到非常重要的作用。本章重点掌握电子商务的基本概念，主要模式。本章难点在于理解电子商务和物流的关系及在此状况下，对我国电子商务物流中存在的问题提出解决的办法。

9.1 电子商务物流概述

9.1.1 电子商务物流的概念

电子商务是指利用数字化电子方式进行商务数据交换和开展业务活动，是在互联网与传统信息技术相结合背景下产生的一种相互关联的动态商务活动。电子商务具有全球化、高效化、方便化、个性化、层次化等特点。

电子商务物流就是在电子商务的条件下，依靠计算机技术、互联网技术、电子商务技术以及信息技术等所进行的物流活动。

相关链接

国家统计局 2015 年 8 月发布的调查数据显示，2014 年我国全社会电子商务交易额达 16.39 万亿元，同比增长 59.4%。其中，在企业自建的电商平台（以下简称纯自营平台）上实现的交易额为 8.72 万亿元，同比增长 65.9%；在为其他企业或个人提供商品或服务交易的电商平台（以下简称纯第三方平台）上实现的交易额为 7.01 万亿元，同比增长 53.8%；在既有第三方又有自营的混营平台（以下简称混营平台）上实现的交易额为 0.66 万亿元，同比增长 41.1%。目前，电子商务呈现出良好的发展势头。

（1）电子商务保持快速增长

近年来，我国电子商务的快速发展取得了令人瞩目的成绩，保持着快速增长势头。聚美优品、京东、阿里巴巴先后赴美上市，我国电子商务在世界舞台上崭露头角。伴随着电子商务的快速发展，我国电商物流发展迅猛，包括电商自建物流和第三方快递业市场规模继续扩大。国家邮政局统计数据显示，2014年全国快递业务量达140亿件，同比增长51.9%，超过美国成为世界第一，快递业已连续四年保持年均增幅超过50%的速度。

（2）网络购物扮演主角

国家统计局发布的2014年全年社会消费品零售总额数据显示，2014年网络购物交易额大致相当于社会消费品零售总额的10.7%，年底线上渗透率首次突破10%。网络购物成为推动电子商务市场发展的重要力量。

（3）B2C市场增长迅猛

在电子商务的快速发展中，B2C市场增长迅猛。艾瑞咨询数据显示，2014年中国网络购物市场中B2C交易规模达12 882亿元，在整体网络购物市场交易规模中比重达到45.8%，较2013年的40.4%增长了5.4个百分点。从增速来看，B2C市场增长迅猛，2014年中国网络购物B2C市场增长68.7%，远高于C2C市场35.2%的增速，B2C市场将继续成为网络购物行为的主要推动力。

9.1.2　电子商务物流的特点

在电子商务时代，人们做贸易的顺序并没有改变，但进行联系和交流的工具变了，信息流贯穿商品交易的始终，处在一个更重要的位置，对商品流通的整个过程进行控制，记录整个商务活动的流程，是分析物流、导向资金流、进行经营决策的重要依据。

电子商务时代的到来，给全球物流带来了新的发展，使物流具备了一系列新的特点。

（1）物流信息化

物流信息化是电子商务时代进行电子商务的必然要求。物流信息化表现为物流信息的商品化，物流信息收集的数据化和代码化，物流信息处理的电子化和计算机化，物流信息传递的标准化和实时化，物流信息存储的数字化等。信息化是一切的基础，信息技术及计算机技术在物流中的应用将会彻底改变世界物流的面貌。

（2）物流网络化

这里的网络化有两层含义，一是物流配送系统的计算机通信网络，例如，物流配送中心向供应商提出订单这个过程，就可以使用计算机通信方式，借助增值网上的电子订货系统（EOS）和电子数据交换（EDI）技术自动实现；二是网络的组织化，即企业内网（Intranet）。当今世界Internet等全球网络资源的可用性及网络技术的普及，为物流的网络化提供服了良好的外部环境，物流网络化不可阻挡。

（3）物流自动化

自动化的基础是信息化，自动化的核心是机电一体化。自动化的外在表现是无人化，自动化的效果是胜利，还可以提高劳动生产率，减少物流作业的差错率，扩大物流作业能力等。

（4）物流柔性化

柔性化本是为实现"以顾客为中心"的理念在生产领域提出来的，但是要做到柔性化，即真正地能根据消费者需求的变化灵活调节生产工艺,具有"多品种、小批量、多批次、短周期"的特点,没有配套的柔性化的物流系统是不可能达到目的的。

(5)物流智能化

这是物流自动化、信息化的一种高层次应用。物流作业过程大量的运筹和决策,如库存水平的确定,物流配送中心经营管理的决策支持等问题都需要借助大量的专业知识才能解决。在物流自动化的过程中,物流智能化是不可回避的技术难题。为了提高物流现代化水平,物流的智能化已成为电子商务下物流发展的下一个趋势。

> **相关链接**
>
> 如果说电商是互联网时代的一匹黑马,那么物流无疑是与黑马齐奔的马车。北商研究院通过对行业实地调查、与行业研讨发展趋势等形式,对 B2C 和 C2C 模式的物流配送服务进行分析,推出《2015 电商物流报告》。电商物流发展状况可概括为:
>
> (1)物流业整体处于中高速发展
>
> 中国物流与采购联合会 2015 年 5 月发布的《中国物流发展报告 2014—2015》(以下简称报告)显示,我国物流业面对复杂多变的市场形势正在积极调整,加快转型升级,主动适应经济发展新常态,较好地发挥了基础性、战略性作用。我国物流需求增速近年有所回落,2014 年全年仍呈现稳中趋缓的发展态势,但仍处于中高速增长区间。
>
> (2)消费品物流增长迅速
>
> 2014 年我国钢铁、煤炭、水泥等大宗生产资料物流需求进一步放缓。工业品物流总额为 196.9 万亿元,按可比价增长 8.3%,同比回落 1.4 个百分点。但电商物流、冷链物流等消费品需求保持快速增长,促使单位与居民物品物流总额同比增长 32.9%。以服务电商为主的快递业保持快速增长,全年业务量达 139.6 亿件,同比增长 51.9%。
>
> (3)快递业高速发展
>
> 快递是电商物流的主要表现形式。统计数据显示,全国快递业务中有 80%来自电子商务业务。根据国家邮政局统计数据显示,近年来我国快递业务量增幅一直保持着超过 50%的增长势头。在电子商务高速增长下,快递业务发展迅猛。

9.1.3 电子商务物流的一般流程

1. 普通商务物流流程

在普通商务物流流程中,物流作业流程与商流、信息流和资金流的作业流程综合在一起,更多地围绕企业的价值链,从实现价值增值的目的安排每个配送细节,如图 9-1 所示。

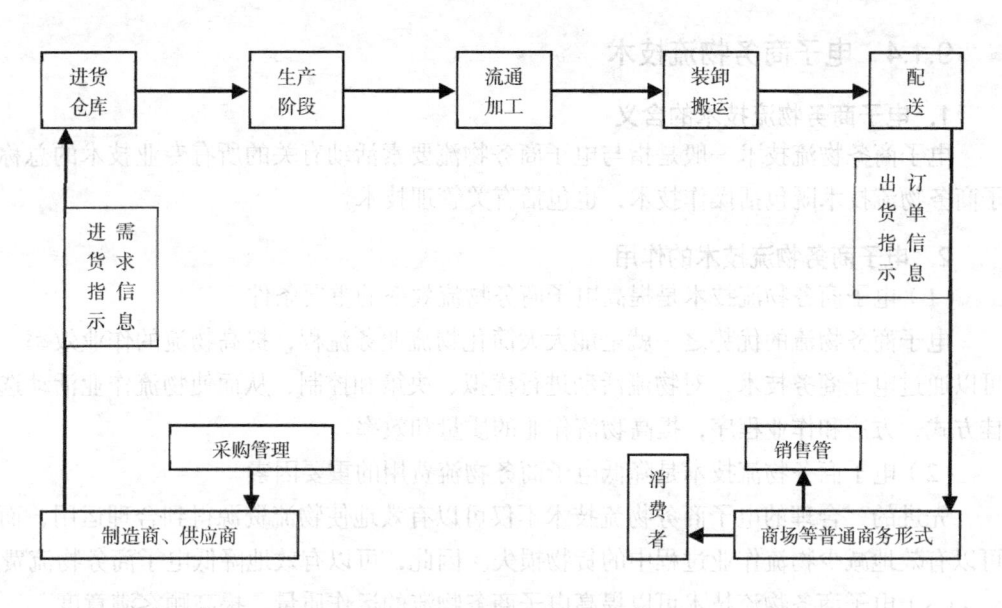

图 9-1 普通商务物流业务流程

2．电子商务物流流程

电子商务的发展及其对配送服务体系的配套要求，极大地推动了物流的发展。与普通商务流程相比，电子商务物流流程在企业内部的微观物流流程上是相同的，都具有从进货到配送的物流体系。然而，在电子商务环境下，借助电子商务信息平台，有利于企业提高采购效率，合理地规划配送路线，实现电子商务物流流程和配送体系的优化，如图 9-2 所示。

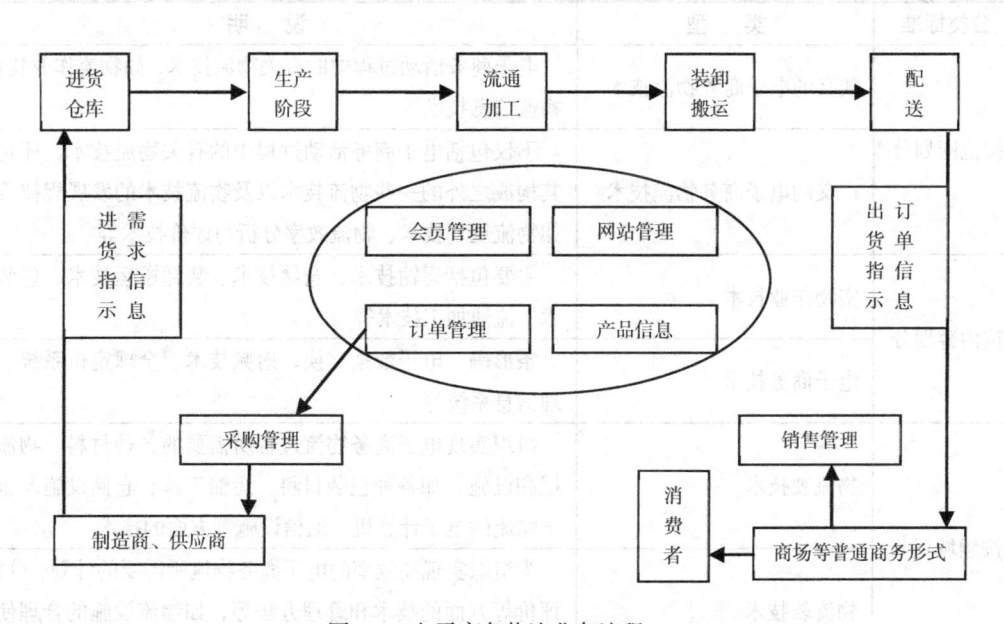

图 9-2 电子商务物流业务流程

9.1.4 电子商务物流技术

1. 电子商务物流技术的含义

电子商务物流技术一般是指与电子商务物流要素活动有关的所有专业技术的总称。电子商务物流技术既包括操作技术，也包括有关管理技术。

2. 电子商务物流技术的作用

（1）电子商务物流技术是提高电子商务物流效率的重要条件

电子商务物流的优势之一就是能大大简化物流业务流程，提高物流的作业效率。人们可以通过电子商务技术，对物流活动进行模拟、决策和控制，从而使物流作业活动选择最佳方式、方法和作业程序，提高物流作业的质量和效率。

（2）电子商务物流技术是降低电子商务物流费用的重要因素

先进的、合理的电子商务物流技术不仅可以有效地使物流资源得到合理运用，而且也可以有效地减少物流作业过程中的货物损失。因此，可以有效地降低电子商务物流费用。

（3）电子商务物流技术可以提高电子商务物流的运作质量、提高顾客满意度

电子商务物流技术的应用，快速响应系统的建立，可使企业能及时地根据客户的需要，将货物保质保量迅速地送到客户所指定的地点，从而提高运作质量，提高顾客满意度。

3. 电子商务物流技术的分类

从不同的方面来划分，电子商务物流技术的构成和种类也不同。一般而言，电子商务物流技术的构成和种类主要有以下几个方面，如表 9-1 所示。

表 9-1 电子商务物流技术的构成及种类

分类标准	类 型	说 明
按范围划分	狭义的电子商务物流技术	电子商务活动过程中的有关物流技术，如物流作业技术、物流信息技术等
	广义的电子商务物流技术	不仅包括电子商务活动过程中的有关物流技术，还包括其构成之外的一些物流技术以及物流技术的发展规律等，如物流规划技术、物流效率分析与评价技术等
按内容划分	实物作业技术	主要包括运输技术、仓储技术、装卸搬运技术、包装技术、流通加工技术等
	电子商务技术	条形码、电子数据交换、射频技术、全球定位系统、地理信息系统等
按领域划分	物流硬技术	组织实现电子商务物流过程所需要的各种材料、物流机械和设施，如各种包装材料、运输工具、仓储设施及服务于物流的电子计算机、通信设施等方面的技术
	物流软技术	为组织实现高效率的电子商务物流所需要的计划、分析、评价等方面的技术和管理方法等，如物流设施的合理使用和调配、运输路径选择等技术

> **思考题**
>
> 电子商务物流技术的评价标准主要有哪些?
>
> **提示**
>
> 电子商务物流技术的评价标准主要有:
>
> (1) 先进性标准
>
> 对电子商务物流技术先进性的评价,不仅要从技术功能性、稳定性、可靠性上进行,而且也要从技术是否有拓展性、是否安全等方面进行评价;不仅要重视和考虑电子商务技术、物流作业技术的先进性,而且也要考虑两者的配套性和协调性。
>
> (2) 经济性标准
>
> 经济性标准是指在采用电子商务物流技术时,要考虑电子商务技术在经济上的合理性。可以从三个方面进行:一是要考虑采用电子商务物流技术时的投资规模;二是要考虑企业的物流规模和发展方向;三是考虑电子商务物流技术在应用过程中的费用问题。
>
> (3) 适用性标准
>
> 适用性标准是指电子商务物流技术的应用应适合物流的现实经济状况。先进的技术并不一定都是适用的技术,只有能够带来实际效益的技术才能成为适用的技术。

9.2 电子商务与物流的关系

随着互联网的普及,顾客需求的改变,电子商务不断得到推广,传统的产业结构也随之变化,同时,电子商务的发展和应用,使企业的生存和发展模式发生了重大改变,刺激了物流需求,推动了物流业的发展,而物流业必然会促进电子商务的发展,而这相辅相成。

阅读资料

9.2.1 电子商务对物流的影响

> **思考题**
>
> 当前我国电子商务物流面临哪些挑战?
>
> **提示**
>
> (1) 电子商务物流企业规模比较小
>
> 我国电子商务物流公司起步晚,管理水平不高,运输网络等没有真正建立起来,难以形成规模效应。电子商务物流公司在管理方面呈现粗放型状态,不能很好地落实基础管理工作,很难为用户提供综合性服务。

（2）电子商务物流企业物流服务信息化水平低

我国已有一部分电子商务物流企业采用了包括通信网络、物流管理软件等先进的技术来改进企业管理，但是很多企业仍没有实现网上交易，在工作中依旧采取传统的方式和方法，这样做就降低了物流服务水平，不能及时地根据市场需求做出快速合理的调整，很难满足企业高效运营和社会发展的需求。

（3）物流服务没有做到差异化

在电子商务中，如果企业把有限的资源平均分给每个顾客，即采取无差别服务，不仅在一定程度上造成资源的浪费，也会使某些特殊需求的顾客要求不能被及时满足，将会降低企业的信誉，也会挫伤一部分顾客的积极性，甚至可能会失去这部分顾客。

（4）电子商务物流企业缺乏物流专业人才

随着电子商务的快速增长，物流行业需要更多的专业管理人才，但是目前电子商务物流从业人员学历普遍不高，缺乏有理论、会经营、懂管理的人才。在此情况下，各企业只能靠经验来指定物流服务，或者按照传统的方式经营，因而缺乏创新力与竞争力。

1. 改变人们传统的物流观念

电子商务作为一种新兴的商务活动，为物流创造了一个虚拟的物流空间。在这个环境下，人们再进行物流活动时，物流的各种职能和功能可以通过虚拟化的方法表达出来，并且在此过程中，人们寻找不同的组合方式寻求物流的合理化，达到使实体在实际的运动过程中，距离最短、实现效率最高、时间最少、费用最省。

2. 改变物流企业的经营形态

在传统经济条件下，物流是从企业的角度进行组织和管理的，这样进行的物流活动比较分散；电子商务要求物流从社会角度出发进行管理和组织，这是比较系统的物流活动，后者最大的优势是从宏观上对物流进行调控，使整个社会的物流成本最小化。同时，在传统的经济活动中，物流企业间通过提供优质服务、降低成本进行激烈的竞争，而在电子商务时代，由于电子商务需要一个全球性的物流系统来保证商品实体的合理流动，这是任何一个企业难以完成的。在这种情况下，各个企业应该联合起来，不再是单一的竞争，而应该是协同竞争的状态，在相互协同中实现物流高效化、系统化以及合理化，以实现利益最大化。

3. 改变物流的运作模式

电子商务可使物流实现网络的实时控制。传统的物流活动在其运作过程中，不管是以生产还是成本或者利润为中心，本质都是以商流为中心，从属于商流活动，因而物流是紧紧伴随商流来运动的（尽管也能影响商流的运动）。而在电子商务环境下，信息是物流运作的中心，因为信息不仅决定了物流的运动方式，也决定了其运动的方向。在实际运动过程中，通过网络的信息传递，对物流进行实时控制，实现物流的合理化。

4．对物流人才提出更高的要求

具备较高的物流管理水平和电子商务知识，同时在实际操作过程中，能很好地将两者结合在一起使用是电子商务对物流管理人员的要求。在电子商务环境下，物流人才要解放思想、更新观念，充分认识电子商务对物流的影响，以及进行物流改革和再造的必要性。

9.2.2 物流对电子商务的影响

1．物流是电子商务的重要组成部分

电子商务是20世纪信息化、网络化的产物，将会主导未来知识经济或者网络经济。在整个电子商务的交易过程中，物流实际上是作为商流的后续者和服务者出现的，没有现代化的物流，轻松、便捷的商流活动是不可能实现的。只有通过物流活动商品真正转移到消费者手里，商务活动才算结束。物流问题的顺利解决将成为电子商务成功的基础保证，但是物流业也可能成为电子商务最大的瓶颈。

> **相关链接　农村电商的物流"短板"**
>
> 农村电商作为农村消费和网络消费的融合市场，正在持续升温。专家指出，农村电商快速发展，但在许多地区仍面临物流短板。农村电商在释放农村消费潜力、开启万亿元新兴市场上的作用日益显现。2014年农村电商市场规模1 800亿元，阿里研究院预测这一市场规模有望在2016年达到4 600亿元。
>
> 与成熟市场相比，当前农村电商市场普遍存在的"最后一公里"物流配送难题，制约着行业发展。国家邮政局统计数据显示，2015年国内快递网点的乡镇覆盖率为48%，还有近一半的乡镇不通快递。国家邮政局宣布，将确保2016年年底实现全国乡镇快递服务网点覆盖率达到80%。
>
> 而对一些民营物流企业来说，村镇快递布点成本过高，出于利润考虑，大部分物流和快递公司不愿意涉足村镇快递网点建设。另外，乡村物流多以收发农产品为主，一些季节性较强的生鲜产品又往往对物流配送有着更高的要求。农村电商配送终端从人口密集的城镇延伸至人口分散的乡村，使电商面临"长物流链+低消费密度"困境。

2．物流是电子商务发展的关键

在电子商务中，物流要以顾客为中心，企业可以最快速度接近顾客，争取顾客购买自己的产品，但是顾客对产品及物流服务的满意度则决定了其是否愿意再次接受企业的服务。我们必须摒弃原有的"重信息流、商流、资金流的电子化，而忽视物流电子化"的观念，大力发展现代物流。海尔集团物流推进本部的周行先生说过，电子商务师信息传递保证，物流是执行保证，没有物流，电子商务就是一张空头支票。

相关链接　2015年双11物流：电商物流亦成为全球命题

2015年双11是多元化的双11，仓配、跨境、村淘均参与了本次狂欢，全球214个国家和地区参与了本次活动，电商物流亦成为全球命题。越来越多的新业态、新主体加入双11物流生态，如落地配企业有2家企业进入物流规模前20名，中国邮政、苏宁物流也出现在TOP20名单中。菜鸟仓配首次发力双11，平均时效为56小时。

从2013年的1.52亿元，到2014年的2.78亿元，再到2015年的4.67亿元，双11包裹以同比65%~85%的速度增长，以一个包裹用邮政五号标准箱计算（一个笔记本大），双11包裹量足以淹没北京市宣武区。双11的包裹里，实际就是一幅中国产业地图，电商背后依靠的还是世界工厂的产业集群。例如，河北省发出的双11包裹，里面装的最多的是女包；广东的包裹里则多为手机；山东的为钓具、毛巾；辽宁的为厨具、泳衣；莆田的为鞋子；内蒙古的为牛肉干；云南的为普洱茶等。

双11更是海外消费者、海外商家、海淘族、农村消费者的节日。双11期间，阿里速卖通平台出口物流规模同比增长了224%，前十名分别是俄罗斯、西班牙、以色列、美国、乌克兰、白俄罗斯、法国、智利、加拿大，唯一一个陷入负增长的国家是巴西。双11物流目标国，绝大部分是欧洲国家，在出口物流规模TOP20国家中，就有13个是欧洲国家，占65%，除巴西、智利、美国、加拿大外，几乎全部为"一带一路"沿线国家。

实例　集成信息技术提高物流精准度

CDS Logistics是3PL的一家子公司，专门致力于国内运输，是利用先进的系统来提高计费准确性方面的典范。利用基于手持计算机和集成条形码阅读器的自动化应用，公司实现了仓库和配送工作的自动化。该系统可以提高库存精确性、减少货物损坏和提高人员工作效率等。CDS Logistics通过链接到电子数据交换（EDI）、计费和其他企业系统来充分利用数据收集系统。装箱单、EDI消息和发票可以自动创建，而且发票精确度超过99.9%。

思考题

我国应如何发展电子商务物流？

提示

（1）政府和企业共建电子化物流系统

发展电子商务物流，需要政府和企业共同努力，政府保证交通流和信息流的通畅，可以通过在高速公路、航空、信息网络等方面投入大量的资金，构建一个覆盖全社会的交通网络和信息网络；企业要不断利用现代物流技术，通过信息和物流网络，为顾客提供优质的服务，从而提高竞争力。

(2）加快电子商务物流信息化进程

电子商务及与之相关的物流都应具有高度的信息化，不管是对政府还是企业，都应致力于加快电子商务信息化进程。一方面，可以组织专业人员进行电子商务物流信息化研究；另一方面，也可以借鉴国际上成熟的技术和服务标准，进一步加快我国的物流信息化进程。

（3）加强对电子商务物流专业人才的培养

政府部门要组织有关科研教育单位加强对电子商务物流专业人才的培养，把学校培养和在职培养、长期培养和短期培养结合，进一步提高电子商务物流专业人才的质量。

9.3 电子商务物流模式

电子商务环境下，无论是 B2B，还是 B2C，网上销售活动都集信息流、资金流、物流运作于一身，采用的是一体化服务。目前，电子商务物流发展方兴未艾，各种物流企业层出不穷，物流模式也各不相同。一般而言，物流模式是指从一定的观念出发，根据现实的需要，构建相应的物流管理系统，形成有目的、有方向的物流网络，采用某种形式的物流解决方案。在电子商务环境下，主要有一种不同的物流模式：电子商务营运商自建物流体系（企业自营物流）、第三方物流模式、物流联盟模式、第四方物流模式和综合物流代理模式。这些模式各具特色，要根据实际情况进行合理选择。

> **相关链接**
>
> 与京东商城和卓越网都不同，当当选择了"自建物流中心，但配送环节全外包"模式。通常，订单被直接派送到就近的物流中心，再由其对外派货。在附近没有物流中心或物流中心无法提供货物时，就会由总部物流中心重新分派。在配送环节，当当与国内104家"第三方物流企业"建立了合作关系，由它们到当当的物流中心取货外送。为了控制服务品质，当当通常会收取一定押金，并对从物流中心派送出去的货物进行逐一检查。
>
> 相比于京东商城和卓越网，当当的模式是一种更轻资产的物流模式。这里的"轻资产"包括：借助供应商占款来融资、租赁物流中心和外包第三方物流，它使当当在上市前融资 4 000 万美元（募集资金主要用于填补规模化之前的运营亏损）。但"轻资产"模式的风险是，面对国内"碎片"的物流行业，可能会出现物流品质失控的风险。

9.3.1 自建物流模式

企业在其供应链系统中采用自有物流设施与设备的物流，称为自营物流。目前国内物流水平不能满足电子商务的要求，部分电子商务企业选择自建物流系统即自营物流。企业自营物流模式意味着电子商务企业自行组建物流配送系统，经营管理企业的整个物流运作过程。

电子商务企业自建物流系统主要有两种情况。

1）传统的大型制造企业或批发企业经营的 B2B 电子商务网站，由于其自身在长期的传统商务中已经建立起初具规模的营销网络和物流配送体系，在开展电子商务时只需将其加以改进、完善，即可满足电子商务条件下对物流配送的要求。

2）资金实力雄厚且业务规模较大的电子商务公司，凭借原有的庞大的连锁分销渠道和零售网络，利用电子商务技术构建自身的物流体系，进行物流配送服务，在第三方物流不能满足其成本控制目标和客户服务要求的情况下，自行建立适应业务需要的畅通的物流系统。

电子商务企业选用自建物流模式既有很多优点，也有一些缺点，如表 9-2 所示。

表 9-2 电子商务企业选用自建物流模式的优缺点

优　点	缺　点
• 对物流有较强的控制能力	• 前期投入非常大，需要占用大量的流动资金
• 能够保证顾客服务质量，更好地维护与顾客间的长期关系	• 建设时间较长，对于企业柔性有不利影响
• 能够保证供货的准确和及时	• 建成后对规模的要求很高
• 使企业的供应链更好地保持协调、简洁与稳定等	• 需要工作人员具有专业化的物流管理能力等

实例　京东商城的物流模式

京东商城是目前中国电子商务领域最受消费者欢迎和最具有影响力的电子商务网站之一。京东商城为突破物流瓶颈，主要采用了"垂直一体化"模式。

2009 年，京东商城获得了 2 100 万美元的外部投资，其中 70%用于自建物流体系。同年，京东商城成立了上海圆迈物流快递公司，并陆续在全国 300 个重点城市建立了城市配送站，最终覆盖了全国主要城市。2010 年在上海成立了"华东物流仓储中心"，成为京东目前最大的仓储中心，承担了一半以上销售额的物流配送任务。同时，京东位于上海的"亚洲一号"物流中心已经正式投入使用，标志着京东物流战略中又一重点举措落地。数据显示，截至 2015 年 3 月 31 日，京东在全国范围内拥有 7 大物流中心，在 43 座城市运营了 143 个大型仓库，拥有 3 539 个配送站和自提点，覆盖全国范围内的 1 961 个区县，且全部自营。

自建物流为京东商城的迅速发展书写了浓墨重彩的一笔，如果仅仅采用第三方物流配送模式的话，京东很难与其他同质企业相竞争。京东商城期望通过"直接控制物流环节"来提高服务能力、降低服务成本。但这一模式的必然后果是，以"轻资产"著称的电子商务行业,将背上越来越重的物流资产负担:以往,B2C 模式下的周转速度一般在 2 倍的水平,国际大型物流企业的周转速度在 1.4 倍,国内则普遍不到 1 倍,而经营仓储中心的物流地产公司则仅为 0.1 倍。因此,垂直一体化必然会导致周转速度的减缓和不断增加的资本金需求,自建全套物流体系的"垂直一体化"模式,将彻底改变电子商务公司的"轻资产"模式。

目前,京东和 DHL 签署了一项新的协议,双方将借助各自在电商和物流上的优势,在跨境供应链上加深合作。据亿邦动力网了解,2015 年 7 月,DHL 就已成为京东美国馆(进口业务)的优先物流服务公司,其主要为京东提供国际快递、空运、海运、仓储等服务,在一些重要地区还会向京东开放装配中心、地方的配送服务,从而支持京东全球业务的发展。DHL 还提供中国和法国之间的国际配送服务。根据新签署的协议,京东海外事业部(出口业务)也将优先选择 DHL 来承担京东在中国以外的市场上的物流服务。

9.3.2 第三方物流模式

第三方物流(Third Party Logistics,3PL 或 TPL)是指独立于供需双方为客户提供专项或全面的物流系统设计或系统运营的物流服务模式。可见,第三方物流实际上是由物流劳务的供方、需方之外的第三方去完成物流服务的物流运作方式。第三方物流是物流专业化的重要形式。

电子商务企业选用第三方物流模式的优缺点如表 9-3 所示。

表 9-3 电子商务企业选用第三方物流模式的优缺点

优　点	缺　点
• 能够集中精力发展核心能力	• 不能直接控制物流职能
• 能够得到专业的物流技术支持或解决方案	• 不能保证供货的准确和及时
• 能够获得灵活性增值服务	• 不能保证顾客服务的质量和维护与顾客的长期关系
• 能够节省物流费用,减少库存等	• 企业将放弃对物流专业技术的开发等

目前,第三方物流的发展十分迅速,有几个方面是值得我们关注的。

1)物流业务的范围不断扩大。商业机构和各大公司面对日趋激烈的竞争,不得不将主要精力放在核心业务,将运输、仓储等相关业务环节交由更专业的物流企业进行操作,以求节约和高效;另外,物流企业为提高服务质量,也在不断拓宽业务范围,提供配套服务。

2)很多成功的物流企业根据供方、需方的谈判条款,分析比较自理的操作成本和代理费用,灵活运用自理和代理两种方式,提供客户定制的物流服务。

3)物流产业的发展潜力巨大,具有广阔的发展前景。

> 📝 **相关链接　物流塔技术**
>
> 目前，各大物流公司都有自己的配送系统，收件和派送都由各自公司自行负责，各自为政的局面导致配送成本居高不下。配送中也因为各种原因（如顾客无法接听电话、顾客无时间签收等）使得配送失败，不得不再次配送，不仅造成配送成本的升高，还降低了顾客满意度。
>
> 在这种情况下，自动化配送的新技术——物流塔应运而生。对于电子商务公司解决"最后一公里"的配送难题有着重要的作用。可以考虑在各大城市的人口密集区建设一种临时的仓储和配送系统即物流塔。该系统可以供各大快递公司共同使用，提高使用效率，节约成本。快递公司可以将快件直接投递到相应的物流塔，系统会自动向收件人发送手机短信通知，告知储位和密码。同时，顾客也可以利用物流塔来发送快递包裹。
>
> 物流塔的推广和运用可以改善配送成本过高、配送时限过长等问题，实现信息与配送为一体的自动化配送模式。该技术不仅能让顾客自主支配取货时间，还能有效地实现配送的低成本和高效化。

9.3.3　物流联盟模式

基于正式的相互协议而建立的一种物流合作关系，参加联盟的企业汇集、交换或统一物流资源以谋取共同利益；同时，合作企业仍保持各自的独立性。物流联盟为了达到比单独从事物流活动取得更好的效果，在企业间形成了相互信任、共担风险、共享收益的物流伙伴关系。企业间不完全采取导致自身利益最大化的行为，也不完全采取导致共同利益最大化的行为，只是在物流方面通过契约形成优势互补、要素双向或多向流动的中间组织。联盟是动态的，只要合同结束，双方又变成追求自身利益最大化的单独个体。

> 📝 **相关链接**
>
> 在过去几年中电子商务物流已在全球大幅度演变。推动电子商务的主要领域是信息和通信技术、电气和时尚商品。四种不同类型的电子商务的发展演变逻辑功能是大型电子履行中心、包裹中心、配送中心、综合技术，例如，运输管理系统与购物车相连。
>
> 为了达到战略位置，甚至电子商务巨头如亚马逊和阿里巴巴正在寻找第三方物流供应商。小企业是无法负担它们的物流的，但其增长速度很高，这使得电子商务物流市场更具吸引力。一个研究小组的分析表示，近期电子商务公司和物流供应商之间的合作将会在预测期内帮助这个市场成长。为了尽快扩张电子商务业务，公司正在进入战略伙伴关系和联盟物流服务商。由于这些合作有助于加强提供给客户的服务，中小型企业将能够扩大其全球曝光和机会，这反过来又会导致市场的增长。
>
> 报告预测，全球电子商务物流市场将在2016—2020年有9.69%的复合年增长率增长。

> 根据该报告，跨境电子商务活动的出现是推动全球电子商务物流市场的主要因素之一。由于自由化，进出口活动的增长在过去几年有了很大的提高。此外，增加了互联网的渗透，特别是在发展中国家，会导致这个市场的增长，因为它会增加在这一地区的总体外国商品的消费。
>
> 此外，随着网上零售的快速增长，电子商务企业都面临着物流和配送业务方面的挑战。

物流联盟模式一般具有以下特征，如表9-4所示。

表9-4 物流联盟模式的特征

特 征	说 明
相互依赖	组成物流联盟的企业之间具有很强的依赖性，这种依赖源于社会分工和核心业务的回归
分工明确	物流联盟的各个组成企业明确自身在整个物流联盟中的优势及担当的角色，内部的对抗和冲突减少，分工明确，使供应商把注意力集中在提供客户指定的服务上
强调合作	许多不同地区的企业通过联盟共同为电子商务客户服务，实现跨地区的配送，满足电子商务企业全方位的物流服务需要。对于电子商务企业来说，通过物流联盟可以降低成本、减少投资、控制风险，提高企业竞争能力

思考题

如何选择物流联盟伙伴？

提示

选择物流联盟伙伴时，要注意物流服务提供商的种类及其经营策略。一般可以根据物流企业服务的范围大小和物流功能的整合程度这两个标准，确定物流企业的类型。物流服务的范围主要是指业务服务区域的广度、运送方式的多样性、保管和流通加工等附加服务的广度。物流功能的整合程度是指企业自身所拥有的提供物流服务所必要的物流功能的多少，必要的物流功能是指包括基本的运输功能在内的经营管理、集配、配送、流通加工、信息、企划、战术、战略等各种功能。

9.3.4 第四方物流模式

第四方物流（Fourth Party Logistics，4PL）的概念是由1998年美国埃森哲咨询公司率先提出的。它将第四方物流定义为："是一个供应链的整合者以及协调者，调配与管理组织本身与其他互补性服务所有的资源、能力和技术来提供综合的供应链解决方案。"第四方物流公司以其知识、智力、信息和经验为资本，为物流客户提供一整套的物流系统咨询服务。

第四方物流模式有众多的优势，如表9-5所示。

表 9-5　第四方物流模式的优势

优　势	说　明
对整个供应链及物流系统进行整合规划	是第四方物流的核心竞争力,也是降低客户企业物流成本的根本所在
对供应链服务商进行资源整合	利用其领导力,整合最优秀的第三方物流服务商、管理咨询服务商、信息技术服务商和电子商务服务商等,为客户企业创造超额价值
信息及服务网络优势	强大的信息技术支持能力和广泛的服务网络覆盖支持能力,是客户企业开拓国内外市场、降低物流成本所极为看重的,也是取得客户的信赖、获得大额长期订单的优势所在
人才优势	拥有大量高素质国际化的物流和供应链管理专业人才和团队,为客户企业提供全面的卓越的供应链管理与运作,提供个性化、多样化的供应链解决方案
改善物流服务质量	客户企业可以大大减少在物流设施方面的资本投入,降低资金占用,提高资金周转速度,减少投资风险,改善物流服务质量

第四方物流结合自身的特点,可以有以下三种运作模式进行选择。

（1）协同运作模式

协同运作模式下,第四方物流只与第三方物流有内部合作关系,即第四方物流服务供应商不直接与企业客户接触,而是通过第三方物流服务供应商实施其提出的供应链解决方案、再造的物流运作流程等。这就意味着,第四方物流与第三方物流共同开发市场,在开发的过程中,第四方物流向第三方物流提供技术支持、供应链管理决策、市场准入能力以及项目管理能力等,它们之间的合作关系可以采用合同方式绑定或采用战略联盟方式形成。

（2）方案集成商模式

方案集成商模式下,第四方物流作为企业客户与第三方物流的纽带,将企业客户与第三方物流连接起来,这样企业客户就不需要与众多第三方物流服务供应商进行接触,而是直接通过第四方物流服务供应商来实现复杂的物流运作管理。在这种模式下,第四方物流作为方案集成商,除了提出供应链管理的可行性解决方案外,还要对第三方物流资源进行整合、统一规划,为企业客户服务。

（3）行业创新者模式

行业创新者模式与方案集成商模式有相似之处,都是作为第三方物流和客户沟通的桥梁,将物流运作的两个端点连接起来。两者的不同之处在于,行业创新者模式的客户是同一行业的多个企业,而方案集成商模式只针对一个企业客户进行物流管理。这种模式下,第四方物流提供行业整体物流的解决方案,这样可以使第四方物流运作的规模更大限度地得到扩张,使整个行业在物流运作上都能获得收益。

9.3.5 综合物流代理模式

中国目前物流企业在数量上，供给数量大于实际能力；在质量上有所欠缺，满足不了需求的质量；物流网络资源丰富，但利用和管理水平低，缺乏有效的物流管理者。国际著名的专门从事第三方物流的企业如美国的联邦快递、日本的佐川急便，国内专业化的第三方物流企业如中国储运公司、中外运公司、EMS 等，这些公司都已经在不同程度地进行了综合物流代理运作模式的探索实践。

发展综合物流代理业务具体是指：不进行大的固定资产投资，低成本经营，将部分或全部物流作业委托他人处理，注重自己的销售队伍与管理网络，实行特许代理，将协作单位纳入自己的经营轨道，公司经营的核心能力就是综合物流代理业务的销售、采购、协调管理和组织的设计与经营，并且注重业务流程的创新和组织机构的创新，使公司经营不断产生新的增长点。

简单地说，综合物流代理企业实际上就是有效的物流管理者。采用这种模式的第三方物流企业应该具有很强的实力，陆空俱全，同时拥有发达的网络体系，这样的企业在向物流转型时能做到综合物流代理，从而为客户提供全方位的服务。

> **实例** 阿里巴巴的物流模式
>
> 阿里巴巴和旗下的淘宝网，一直是以交易平台的身份参与电子商务运营的，所以，以往两家公司都没有建立自己系统化的物流平台。但随着阿里巴巴规模的扩大和淘宝商城的发展，物流瓶颈日益显现。
>
> 2010 年，马云开始了一系列整合物流平台的动作。3 月阿里巴巴入股北京星晨急便，4 月又确定德邦物流和佳吉快运作为它的推荐第三方物流，9 月阿里巴巴和淘宝网开始在全国考察物流合作伙伴和仓储基地。
>
> 显然，马云希望以"参股"或"签约推荐"的方式，来培植大型物流公司，在提高整体服务品质的同时建立自己的物流优势。而马云之所以看重了星晨急便，也是相中了它的"云物流"概念。所谓"云物流"，本质上仍是一种"加盟"模式，即在需求一端，将阿里巴巴的大量客户发货信息汇总起来，并对订单信息进行初步处理；在供给一端，将小物流公司的分散运送能力通过信息化系统整合起来，使小快递公司通过访问星晨急便"云物流"平台获得客户，并通过这个平台取货、送货。
>
> 阿里巴巴的上述模式可以概括为"物流合作"模式或"信息整合"模式，马云希望利用订单聚合的能力，来推动物流行业的整合。但问题是，"云物流"模式只是提供了一个信息交换的平台，解决了供给能力的调配问题，而不能改变行业集中度低的根本问题。要提高行业服务品质，降低物流成本，仍需提高供给、需求两端的集中度，才能发挥规模效应。
>
> 菜鸟物流从 2013 年诞生之初就被视为马云要进军物流业的标志。据目前不完全统计，阿里巴巴旗下的菜鸟物流共有五大物流园区正在建设中，分布在华北、华东、华南、

西南、华中五地，总面积超过 100 万平方米。从数量上来说，菜鸟除了在天津建了 2 个仓，浙江金华和义乌之间有 1 个，广州 1 个，还在北上广三地建了 3 个生鲜仓；而山东马上将会开新仓。境内还有 4 个保税仓和一些小家电仓储。2015 年 5 月，菜鸟收购了亚马逊上海 2 万平方米的仓储中心。包括后者先进的分拣设备，会根据阿里平台上的品类对仓储做调整改进。

阿里巴巴将自己最擅长的"做平台"优势又再次发挥在了物流上，"整合"是菜鸟物流的关键词。整合的思路从菜鸟最初的股权结构就可以看出来，启动资金 50 亿元，天猫占股 43%，投资 21.5 亿元人民币；银泰投资 16 亿元，占股 32%，富春、复星集团、顺丰、"三通一达"等都有参股。2015 年上半年，阿里巴巴外贸物流动作频繁，已与包括 UPS、FedEx、俄罗斯的 ITELLA、东南亚的 4PX、大韩通运等在内的多个全球物流伙伴合作。最新的合作是 2015 年 8 月刚刚谈下来的德迅物流。电子商务的发展在将销售平台扁平化的同时，也必将带来供应链的缩短。

9.4 公共物流信息平台

思考题

物流信息平台有何作用？

提示

物流信息平台是物流产业的重要组成部分，其对物流产业的发展起着基础性的支撑作用。所谓物流信息平台是 GPS/GIS 和电子商务等多种技术在经贸、交通运输、仓储、货运代理、联运、集装箱运输以及政府行业管理等相关领域的集成应用。

9.4.1 公共物流信息平台的概念

公共物流信息平台是指基于计算机通信网络技术，提供物流信息、技术、设备等资源共享服务的信息平台。通过公共物流信息平台可以对物流各个环节的相关信息进行采集、存储、分类、筛选、分析、反馈、评价、发布、控制和管理，可以对企业、政府和相关行业提供基础支持信息，满足各部门和企业信息系统对信息的需求，可以支撑企业信息系统各种功能的实现，同时通过信息可以支撑政府部门、行业管理与市场规范化管理方面协同工作机制的建立。

资料卡片

云物流技术

云物流技术是将云计算的理念引入物流管理模式之中，建立云计算的物流运作体系，建立云计算服务平台，依靠大规模的云计算处理能力、标准化的作业流程、灵活的业务

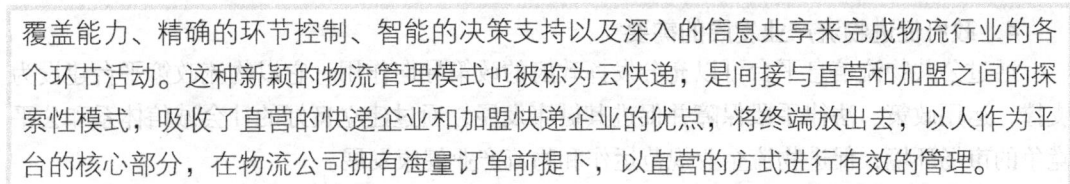

覆盖能力、精确的环节控制、智能的决策支持以及深入的信息共享来完成物流行业的各个环节活动。这种新颖的物流管理模式也被称为云快递，是间接与直营和加盟之间的探索性模式，吸收了直营的快递企业和加盟快递企业的优点，将终端放出去，以人作为平台的核心部分，在物流公司拥有海量订单前提下，以直营的方式进行有效的管理。

云物流技术的优势主要表现：

（1）社会化

快递公司、派送点、代送点等终端成千上万，这个平台能充分利用这些社会资源。

（2）节约化

每个公司都建立一个小型云计算平台非常浪费，集中建设能享受规模效应。

（3）标准化

标准化是物流行业最大的问题。现在的情况是，不同的物流公司经常采用不同的标准。而通过统一的平台，其运单查询流程、服务产品（国内、同城、省内）、收费价格、售后服务（晚点、丢失赔偿）以及保险等都能做到标准、透明。发货公司通过这个平台，能方便地找到物流公司，物流公司通过这个平台，能方便地找到订单与运单。

9.4.2 公共物流信息平台建设的必要性

通过构建物流信息平台，能使商流、物流和信息流在信息平台的支持下实现互动，从而能提供准确和及时的物流服务。而作为单一的物流企业，自行建立一个物流信息系统所耗费的资源是巨大的、昂贵的。而利用公共物流信息平台可以整合物流资源，能实现物流资源的共享，发挥物流系统的整体优势，从根本上解决物流发展过程中遇到的问题，同时也可以避免各企业对于物流信息系统的重复建设和功能重叠，防止资源浪费。

1．充分利用物流资源的需要

在不重复建设的基础上，通过现代化的计算机网络通信技术，实现物流信息充分共享和社会物流资源充分利用，可以有效整合物流资源，加强各种物流功能和物流环节的联系，打破物流管理条块分割带来的不利影响。

2．适应供应链管理的需要

物流信息平台可以提供综合性的供应链解决方案，为供应链上的物流企业带来更大的价值。比如，专业物流企业可与多个物流代理建立长期合作伙伴关系，当物流代理提出物流请求时，可迅速建立起供应链连接，提供相关物流服务。这有利于提高大量闲置物流资源的利用率，也利于中小物流企业向现代化、网络化、信息化平稳过渡。

3．降低物流费用、提高抵御风险能力的需要

大规模联合作业降低了系统整体运行成本，提高了工作效率，也降低了系统对单个节点的依赖性，抵御风险能力明显增强。

4. 政府促进物流产业发展的需要

通过公共物流信息平台可以充分发挥政府的政策导向作用，它以物流政策平台建设为支撑，运用政策、法律手段保障并促进其健康发展，通过建立良好的社会诚信体系和公平竞争的市场环境，促进物流企业规范运作和物流产业健康发展。

> **实例　公共物流信息平台：向未来看齐**
>
> 当下互联网、移动互联网、物联网、云计算等先进技术和运营模式的发展与成熟为物流信息化发展提供了新的契机；智能手机、3G，甚至 4G，使得新模式的出现和发展成为可能。事实上，在全球移动互联时代，物流 APP 也进入研发和投入运作阶段，这也是物流行业信息化管理水平提高的重要表现和行业发展的必然趋势。不得不说，物流 APP 将有助于提高物流行业整体信息化水平，降低物流行业生产成本，提升行业整合资源能力和整体服务水平。
>
> 为了顺应移动互联网的发展趋势，促进公路物流信息化的发展，满足司机以及货站对配载的通信需求，全国物流信息网未雨绸缪，自 2012 年就开始研发物流 APP 软件，经过两年的开发和调试，物流 APP "车 e 通" "货 e 通" 产品于 2014 年正式上线运行。
>
> 全国物流信息网 "车 e 通" 是一款专门为车主打造的物流 APP 软件。车主通过安装在手机端的 "车 e 通" 软件，可以轻松完成货车的快速配货和即时通信，是车主的好帮手。"车 e 通" 利用互联网技术，将物流信息、电子商务等整合，全面实现物流管理和服务的移动化和户外化。另外，针对货主全国物流信息网还有 "货 e 通" 软件，它是一款专门针对货主（信息部、货站、托运站、物流公司、运输公司及制造业）而研发的物流 APP 软件。货主使用安装在电脑或者手机端的 "货 e 通" 软件，可以实现给车主配货和通信、网上免费付运费、验证、聊天、对讲、调车、货车跟踪、货物跟踪、运单传输、仓储管理、车辆管理、财务管理等物流管理功能和服务。
>
> 通过资料整理，记者发现移动互联网在物流领域的应用包括以下几方面：一是掌上配货，实现了移动终端（手机）和物流信息平台的连接，为配货站、车主和货运司机提供基于移动终端（手机）的找货和车辆管理应用功能，满足车找货、货找车的物流配货需求以及车主对司机、车辆的监管需求；二是车辆和货物跟踪监控，移动定位技术分为 GPS 定位和手机定位技术，移动定位技术结合 GIS 系统、移动通信网络和物联网技术，实现对物流车辆、货物和人员的定位和跟踪监控，主要用于物流监管部门、货主、物流公司或车队对物流车辆的定位和跟踪监控，主要包括单点定位、连续跟踪、历史轨迹回放、超速报警、区域报警、行驶线路报警等功能；三是呼叫中心调度，电信运营商能够为不同种类的物流企业提供多样化的呼叫中心调度服务，一方面提供对物流企业员工和车辆的集中运营调度，另一方面为用户提供电话发布和查询配货信息、交通导航信息等功能；四是视频监控，这也是物流行业典型的通信应用，不限于仓库、堆场、码头、停车场等固定场所。随着移动通信的发展，高速率的移动传输得到实现和应用，视频监控

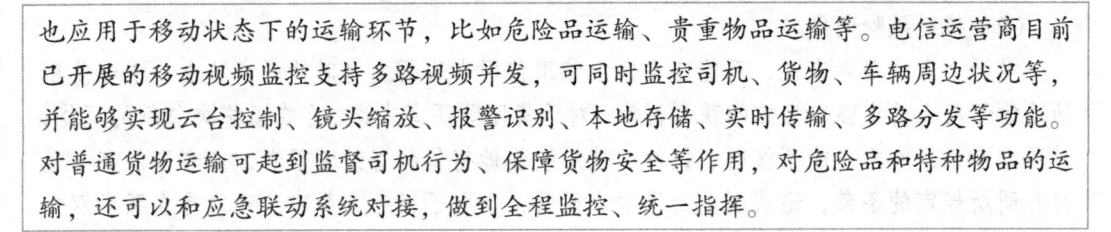

也应用于移动状态下的运输环节，比如危险品运输、贵重物品运输等。电信运营商目前已开展的移动视频监控支持多路视频并发，可同时监控司机、货物、车辆周边状况等，并能够实现云台控制、镜头缩放、报警识别、本地存储、实时传输、多路分发等功能。对普通货物运输可起到监督司机行为、保障货物安全等作用，对危险品和特种物品的运输，还可以和应急联动系统对接，做到全程监控、统一指挥。

9.4.3 公共物流信息平台的主要功能

一般而言，公共物流信息平台的功能主要包括综合信息服务功能、异构数据交换功能、物流业务交易支持功能、货物跟踪功能、行业应用托管服务功能等。

1. 综合信息服务功能

公共物流信息平台需要连接全国的物流企业、企业的物流部门以及政府管理部门等相关职能部门的信息系统，是物流信息交换和汇集中心，也是国外物流信息平台和国内物流信息平台连接的窗口。综合信息服务平台应具有信息发布和查询功能，要满足不同物流信息需求、主体的信息需求和功能需求。

2. 异构数据交换功能

公共物流信息平台来自不同的系统和不同的地区，如各企业的物流信息系统、各行业的物流信息系统、相关政府部门的物流信息系统以及各个地方的物流信息系统。这些系统的数据可能采用不同的数据结构和类型，通过信息平台的数据交换功能，将各个信息系统的数据标准化、规范化，以及对重复的数据进行融合。

3. 物流业务交易支持功能

电子商务时代要求电子化物流与之相适应。公共物流信息平台应该支持各个物流实体的在线物流交易，提高物流运作效率。电子化物流业务交易支持平台的主要功能包括物流综合信用认证、安全认证、网上采购招标、电子订舱、电子支付与结算、网上保险、网上报关、网上交税、网上出入境商品检验检疫等。

? 思考题

电子商务交易方面存在哪些安全问题？

提示

（1）身份的不确定问题

由于电子商务的实现需要借助虚拟的网络平台，在这个平台上交易双方是不需要见面的，因此带来了交易双方身份的不确定性。攻击者可以通过非法的手段盗窃合法用户的身份信息，仿冒合法用户的身份与他人进行交易。

（2）信用风险问题

对于个人消费者来说，可能存在网上使用信用卡进行支付时的恶意透支，或者使用伪造的信用卡透支骗取卖方的获利行为；对于集团购买者来说，存在着拖欠贷款的可能；对买方来说，卖方可能不按时、按地、按质按量地将货物寄给消费者，或者不能完全履行合同所规定的条款，造成买方的风险。同时，在电子商务交易中，可能存在买卖双方抵赖的可能。

（3）交易的修改问题

交易文件是不可修改的，否则必然会影响另一方的商业利益。电子商务中的交易文件同样也不能修改，以保证商务交易的严肃和公正。

（4）信息确认问题

电子化信息的固有弱点就是缺乏可信度，电子信息是否正确完整是很难由信息本身鉴别的，而且在 Internet 上传递电子信息，存在着难以确认信息的发出者以及信息是否被正确无误地传递给接收者的问题。

（5）网上欺诈问题

随着网络和电子商务技术的发展，假冒伪劣产品更加猖獗，利用上网欺诈已经成为最危险的一种犯罪活动。

4. 货物跟踪功能

物流企业和客户可以通过 GPS/GIS 等一系列跟踪技术，对货物及运输车辆实时跟踪，从而提高物流作业的准确率和安全性，也大大加强了物流运作对客户的透明性，减少货物的损失和延时。公共物流信息平台为物流企业提供货物跟踪支持功能，各物流企业只需购买 GPS/GSM 智能车载单元即可为客户提供高质量的物流状态跟踪服务。

5. 行业应用托管服务功能

公共物流信息平台不仅为大型物流企业实现物流一体化搭建桥梁，还应承担为中小物流企业提供物流信息化服务的职责。我国众多中小物流企业无力投资完善的信息系统，导致整体服务质量不高。应用服务提供商（ASP）为中小企业提供物流应用软硬件设施租赁服务，与 ASP 合作搭建物流行业应用服务平台是解决中小企业物流信息化的有效途径。

9.4.4　公共物流信息平台的结构

根据目前的物流管理体制和物流信息系统的建设状况，可以将公共物流信息平台分为 5 层体系结构。整个物流信息平台的体系结构自下而上地分为物流基础设施层、物流公共管理信息平台层、物流信息公共交换平台层、物流行业信息系统层和物流企业信息系统层 5 个层次，如图 9-3 所示。

```
物流企业信息系统层
物流行业信息系统层
物流信息公共交换平台层
物流公共管理信息平台层
物流基础设施层
```

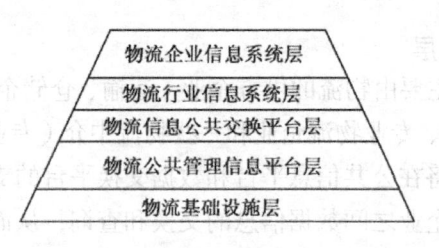

图 9-3 公共物流信息平台的结构

1．物流基础设施层

以国家公共信息网络基础设施为基础，作为支撑物流信息平台建设的物理层基础，主要包括通信网络基础设施（电信交换网、光纤宽带网、无线通信网等）和计算机硬件设施等。随着信息化建设的发展，信息基础设施建设将得到进一步发展，势必对物流公共信息平台起到良好的支撑作用。

2．物流公共管理信息平台层

物流公共管理信息平台层连接各个行业、各种物流运作设施及物流企业的信息系统。它既是物流资源的连接中心，也是国内外各种企业和人员了解物流资源的窗口，通过该平台连接相关行业、企业和物流运作设施的物流信息系统，共享其功能。它主要承担一个地方物流信息资源门户、物流公共信息发布、社会物流资源整合、政府相关政务职能提供和面向企业的信息服务等功能，是物流行业及其相关政府部门、企业进行物流公共信息查询和办理相关物流业务的窗口。

3．物流信息公共交换平台层

物流信息公共交换平台层可以汇集来自港航 EDI、空港 EDI、各大物流运作设施信息系统，以及各相关行业、各类物流企业和政府相关部门等各类信息系统的信息。为了实现信息资源的共享和整合，各物流信息系统之间需要经常不断地进行信息的交换与传输。信息公共交换平台作为物流信息平台的组成部分，将担负起物流信息系统中公用信息的采集、加工、中转、发送，以及不同用户之间信息交换的数据规范、格式转换等功能。因此，信息公共交换平台主要用来实现不同行业和企业之间、政府各职能部门与企业之间进行的 EDI 及各类数据信息交换过程的标准化转换功能，以便更好地支持异构系统互联，以及不同行业和不同格式数据之间的相互交换与分享，真正打破物流信息共享瓶颈，实现物流信息的无障碍交换与传输。

4．物流行业信息系统层

物流行业信息系统层主要由两类信息系统构成。一类主要由相关行业和一些大型物流中心的信息系统组成，主要包括港航 EDI、空港 EDI、铁路综合管理、公路枢纽指挥、物流园区、配送中心、交易中心等信息系统。这类行业系统中的大部分往往能够自成体系。另一类主要指与物流相关的政务职能，如海关报关通关、出入境商品检验、税务管理、保险、银行结算、工商注册等，这些系统是为提高对物流企业和工商企业综合服务效率而设置的。

5. 物流企业信息系统层

物流企业信息系统层主要由物流的供方企业（运输、仓储企业等）、物流需方企业（生产制造企业、商贸企业等）、专业物流企业和一些物流中介（专业货代、物流咨询业）等构成，这些不同类型的企业将在公共信息平台和数据交换平台的支持下，完成本企业的物流运作与管理，以及与相关企业之间数据信息的交换和查询，从而实现企业内部信息系统与外部信息资源（供需信息）的无缝衔接，做到物流管理的全程无纸化。同时中小企业为了减少自身信息系统建设的庞大投资，还可以通过物流信息平台获取ASP模式的信息管理服务。

9.4.5 公共物流信息平台的运营机制

1. 公共物流信息平台的信息共享机制

公共物流信息平台要根据参与者的不同功能、需求及权限，提供共享信息，共享机制主要有3种。

1）分类共享。不同的参与者，其对信息的需求程度不同，同时为了确保参与者的利益不受损害，对信息的共享程度有必要进行分类管理，即对不同的用户，分配一定的权限，共享相应层次的信息。

2）分层支持。公共物流信息平台除了要对相关公共信息进行存储和发布外，更为重要的是通过该平台的建设实施，为城市物流的进一步发展壮大提供强大的信息支撑功能，如网上交易、身份认证等电子商务（包括虚拟运输市场交易及其他虚拟物流服务交易）支持功能，为城市物流管理信息化的深入发展提供基础。

3）多样化服务。根据用户不同要求和不同的数据类型，提供多样化的服务方式。这里的服务方式包括数据传输方式、数据表现方式，如文本、Web 界面、数据库、图形格式、电子地图等。

2. 公共物流信息平台的信息运营机制

公共物流信息平台建设应由政府作为主要的管理控制者，协调各个方面，投入相应的主要设施与设备，建立统一的数据与通信标准。因此，应采取政府引导、行业约束、企业自主的市场运营模式，整合社会资源，组建统一的运营主体，负责公共物流信息平台的建设和运营。公共物流信息平台应面向企业，通过政府相关政策和行业协会制度的制约，引入行业准入机制和会员制管理方式。对于加入平台的企业会员，平台可通过收取会费、用户服务费、广告费等方式进行市场运作的自主经营，提供有偿服务。

自测题

一、不定项选择题

1. 电子商务的瓶颈是（　　）。
   A. 信息技术　　B. 管理方法　　C. 配送体系　　D. 商务标准

2. 电子商务的组成要素必须包括两个，分别是（　　）。
   A. 计算机技术　　B. 电子方式　　C. 商务活动　　D. 交易
3. 电子商务物流作业流程由（　　）组成。
   A. 进货　　B. 存放　　C. 包装　　D. 配送
4. 云物流技术的优势主要表现在（　　）。
   A. 社会化　　B. 节约化　　C. 企业化　　D. 标准化
5. 在（　　）模式中，第四方物流和第三方物流共同开发市场。
   A. 方案集成商　　B. 行业创新者　　C. 协同运作　　D. 协助管理
6. 电子商务过程的终结是（　　）。
   A. 物流　　B. 包装　　C. 运输　　D. 搬运
7. （　　）是电子商务的最大信息载体。
   A. 配送系统　　B. 电信　　C. 互联网　　D. 管理系统
8. 第四方物流的基本功能包括有（　　）。
   A. 供应链管理功能　　　　　B. 运输一体化功能
   C. 供应链再造功能　　　　　D. 全球化功能
9. FedEx 公司参与电子商务的主要身份是（　　）。
   A. 第三方物流企业　　　　　B. 销售企业
   C. 制造企业　　　　　　　　D. 网站经营者
10. 物流配送对电子商务可起到的作用，下列正确的是（　　）。
    A. 提高产品的质量　　　　　B. 提高电子商务的效率和效益
    C. 扩大电子商务的市场范围　D. 提高电子商务支付安全性

二、简答题
1. 简述电子商务物流的特点。
2. 电子商务对物流的影响主要表现在哪些方面？
3. 电子商务下物流模式主要有哪几种？
4. 简述建设公共物流信息平台的必要性。
5. 公共物流信息平台的主要功能是什么？

三、论述题
1. 请你谈谈对"物流是实现电子商务的重要环节和基本保证"的看法。
2. 试论述公共物流信息平台各层结构的作用。

案例分析1

互联网思维下的物流新模式——菜鸟物流

近年来，我国的电子商务交易额一直保持高速增长，特别是网络零售市场更是发展迅速，2014年，我国电商迎来了史上规模最大的"上市年"，双11更是创造了571亿元的交易额、跨境电商特别是跨境进口电商崭露头角、移动电商爆发式增长、微商异军突起，电商的模式更加丰富，也更加成熟。2014年，中国网络零售市场交易规模达28 211亿元，较2013年的1 885亿元，同比增长49.7%，中国网络零售市场交易规模占到社会消费品零售总额的10.6%。毫无疑问，电子商务正成为推动国民经济保持可持续增长的重要原动力。

但是，电子商务高速发展的同时，却越来越受到物流发展滞后的牵制。虽然我国物流体系的发展非常迅速，却依然赶不上电子商务的发展速度，尤其在每年的双11促销季，一方面是电商平台火红的数据，另一方面是消费者对快递变慢递的埋怨。在这样一个大背景下，原阿里巴巴董事长——马云于2013年5月28日在深圳宣布成立"菜鸟网络科技有限公司"，迅速在行业里引起了一阵轰动。

1. 菜鸟网络的成因

每个电子商务企业都要面临三个问题——信息流、资金流、物流，对于阿里巴巴集团来说，淘宝、阿里巴巴、天猫、速卖通等网站为企业提供了巨大的信息流，"阿里金融 + 支付宝"解决了资金流，而物流却没有很好的解决方案，几乎全部依赖第三方物流，如圆通、中通、韵达等。当其他的竞争对手都在纷纷做强做大物流，投入巨资进行基础设施建设（如京东、当当网、亚马逊等）时，阿里巴巴集团却依然没有自己的物流体系，物流配送成为投诉最多的环节。虽然马云从2009年就开始思考筹建阿里巴巴的物流体系，曾尝试入股星辰急便，但是这个快递平台，仅仅2年时间，便宣告失败，因为在这之前，"四通一达"已经占据了淘宝快递业务的一半以上，星辰急便作为一个后来者完全没有优势，业务量并没有快速增加。这一次的失利，并没有打消马云创建物流体系的想法，随后阿里巴巴对外宣布了"大物流计划"，推出了"物流宝"平台，内部称为"天网"，在集团内部进行了两年的测试，系统日趋成熟。在这样的情况下，菜鸟网络应运而生。

2. 菜鸟网络是什么

"菜鸟网络"的诞生实质上就是阿里大物流计划，它专注打造中国智能物流骨干网，通过自建、共建、合作、改造等多种模式，在全国范围内形成一套开放的社会化仓储设施网络，同时利用先进的互联网技术，建立开放、透明、共享的数据应用平台，为电子商务企业、物流公司、仓储企业、第三方物流服务商、供应链服务商等各类企业提供优质服务，支持物流行业向高附加值领域发展和升级。最终促进建立社会化资源高效协同机制和提升中国社会化物流服务品质。菜鸟网络的主要工作就是买地、建仓储、跟政府谈判，目的是服务物流企业，降低物流企业成本，让物流企业更好地专注服务。菜鸟模式的物流，并不是我们传统意义上的物流，它不会涉及物流的具体运营，更像一个在互联网世界里的物流方案规划者，或者物流的整合者和提供者。这也是为什么菜鸟的全称不是菜鸟物流，而是菜鸟网络科技公司，因为它更加强调网络的构建，而不是物流的具体操作。

3. 菜鸟网络的发展趋势

菜鸟网络计划首期投资人民币1 000亿元，希望用5~8年的时间，打造遍布全国的开放式、社会化物流基础设施，建立一张能支撑日均300亿元（年度约10万亿元）网络零售额的智能骨干网络。利用先进的互联网技术，建立开放、透明、共享的数据应用平台，为电子商务企业、物流公司、仓储企业、第三方物流服务商、供应链服务商等各类企业提供优质服务，支持物流行业向高附加值领域发展和升级。

在此过程中，菜鸟网络的主要参与方各司其职，参与方主要包括阿里巴巴集团、复星集团、银泰百货、富春物流、"三通一达"及顺丰，其中，复星集团作为专业的地产公司，从购地、建设、物业管理都很专业，负责修建仓库；银泰集团作为老牌的百货连锁企业，供应链管理能力很强，菜鸟网络的供应链体系和庞大的工作人员由银泰集团管理；富春物流负责菜鸟网络中的干线物流，区域性的支线物流以及最后一公里配送则属于"三通一达"和顺丰，而阿里巴巴集团则专注于信息化组织管控、资金结算等。

讨论分析题

1. 互联网思维下的物流新模式有何特点？
2. 菜鸟网络对供应链参与各方有何影响？

案例分析 2

电子商务让广东邮政接轨国际物流配送

当越来越多的网站、跨国企业宣布要做电子商务的时候，人们发现要把电子商务落在实处，困难还很大。最大的瓶颈之一就是物流配送，物流配送因而成为商机巨大的行业，使得不少企业开始扬言要做物流配送。

在邮政8项业务中，最传统的投递业务在广东省邮政总收入中仅占20%，金融类和集邮类业务占80%。曾经是邮政的主干业务的家信投递，每年以10%的速度递减，商业信函则每年以30%的速度上升。虽然一封信的邮资从过去的8分钱涨到现在的8角钱，但仍然入不敷出。

万家乐与广东省电子邮政局联袂做起了电子商务。2000年4月，初期在广州和顺德试点，万家乐定期将产品交给广东省电子邮政物流服务有限公司，顾客通过邮政的183网和185电话订货，再由投递员送到客户家里，安装则由万家乐在以上两地的办事处完成。

等投递员经过培训后，万家乐将把B2C这块业务全部交给邮政。为了促进B2C业务，万家乐的同类型号价格比其他大商场低5%。而邮政系统则从每台商品价格中提取一定比例的服务费。对于这种运作模式，万家乐充满信心，万家乐有关人士表示：3~5年之后的销售可占万家乐总销售量的50%以上。而事实上，万家乐也顺利达到了预期销售额。

有人曾经这样算过：万家乐通过这一方式开展电子商务最多不过花3 000万~5 000万元，而效果则要超过那些动辄斥资数亿元做电子商务的大企业。这让电子邮政尝到了甜头。广东率先在省级邮政局推出电子邮政局，不是简单地搞一点多种经营，而是瞄准电子商务。它的目的不仅是通过自己的网络送货上门，而是要和做电子商务的网站和公司结合起来，发展大物流。

目前，广东省电子邮政局已和万家乐、联想、戴尔、贝塔斯曼、网易163、21CN等联手做电子商务。更令人鼓舞的是，其同城速递业务时限不超过2小时。就这样，广东电子邮政及时搭上了与国际物流配送接轨的头班车。

讨论分析题

1. 广东邮政是如何利用电子商务接轨国际物流配送业务的？
2. 广州邮政接轨国际物流配送的例子对我国构建物流模式有什么启发？

实训题　电子商务物流发展状况调查分析

1. 实训目的

理解电子商务物流的基本概念，了解电子商务物流运作模式，熟悉电子商务物流作业流程和主要作业环节，具备电子商务物流管理策略分析能力。

2. 实训内容

通过查找资料，网上收集我国电子商务物流和发达国家电子商务物流的发展水平，通过比较分析出二者之间的差距。

调查知名企业，如亚马逊、阿里巴巴、当当等的物流运作模式。

调查典型的电子商务企业物流作业流程。

分析我国电子商务物流发展的现状、存在的问题以及应该采取的措施。

3. 实训组织

（1）首先对全班同学进行分组，可自行结合，也可随机抽取。

（2）在调研前，每组应先制订具体的调研计划及分工方案。

（3）调研结束后，每组应根据调研情况，整理并写出相应的书面报告。

（4）相互交流（最好通过课堂组织），总结此次实训的收获及不足。

参考文献

[1] 丁德波，戴德颐. 物流信息管理[M]. 南京：南京大学出版社，2016.
[2] 郑少峰. 现代物流信息管理与技术[M]. 北京：机械工业出版社，2016.
[3] 白兰，杨春河. 物流信息管理系统[M]. 天津：南开大学出版社，2015.
[4] 李向文，杨健. 物流园区信息平台建设与信息化管理[M]. 北京：清华大学出版社，2015.
[5] 赵启兰. 企业物流管理（第2版）[M]. 北京：机械工业出版社，2014.
[6] 吴健. 电子商务物流管理（第2版）[M]. 北京：清华大学出版社，2013.
[7] 王小丽. 物流信息管理（第2版）[M]. 北京：电子工业出版社，2011.
[8] 刘文博. 物流管理信息系统[M]. 北京：中国人民大学出版社，2010.
[9] 佟勇臣. 现代物流信息管理[M]. 北京：水利水电出版社，2010.
[10] 王汉新. 物流信息管理[M]. 北京：北京大学出版社，2010.
[11] 傅莉萍. 物流管理信息系统[M]. 北京：机械工业出版社，2010.
[12] 杜彦华，吴秀丽. 物流管理信息系统[M]. 北京：北京大学出版社，2010.
[13] 邵举平，董绍华. 物流管理信息系统（第2版）[M]. 北京：清华大学出版社，2009.
[14] 尹涛. 物流信息管理[M]. 大连：东北财经大学出版社，2009.
[15] 金真，王小丽. 物流信息管理[M]. 北京：电子工业出版社，2008.
[16] 陈福集. 物流信息管理[M]. 北京：北京大学出版社，2007.
[17] 林自葵，刘建生. 物流信息管理[M]. 北京：机械工业出版社，2006.
[18] 蔡淑琴，夏火松. 物流信息与信息系统[M]. 北京：电子工业出版社，2005.
[19] 赖海华. 物流周转箱管理RFID解决方案[J]. 物流技术与应用，2011(5).
[20] 戚丽梅，陈国. 京东商城自建物流配送体系研究[J]. 山东商业职业技术学院学报，2015(2).
[21] 崔丽媛. 公共物流信息平台：向未来看齐[J]. 交通建设与管理（上半月），2014(12).
[22] 4G助推2014中国物联网产业规模达7.52亿美元[J]. 中兴通讯技术，2014(1).
[23] 刘晓华. 互联网+运输+互联网开启运输3.0时代[J]. 珠江水运，2015(20).
[24] 胡文波. 互联网思维下的物流新模式——菜鸟物流[J]. 东方企业文化，2015(13).
[25] 王蕾蕾，赵欣. 基于RFID和EDI技术的医药物流库存可视化管理策略——以重庆金冠医药物流有限公司为例. 物流技术（装备版），2015(1).
[26] 种美香. 我国物流信息化发展现状与对策[J]. 天津职业院校联合学报，2010(1).
[27] 杨林，盛业华，王靖. 物流企业管理信息系统的设计与实现——以南京某快运公司物

流企业为例[J]. 地球信息科学学报, 2009(10).

[28] 海南: 客车要纳入 GPS 监控平台管理[J]. 商用汽车, 2010(2).

[29] 王文举, 宋琳, 房洪杰. 基于 GIS/GPS 的车辆监控系统在现代物流中的应用[J]. 中国高新技术企业, 2009(13).

[30] 单虹. 城市物流信息平台建设的探讨[J]. 中国集体经济, 2009(1).

[31] 邓子云、黄友森. 物流公共信息平台的层次结构与功能定位分析[J]. 物流工程与管理, 2009(10).

[32] 郭建宏、欧阳钟辉. GIS 技术在物流管理中的应用及研究进展[J]. 武汉理工大学学报, 2008(12).

[33] 牛鱼龙. 北京世佳公司: 现代化的物流管理信息系统[J]. 市场周刊, 2008(4).

[34] 王晓英. 从家乐福看物流信息技术在零售业的应用[J]. 网络财富, 2008(6).

[35] 王勇, 邓旭东. 浅析企业物流信息系统的评价[J]. 中国水运, 2006(12).

[36] 物流信息化的 2050 年[J]. 中外物流杂志.

[37] 崔冬. "动成长"中的信息化[J]. 中国物流与采购, 2006(19).

[38] 孟翔峰、朱杰. 物流信息系统安全体系分析[J]. 物流技术, 2005(3).

[39] 王知强. 基于商业系统物流信息安全解决方案的研究[J]. 物流科技, 2005(28)(118).

[40] 马金强、毕妍. 网络信息系统的安全防护[J]. 大众科技杂志网, 2005(9).

[41] 浅谈二维条码技术在烟草行业的应用[N]. 东方烟草报. 2010-4-26.

[42] 联合国贸发会议报告称中国已成全球最大 B2C 市场[EB/J]. 中国经济网—经济日报, 2015-03-26.

[43] 2015 年我国电商物流发展现状[N]. 北京商报, 2015-10-30.

[44] 华润杜邦物流信息化案例. www.jctrans.com, 2007/02.

[45] 陈书勤. 企业管理信息系统的运行管理精要. www.ruoyan.net, 2006.

[46] 物流企业信息化管理. www.somoney.com.cn, 2005/05.

[47] www.baidu.com.

[48] www.logistics-china.com.

[49] www.Chinabyte.com.

[50] http://www.tiaomabao.com.

[51] http://news.sohu.com.

[52] http://news.rfidworld.com.cn.

[53] http://www.ft56.com.

[54] www.aliresearch.com.

[55] www.xinhuanet.com.

[56] www.chinawuliu.com.cn.

[57] www.56888.net.

[58] www.admin5.com.

[59] http://internet.chinaso.com.